[高等院校会计学专业精品系列教材]

[第五版]

高级财务会计

GAOJI CAIWU KUAIJI

杨伯坚 申香华 主编

首都经济贸易大学出版社
Capital University of Economics and Business Press
·北京·

图书在版编目(CIP)数据

高级财务会计/杨伯坚,申香华主编. ——5 版. ——北京:首都经济贸易大学出版社,2018.9

(高等院校会计学专业精品系列教材)

ISBN 978 - 7 - 5638 - 2818 - 0

Ⅰ.①高… Ⅱ.①杨… ②申… Ⅲ.①财务会计 Ⅳ.①F234.4

中国版本图书馆 CIP 数据核字(2018)第 148434 号

高级财务会计(第五版)

杨伯坚　申香华　主编

责任编辑	陈雪莲　彭　芳
封面设计	风得信·阿东 FondesyDesign
出版发行	首都经济贸易大学出版社
地　　址	北京市朝阳区红庙(邮编 100026)
电　　话	(010)65976483　65065761　65071505(传真)
网　　址	http://www.sjmcb.com
E - mail	publish @ cueb.edu.cn
经　　销	全国新华书店
照　　排	北京砚祥志远激光照排技术有限公司
印　　刷	北京市泰锐印刷有限责任公司
开　　本	787 毫米×1092 毫米　1/16
字　　数	441 千字
印　　张	17.25
版　　次	2005 年 2 月第 1 版　2007 年 9 月第 2 版 2012 年 9 月第 3 版　2016 年 3 月第 4 版 **2018 年 9 月第 5 版**　2018 年 9 月总第 9 次印刷
印　　数	18 001~21 000
书　　号	ISBN 978 - 7 - 5638 - 2818 - 0/F · 1559
定　　价	40.00 元

图书印装若有质量问题,本社负责调换

版权所有　侵权必究

第五版前言

中国会计领域目前正处于大变革、大发展的时期,这种大变革、大发展一方面来自市场经济地位的确立和体制变革的冲击,另一方面来源于几十年来我国经济较长时期高速发展过程中新事务、新领域、新问题的不断出现,同时也是社会经济实践对会计发展的新要求。正是以上两个原因使得中级财务会计常被称为传统会计,难以完全满足经济主体的信息需求,高级财务会计日益受到会计学界的重视。所谓传统会计,即严格按照传统的会计假设、会计原则、会计程序和会计核算方法进行信息处理,并向信息使用者提供对决策有用的信息的会计。但应看到,到目前为止,业界对高级财务会计的定义、理论基础、研究方法和研究范围尚无权威统一的看法。非但如此,高级财务会计在会计学科体系中的定位也不太清晰,既有"是中级财务会计的延续"论,也有"对特殊领域、特殊会计问题研究"论,也有"会计专题"论,还有"对原有会计理论和方法的修正及创新"论等。这种状况一方面为高级财务会计提供了良好的发展空间和创新平台,另一方面也在高级财务会计教材内容的取舍和编著方式上引发争议。

随着经济形式和会计准则的变化,我们结合财政部 2017 年修订的部分会计准则对第四版教材进行了修改,以体现两个"适应"的原则。一是适应会计准则的新变化。2006 年财政部颁布的会计准则全面实现了会计的国际趋同,原来的会计准则发生很大的变化,为了能使读者及时了解和掌握最新的会计准则及其要求,我们以会计准则体系为框架,以各具体会计准则为基础,在与《中级财务会计》教材相互衔接的基础上对第一版教材进行了修改。2008 年以后,财政部陆续编写了《企业会计准则讲解 2008》《企业会计准则讲解 2010》,印发了《企业会计准则解释第 2 号》《企业会计准则解释第 3 号》《企业会计准则解释第 4 号》等,为了使教材充分体现这些最新的变化和要求,我们对教材及时进行了更新修订。2014 年,财政部修订了五个原有准则,颁布了三个新准则。2017 年,财政部陆续发布了四个解释公告、一个新的企业会计准则,修订了四个原有准则,印发了三个会计处理规定。根据这些最新变化,我们对教材进行了第四次修订。二是适应高等院校会计教学改革的需求。我国普通高校会计学专业教育肩负着为各个行业输送会计专业人才的重要任务,课堂教学只有不断改革,用最新的专业知识和合理的知识结构武装学生,才能使高等院校输送的学生符合社会需求。这要求我们充分重视教材的改革和建设。此次教材修订通过反复论证,对第四版教材某些内容在新的认识基础上重新解读,作出了必要的增删和合并,使学生能在更广阔的视野和更高的层次上掌握会计这门专业知识。在处理理论性和实用性的矛盾问题上,我们秉持将知识分为应知和应会两部分的原则。对应会部分,理论阐述力求简单明了,突出其可操作性;对应知部分,以理论探讨、阐述为主。

《高级财务会计》是"高等院校会计学专业精品系列教材"之一。本书适宜作为会计学和财务管理专业本科生的教材用书,也可以作为研究生的学习参考用书,还可以作为经济管理人员、会计执业人员的参考用书。

　　本书第五版由杨伯坚、申香华任主编,苏明、周宇任副主编,各编者在本书撰写中的分工是:申香华撰写第一章、第三章、第六章第五节;苏明撰写第二章、第六章第一至第四节、第七章;杨伯坚撰写第四章、第五章、第九章;周宇撰写第八章;李光贵编写第十章。最后由杨伯坚、申香华对全书进行了总纂并定稿。

　　本书在编写和修订过程中得到了河南财经政法大学会计学院领导和老师的支持和关怀,参考了有关专家学者编著的教材和专著,在此表示衷心的感谢。

　　受编者的学术水平和实践经验的限制,本书难免存在缺点和错误,敬请广大读者批评指正!

目 录

1	第一章 总论
2	第一节 高级财务会计与会计学科分类
7	第二节 高级财务会计的理论基础
12	第三节 高级财务会计的研究范围
14	本章小结
14	思考题
15	第二章 外币会计
16	第一节 外币会计概述
20	第二节 外币交易的会计处理
33	第三节 外币财务报表折算
39	本章小结
40	思考题
40	练习题
43	第三章 所得税会计
44	第一节 所得税会计概述
48	第二节 暂时性差异的形成及其类型
62	第三节 递延所得税负债及递延所得税资产的确认和计量
73	第四节 所得税费用的确认和计量
80	本章小结
80	思考题
81	练习题
83	第四章 合并财务报表的基本理论与方法
84	第一节 合并财务报表概述
87	第二节 合并范围的确定
93	第三节 合并财务报表的编制原则、前期准备和编制程序

目　录

96	本章小结
96	思考题
97	**第五章　企业合并与控制权取得日合并财务报表**
98	第一节　企业合并及其会计处理原则
104	第二节　企业合并个别报表层面的确认与计量
108	第三节　控制权取得日合并财务报表的编制
112	本章小结
113	思考题
113	练习题
117	**第六章　控制权取得日后合并财务报表的编制**
118	第一节　编制合并资产负债表时的调整与抵销
130	第二节　编制合并利润表和合并所有者权益变动表时的抵销
133	第三节　编制合并现金流量表时的抵销
136	第四节　合并财务报表编制综合举例
162	第五节　与合并财务报表编制有关的特殊会计问题处理
171	本章小结
172	思考题
172	练习题
176	**第七章　租赁**
177	第一节　租赁概述
181	第二节　经营租赁的会计处理
184	第三节　融资租赁的会计处理
194	第四节　售后租回交易的会计处理
199	本章小结
199	思考题

目 录

199	练习题
202	**第八章 会计调整**
203	第一节 会计政策变更、会计估计变更和差错更正
223	第二节 资产负债表日后事项
233	本章小结
233	思考题
234	练习题
236	**第九章 股份支付**
237	第一节 股份支付的基本特征和交易环节
240	第二节 股份支付的确认和计量
242	第三节 股份支付的会计处理
246	本章小结
246	思考题
247	练习题
248	**第十章 政府补助**
249	第一节 政府补助概述
252	第二节 政府补助的会计处理
261	第三节 政府补助的列报
263	本章小结
264	思考题
264	练习题
266	参考文献

第一章

总 论

本章学习目的

本章阐述高级财务会计的基本概念与基本理论。通过本章的学习,要求学生对财务会计学科的理论体系和学科分类有一个整体理解和把握,掌握高级财务会计的基本理论和基本技能,并能将之运用于实践。

本章重点与难点

本章重点是财务会计的理论框架体系、高级财务会计的特征及其与中级财务会计的关系。本章难点在于理解会计四项基本假设的松动如何促进高级财务会计的产生和发展。

随着我国经济的不断发展,会计改革的不断深入和会计教育的进一步改进,高级会计学(高级财务会计)已作为一门独立课程出现在我国各高等院校会计学专业的教学体系中。到目前为止,我国主要的财经类院校和综合性院校已出版了自己的专用高级会计学教材,其中部分教材在一定程度上围绕高级会计的定义、高级会计学的理论基础、高级会计学的研究范围和研究方法等基础理论问题进行了探讨,这种安排对于学生从整体上把握会计学科的理论框架和知识体系,全面掌握高级会计学课程的实质内容,自觉地选择自己的学习方法和安排自己的学习计划无疑是非常必要的。

第一节 高级财务会计与会计学科分类

一、高级财务会计的概念

(一)经济环境的变化催生高级财务会计学科的产生

第二次世界大战结束以后,世界范围内的科技革命推动了世界尤其是西方社会经济的迅猛发展,世界主要国家经济环境发生了巨大变化,主要体现在以下五个方面:

1. 企业集团的大量出现

随着第二次世界大战结束后各国经济不断发展壮大,自由竞争逐步向垄断发展,公司间相互渗透形成了庞大的企业集团,母子公司成为一种普遍的社会现象,企业间的横向和纵向经济联系更加紧密,依赖性更强,社会经济资源的配置进一步优化,社会对会计信息的要求和依赖性越来越高,会计在企业中的地位也越来越重要。

企业集团内部存在着大量母公司与子公司、子公司与子公司之间以内部价格转移财产或劳务的业务往来,为了全面综合反映集团公司整体财务状况、经营成果和现金流量,会计期末应编制集团公司的合并财务报表。如果是跨国性的集团公司,如果所属国外子公司会计报表中使用的货币种类与母公司不同,还应先进行外币财务报表的折算,然后再编制合并财务报表。企业集团的大量出现促使合并财务报表相关的理论与实践问题得以产生。

2. 西方主要国家在20世纪60—70年代普遍加剧的通货膨胀

西方主要国家在20世纪60—70年代普遍遭遇了较为严重的通货膨胀。通货膨胀的存在与加剧,必然严重地冲击财务会计的币值不变假设。如果不采取一定的方法剔除物价变动的影响,势必削弱会计信息的质量,影响会计信息使用者对会计信息的利用,在此现实需求下物价变动会计应运而生。

3. 贸易投资自由化,跨国经营普遍化

企业在进行国际贸易和国际投资及劳务输出过程中,必然发生外币兑换、外币交易与折算,为了有效控制汇率变动的风险,反映外币交易和收支对企业财务状况、经营成果和现金流量的影响,会计上出现了外币交易处理和报表折算的现实需求,从而产生了与外币业务处理和报表折算相关的理论与实务。

4. 金融国际化，经济全球化

随着国际金融市场的形成，各种衍生金融工具不断被创新，远期、期货、期权、互换等基本衍生金融工具和大量的创新性衍生金融工具不断被部分企业运用于套期保值和投机套利，由于衍生金融工具具有价值不确定、初始投资少、交易在未来等特点，显著区别于传统的基本金融工具和交易事项，因而也不再适应传统财务会计历史成本计量和定期财务报告等处理要求，从而直接催化了与衍生金融工具相关的会计理论与方法的创新。

5. 企业合并兼并，破产潮流席卷全球

企业的兼并与合并、清算与破产，必然严重冲击会计主体假设与持续经营假设。企业的兼并与合并不仅需要编制合并财务报表，而且在会计处理过程中涉及若干会计主体，会计人员要扮演多种角色，站在不同的立场上，为不同的主体服务。因此，针对单一主体的会计处理方法和程序不再适用于清算破产企业，权责发生制和历史成本计量原则也不能用于处理破产清算事项，必然产生破产清算会计。

总之，经济发展带来许多既新且难的问题，这些问题在传统的财务会计学科内容体系中未能涉及，利用当时现成的会计程序与方法也不能解决，于是就出现了专门针对新出现会计问题提出系统解决和处理方案的专门学科——高级财务会计学科。

（二）高级财务会计的不同称谓和定义

由于高级财务会计是研究和解决会计领域新出现和有争议的一些问题，所以从它产生至今虽然会计学理论与实务界有许多专家学者对高级财务会计的含义、理论基础以及研究领域等方面做过许多研究，但目前仍存在不同观点或见解，尚未形成统一共识，甚至对高级财务会计的称谓和定义问题，也缺乏一致性的观点。

从目前公开出版的教材来看，对高级财务会计的称谓至少包括七种：①高级财务会计（如上海财经大学汤云为等主编的教材；厦门大学常勋主编的教材等）；②高级会计学（如中国人民大学耿建新等主编的教材）；③企业特种会计（如中南财经政法大学罗飞等主编的教材）；④高等会计学（如立信会计丛书中王文彬等主编的教材）；⑤特殊业务会计学（如三校合编教材中徐兴恩等主编的教材）；⑥高级财务会计学（如湖南大学王善平等主编的教材）；⑦高级会计（如首都经济贸易大学武玉荣等主编的教材）。当然在目前的各种称谓中，用得最频繁的还是高级财务会计这一称谓，因为特殊业务会计或特种会计所涉及的面较窄，似乎不能涵盖目前高级财务会计教材所包括的所有内容；而高级会计学包含的内容较宽泛，除包括高级财务会计的内容外，还应包括管理会计的内容，但事实上各教材并不涉及管理会计的内容。

对于高级财务会计的定义各教材亦有不同的提法，如阎达五等（2009）在《高级会计学》教材中将高级会计定义为："高级会计是随着社会经济的发展，对原有的财务会计内容进行补充、延伸和开拓的一种会计，即利用财务会计的固有方法，对现有财务会计未包括的业务，以及随着客观经济境变化而产生的一些特殊业务以新的会计观念进行反映和监督的会计。它与传统财务会计互相补充，共同构成了财务会计的完整体系。"杨有红（2008）将高级财务会计定义为："高级财务会计是在对原财务会计理论与方法体系进行修正的基础上，对企业出现的特殊交易和事项进行会计处理的理论与方法的总称。"张劲松(2008)给高级财务会计下的定义是:"高级财务会计是运用传统的财务会计理论与方法,以及在新的社会经济条件下发展了的财务会计理论与方法,对在新的经济条件下出现的一般财务会计中不予包括或不经常发生的企业特殊经济业务进行核算和监督,向与企业有经济利害关系者提供有用的决策会计信息的经济管理活动。"

二、高级财务会计在会计学科中的地位

(一)财务会计学的三个层次

一般认为,按照会计服务的对象,在微观领域内可将会计学分为财务会计和管理会计两类。财务会计又常被称为传统会计,它是严格按照会计核算的程序进行信息处理,并为外部有关单位或个人提供有助于进行科学决策的财务信息的会计。管理会计则是在20世纪20—30年代才出现的与单位内部管理紧密结合的一种主要进行事前控制的会计,它从预算和内部管理控制两个方面提供内部管理所需的会计信息,这种会计实质上已经脱离了传统会计的模式,是在吸收多种学科的基础上形成的面向未来的新型会计,它有自己的一套理论和方法,与传统会计存在着重大的差别。

以对外财务报表为目标的财务会计学在目前的教学体系中按照教学目的和内容又通常被划分为三个层次,即基础会计学(会计学原理)、中级财务会计和高级财务会计。基础会计学主要阐述会计确认、计量、记录和报告的一般原理,内容涉及财务会计的基本概念及记账的基本程序和方法,其核心是围绕证—账—表三大要素展开。中级财务会计解决的是企业一般财务会计问题,即所有企业都要遇到财务会计问题,其主要内容包括会计要素的确认与计量和单个企业财务报表的编制两大部分,具体内容比较成熟和公认,主要包括货币资金、应收款项、存货、投资、固定资产、无形资产、流动负债、长期负债、收入、费用、利润、所有者权益等事项的会计处理和通用财务报表(即资产负债表、利润表、现金流量表、所有者权益变动表及附表)的编制,是财务会计一般理论与方法的运用。高级财务会计着重研究企业因各种原因所面临的特殊事项的会计处理和其他未能在中级财务会计中包含的内容,突出"特""难""新"的特点。高级财务会计解决的问题仍然是经济事项的对外报告问题,例如:物价变动会计研究物价变动达到一定程度时的对外会计信息问题;合并财务会计报表则以企业集团为会计主体研究如何在个别会计报表的基础上编制能反映集团整体财务状况、经营成果和现金流量的财务报表。

(二)中级财务会计与高级财务会计的关系

虽然在财务会计领域有中级财务会计和高级财务会计之分,但两者并不是截然对立的,两者的联系表现在目标的一致性上,即都是向企业外部投资者、债权人以及其他利益相关者提供有关企业财务状况、经营成果和现金流量的信息,以满足他们作决策时对财务会计信息的需求。

中级财务会计和高级财务会计的区别主要表现在两个方面:一方面表现在业务范围上,高级会计核算和监督的内容有一些是一般财务会计不见得有或者不经常发生的业务事项,主要表现为一些特殊经济业务和采用特殊经营方式的企业的特殊会计事项。将这些业务事项单独归为一类,即可将企业单位经常、普遍存在的会计业务与不经常、

不普遍存在的会计业务划分开来,将前者归为中级财务会计的内容,而将后者归为高级会计的内容,从而将二者的关系描述为财务会计中的一般与特殊的关系。另一方面表现在对会计业务反映的连续性、系统性和全面性上,高级财务会计所反映的业务有些只发生于某一特定时期,且既可能发生于所有企业,也可能发生于部分企业,总之属于一般财务会计所不能完全包括的业务事项。将这样的业务事项归为高级会计的内容,可以给财务会计学以完整的外延范围,使其有更为完整、清晰的体系,也使高级财务会计在核算范围、核算内容方面的特殊性得以明确体现。

当然中级财务会计和高级财务会计都是在不断发展、完善中的会计学科,现在包含在高级财务会计中的内容随着市场经济的逐步完善、业务面逐步普及,人们"见怪不怪"、习以为常后,可能逐渐变成基本的、一般的事物而被归入中级财务会计范畴。也就是说,高级财务会计学的研究内容是常变常新的,并非固定不变。当某些现有内容变得相对成熟、稳定、平衡,为一般人所熟知后,就可能不再属于高级财务会计的范畴。所以中级财务会计和高级财务会计的内容始终处于动态调整和平衡之中,共同构成了财务会计学的完整体系。

三、高级财务会计的主要特征

(一)属于财务会计范畴

不管高级财务会计和中级财务会计在业务范围上有何重大分野,高级财务会计仍然属于财务会计系列,这是因为:①高级财务会计也是以货币为主要计量单位进行核算;②高级财务会计也是以合法的会计凭证为记录经济业务的依据;③高级财务会计也是依据会计凭证登记账簿,依据账簿编制对外缀出的财务报表;④从本质上看,高级财务会计也是以记录经济业务为手段而全面介入企业经营的一种管理活动。总之,高级财务会计在计量手段和核算程序上与中级财务会计完全一致,符合财务会计的一般特征,它的产生和发展也是为了更好地解决对外财务报告问题。

(二)突出特殊业务

1. 特殊主体

高级财务会计研究跨越单一会计主体的会计业务是它的特色之一。中级财务会计学一般只论述以一个企业为主体的会计业务,即具有会计主体单一化的特点。高级会计学则注重论述由于会计主体假设松动而产生的多层次、多系列的会计主体及其业务。这样的业务主要表现为大型企业的分支机构会计,企业集团或跨国公司的合并财务报表、分部报告、内部转移价格和外币报表折算会计等。

另外,高级财务会计所涉及的特殊主体还包括特种组织方式的企业,如股票上市公司,同时也包括合伙经营企业和合资经营企业。股票上市公司在组建和经营期间面临特殊的信息披露和中期财务报告要求,合伙企业会计和合资企业会计在股东权益方面有特殊内容。除此之外,也有部分观点将政府及非营利组织会计纳入高级财务会计范畴,其依据是政府及非营利组织是一类特殊组织。当然,从我国的会计实务和会计教育现状来看,也有一部分教材主张将政府及非营利组织会计作为与营利组织会计(即企业会计)平行的另一大类会计而单独设置。

2. 特殊时期

高级财务会计所研究的特殊时期发生的会计业务，是专指诸如企业解散清算、破产清算时，企业合并和企业改组、重组时，或者是社会发生较大的物价变动时产生的会计问题。虽然企业清算只是个别企业的事情，但应将这种业务在会计期间上作特殊处理，即将清算的起止日期专门作为一个特殊的会计期间处理；而物价变动虽涉及的企业多、范围广，但在会计处理上还有"反映价格变动影响的资料"和"恶性通货膨胀经济中的财务报告"之分，因此也应紧紧抓住其在时期方面的特征，将其归类为特殊时期发生的会计业务。总之，此类业务具有时间性的特点，即只是在企业发展的某个时期内才会发生的会计业务，处理此类业务"时间"概念特别重要。这也可以看成是会计环境在时间上的表现。

3. 特殊行业

高级财务会计所涉及的特殊行业并不是我国一般提及的工业、商业等，而是指诸如租赁公司、期货公司及与之相类似的经纪人公司等在业务经营上有独特之处的行业。对于这些行业，其业务处理较为复杂，部分业务在我国的会计准则体系中尚未深入涉及，将它们纳入高级财务会计的研究范围，体现了理论研究和实践探索的意义。

4. 特殊业务

高级财务会计所涉及的是在某些特殊组织中需要进行核算和反映的特殊经济业务，并非在每类组织中都会发生的常规经济业务，如遗产与信托会计、衍生金融工具会计等，它们仅在某些企业中发生，不具有普遍性。因此，按照中级财务会计与高级财务会计分工的原则，将此类超越一般财务会计内容的特殊业务归为高级财务会计是顺理成章的。

（三）容纳新兴业务

高级财务会计在层次上是中级财务会计的延伸，与中级财务会计的分野标准之一是新兴业务与常规业务的关系。随着经济社会发展而出现的新会计问题属于高级财务会计的研究范畴，如财务报告的改进、现值与公允价值会计、人力资源会计、绿色会计（又称"环境会计"）、社会责任会计等，集中体现会计理论与实务的前沿领域。

（四）解决难度大的问题

我国著名会计学家常勋教授在其1999年出版的专著《财务会计三大难题》中，把合并会计、外币报表折算与合并、物价变动会计列为会计的三大难题，2002年又出版一本名为《财务会计四大难题》的专著，除了前述三大难题外，该专著又将衍生工具会计列为高级财务会计的新难点。会计难题在理解要求上高于中级财务会计，在解决方案上存在较多争议和选择空间。

第二节 高级财务会计的理论基础

一、财务会计理论基础由"以假设为起点"向"以目标为起点"的发展

长期以来,会计理论界都将会计假设视为会计理论的最高层次,它是建立财务会计理论和实务的基础。会计原则则是在会计假设统御下会计理论的另一重要内容,它是在会计假设指导下控制会计实务、制定会计行为规范的信条。但在 20 世纪中叶以后,美国会计界放弃了以会计假设为会计理论研究逻辑起点的研究范式,代之以财务会计目标为会计理论研究的逻辑起点,并在短时间内建立起以财务会计目标、会计报表构成要素、会计信息质量特征、会计确认、会计计量、资本保全为核心的会计理论框架。按这种思维方式进行会计理论研究所取得的成效,已被国际会计界所公认。

会计理论体系之所以出现由以假设为起点向以目标为起点的发展,是因为以会计假设为起点的会计理论体系是以一定的前提条件为支撑,其范围必然要受前提条件所制约,很难容纳超越其前提条件的内容。这样,当会计环境发生变化、一些新的经济业务超越了前提条件的限定后,以会计假设为核心的会计理论体系就很难支撑下去了。但是,以会计目标为核心的会计理论体系由于冲破了会计假设的限制,或者说使居于最高层次的会计假设从属于财务会计报告的目标,使后者能容纳更广泛更复杂更特殊的业务处理。因此,它也就能在变化了的会计环境中发挥作用。所以会计理论体系从以假设为起点发展到以目标为起点是会计适应经济社会发展的必然。

与国际会计发展相一致,我国会计通过于 2006 年颁布的《企业会计准则——基本准则》和 39 个具体准则取代原有的《企业会计准则》而实现了由假设为起点向目标为起点的过渡。2006 年的《企业会计准则——基本准则》将财务会计的一般理论划分为财务会计报告的目标、会计假设和会计信息的质量要求三个层次。在这样的体系下,虽然财务会计报告的目标与会计假设共存,但很明显,会计假设处于服从财务会计报告目标的地位,从而使会计理论体系有了更大范围的适应性,可以容纳高级会计业务,财务会计学科体系因此而更加完整、健全。

需要强调的是以会计假设为起点和以会计目标为起点的两种会计理论体系虽然产生的背景和适用的范围不同,两者的结构和包含的内容也不同,但它们不是互相排斥的,两者具有互相结合和互相转化的关系。以会计目标为起点的会计理论体系并没有将以四项会计假设为起点的会计理论体系全盘否定,它们都在实践中发挥着重要作用,正是借助它们外延大小的区别和内涵丰富与否的差异,会计理论才能够指导解决不同层次的会计问题,并随不断变化的客观形势而发展。从中级财务会计和高级财务会计的内容划分来看,以我国原有的四项会计假设为起点的会计理论体系只适用于一般财务会计业务,应当属于中级财务会计的内容。以财务会计目标为起点的会计理论体系可以视为整体财务会计的理论基础,因而能容纳所有高级财务会计的内容。

二、高级财务会计对传统会计假设的突破

传统四项会计假设是会计主体、持续经营、会计分期及货币计量,隐含了核算空间的单一性、经营的持久性及币值的稳定性。会计假设是会计原则和会计方法赖以存在的基本前提,当会计假设与会计面临的客观经济环境相符合的情况下,会计原则及会计处理方法能得到不断的应用和稳定的发展。但随着客观经济环境的变化,突破会计假设的业务及事项不断出现,如跨国经营,企业集团化,通货膨胀或紧缩,企业破产或清算,虚拟企业及经营,等等。所有这些新内容需要新的理论与方法与之相适应,并区别于传统财务会计,从而导致高级财务会计理论及方法出现。所以说对会计假设的突破构成了高级财务会计的理论基础。

(一)高级财务会计对持续经营假设的突破

持续经营假设是指在可以预见的将来,企业将会按当前的规模和状态继续经营下去,不会停业,也不会大规模削减业务。在持续经营前提下,会计确认、计量和报告应当以企业持续、正常的生产经营活动为前提,因此它是整个中级财务会计核算的前提。与持续经营假设紧密联系的是权责发生制原则,我国《企业会计准则第 30 号——财务报表列报》第 4 条要求:"企业应当以持续经营为基础,根据实际发生的交易和事项,按照《企业会计准则——基本准则》和其他各项会计准则的规定进行确认和计量,在此基础上编制财务报表。"但同时又指出:"以持续经营为基础编制财务报表不再合理的,企业应当采用其他基础编制财务报表,并附注中披露这一事实。"

持续经营假设解决的是确定性环境下的会计问题,但是随着经济发展和企业竞争的加剧,企业在未来的时期内能否持续经营取决于多种因素。也就是说,现代经济中的很多不确定因素可能随时导致企业解散、重组或破产。显而易见,企业因各种原因形成的解散、清算,企业的重组乃至破产,都是对持续经营假设的否定,进而也就使权责发生制失去了存在的基础。在这种情况下,企业的资产将采用清算价格计价,也不会再有计提折旧、摊销的要求等。就此而论,持续经营和权责发生制为一般财务会计业务设定了前提条件,而这一假设的松动,亦即非持续经营而形成的非按照权责发生制要求的会计业务就自然而然地催生了新的会计学科——高级财务会计。

(二)高级财务会计对货币计量假设的松动

货币计量是指会计主体在财务会计确认、计量和报告时以货币作为计量尺度,反映会计主体的生产经营活动。众所周知,货币计量假设已在现实的经济活动中受到了巨大震撼。会计要以货币为共同计量单位的含义已由同一企业拥有不同货币而转化为"记账本位币假设";货币的币值不变含义也因持续的物价变动而否定,陆续出现了非历史成本的公允价值计量模式和物价变动会计。在这种情况下,记账本位币制度下的一种货币被另一种货币所计量的事实,已很难再用货币计量假设说明;而物价变动对社会经济带来的影响又强烈地冲击着建立在货币计量假设基础之上的历史成本计量模式,使会计界在痛定思痛之时不得不寻求新的会计计量方法。很明显,货币计量假设的松动促使外币业务会计和物价变动会计产生,它们理所当然成了新的会计学科研究和阐述的内容。

货币计量假设松动还表现在其他财务会计学科的前沿研究领域,如人力资源会计、自然资源会计、环境会计等,这些会计新领域的出现是由于经济发展和社会进步对会计信息全方位透明披露的必然要求,但对这些信息难以进行货币计量,即使沿用货币计量也难以达到"可靠性"的质量要求,从而必定出现诸多非货币计量的内容和非财务信息,它们是难以并入到目前中级财务会计的框架体系之中而只能是高级财务会计的内容。

(三)高级财务会计对会计分期假设的松动

会计分期假设是将一个企业持续经营的生产经营活动划分为一个个连续的、长短相同的期间。持续经营假设将企业持续不断的经营活动人为地划分为等距的会计期间,为分期确定企业经营损益设定了前提条件,使得企业得以结算盈亏,按期编报财务报告,从而及时向财务报告使用者提供有关企业财务状况、经营成果和现金流量的信息。所以无论从哪个角度来看,会计分期都是非常重要的,它是权责发生制的基础,也是会计确认、计量的依据。但是,随着客观经济环境变化而出现的新的经济业务也波及了这一假设,从而形成了依赖这一假设不能解决的一些会计事项。例如,由于只以会计年度为对外报告的期间而提供的会计信息不能满足报表使用者的需要,由此有了中期财务报告事项和以企业清算期为特殊报告期的特有报告事项;再如,衍生金融工具的出现与发展,也使现行的定期财务报告制度难以及时提供有效的信息,这些业务事项都要求依据各类专门事项确定独特的损益确认期限,因此也就有了对期货合同、期汇合同等业务进行核算和报告的专门规定等。由此可见,超越常规、非等距期间报告的会计要求形成了一些一般财务会计难以容纳的会计业务,它们也是高级会计的内容。

(四)高级财务会计对会计主体假设的松动

会计主体是指企业会计确认、计量和报告的空间范围。为了向财务报告使用者反映企业财务状况、经营成果和现金流量,提供与其决策有用的信息,会计核算和财务报告的编制应当反映特定对象的经济活动,才能实现财务报告的目标。在会计主体假设下,企业应当对其本身发生的交易或者事项进行会计确认、计量和报告,反映企业本身所从事的各项生产经营活动。明确界定会计主体是开展会计确认、计量和报告工作的重要前提。但是,现代经济的发展和由此出现的会计业务已向这项假设提出了挑战。例如,实质上构成母、子公司关系的企业集团出现后,会计为之服务的主体已具有了双重性,会计核算的空间范围已处于一种模糊状态。如果企业集团的母公司本身也是一个大企业,下设若干个表现为独立会计主体的分支机构、若干个负责不同地区、不同行业的事业部和若干子公司时,其会计核算的空间范围就更加难以掌握。在此种情况下,会计主体假设已随客观经济环境的变化而有了新的更丰富的内容,实践发展促使这一会计假设有了松动,在此基础上产生了超越该假设前提条件的分支机构会计、合并财务报表、分部报告等不能包含在中级财务会计中的新会计业务。

三、高级财务会计适用"以目标为起点"的财务会计理论体系

任何一门学科都应该有理论基础,本教材认为高级财务会计的理论基础是"以目标为起点"的财务会计理论体系。中级财务会计是建立在会计假设基础上的,当会计

假设被突破以后,会计核算的内容也必然突破中级财务会计的范畴,例如:币值稳定假设动摇以后,历史成本原则就没有意义,随之而来稳健原则、配比原则也就难以成立,必然出现不以币值不变为假设前提的通货膨胀会计;持续经营假设动摇以后,权责发生制不会比现金收付制合理,必然出现突破持续经营假设限制的破产清算会计;等等。因此,建立在会计假设基础上的传统财务会计理论并不符合高级财务会计的要求。但无论环境如何改变,财务会计目标没有改变,提供反映受托责任和决策有用信息的财务会计目标对会计信息质量提出了更高的要求,要求会计信息具有可靠性、相关性、一贯性、可比性、实质重于形式、重要性、可理解性和及时性八大质量特征,从而使得财务会计需要反映的内容和披露的信息更多更广,促进了高级财务会计的产生。

可靠性也就是真实性,是会计信息最重要的质量特征。它要求会计提供的信息经得起考证,是一种对客观事实的忠诚表述,不偏不倚。为了满足可靠性要求,在财务资料遇到不足以如实反映所拟反映情况的风险时采用两种方法处理:对有的事项可以不予反映(如企业内部产生的商誉),对一些事项则应予以确认但同时揭示其确认和计量方面存在着差错的风险。这条原则要求企业即使面对确认、计量方面的风险,也必须反映一些新出现的经济业务,如运用衍生工具套期保值或交易的结果,对或有事项的处理等,这就使会计需反映的业务事项有了不同的角度和不同的侧面,从而促使会计在处理方法和披露方式上不断创新,产生高级财务会计。

相关性是指会计信息应能够满足决策者的信息需求,同时具有预测价值和反馈价值。预测价值是指有助于利用过去和现在的信息来推测未来的财务状况、经营成果和现金流量,反馈价值是指相关的信息能够有助于使用者证实或纠正以前的推测。当会计资料对报表使用者的决策有用时,会计信息就有了相关性,因此也就要求会计将有用的信息进行处理并对外报出。对信息使用者来说,企业合并和破产清算方面的信息、新出现的期货合同等衍生金融工具业务带来的利益和风险信息、企业融资租入资产的实际利益与风险的转移信息、企业形成集团化经营后非法人实体的经济实体的结合状况及其经营成果信息、企业在用两种以上货币进行业务经营时发生的外币业务信息等,所有这些在新经济环境下出现的业务及其信息,必须按照相关性原则的要求予以会计处理并适时报出,它们构成高级财务会计的内容。

可比性不仅要求同一时期不同企业之间的财务报表可以相互比较,也要求企业不同时期的财务报表能够一致、可比。为此,它要求企业之间、企业内部采用相对稳定的会计政策,并在会计政策变化时揭示出变化的原因和对当期会计资料的影响。但从当前的实际情况来看,会计信息质量特征的可比性还包括企业在会计计量方面进行历史成本与公允价值的比较,这应当是可比性要求在新的经济环境下延伸的最突出表现。成本与市价比较不仅存在于对企业期末存货的计价方面,而且是资产评估、企业合并、兼并等会计处理的基础。从高级会计的角度来看,物价变动会计的形成与发展,企业合并时商誉的确认与计量,外币业务汇兑损益的确认与计量,期货、远期交易的盈亏确认等,都和这一要求的延伸有关。所以说可比性要求的延伸为计算物价、汇率变动给企业带来的实际或潜在损益提供了理论上的依据,这也是高级会计学建立、形成的重要理论基础。

及时性要求企业对于已经发生的交易或者事项,应当及时进行确认、计量和报告,不得提前或者延后。会计信息的价值在于帮助所有者或者其他方作出经济决策,具有时效性。即使是可靠的、相关的会计信息,如果不及时提供,就失去了时效性,对于使用者的效用就大大降低,甚至不再具有实际意义。及时性要求业务的会计处理必须及时进行,包括及时收集业务发生的资料、及时生成会计信息、及时传送或披露会计信息。会计信息质量的及时性要求打破了传统的按照年度作为会计期间进行会计信息披露的限制,在会计实务中不仅出现了中期财务报告的内容,而且某些内容必须突破会计分期假设的要求,进行适时信息披露。

实质重于形式指的是应当按照交易或事项的经济实质而非仅仅依照其法律形式来进行会计核算。因为有时法律形式或人为形式并没有反映其经济实质和经济现实,如果仍然按照法律或人为形式进行核算,将不会有利于信息需求者的决策,甚至会误导其决策。实质重于形式的原则反映到会计实务中就是如果实质性的内容超过了外在形式的限制,那么应以实质性内容为依据进行记录和报告。现实交易中许多棘手的会计问题必须运用实质重于形式的原则进行判断,例如:企业购售控股权益后的各法人主体与企业集团合并财务报表的会计主体之间的巨大差异,以及由此而形成的财务报表内容的不一致;合并财务报表报出的销售收入额与法律上认可的集团各企业的销售收入汇总额不一致;融资租赁资产被承租方确认为资产核算有悖于资产所有权转移的要求;衍生金融资产和衍生金融负债的价值;等等。它们从形式上来看并不符合传统资产、负债的确认条件,因而不包括在中级财务会计的范畴之内。但只有对这些事项按照实质重于形式的原则进行判断处理,才能使会计信息符合可靠性、相关性、重要性等会计质量要求,因而这些不能容纳于中级财务会计的内容就属于高级财务会计的范畴。

重要性要求对能影响会计信息使用者作出判断的事项和信息一定要充分揭示,只有对于次要的会计事项,在不影响会计信息真实性、不误导决策者正确判断的前提下,才可以适当简化处理。判断重要性的标准是如果某种会计信息的省略或发生差错会影响报表使用者进行正确的经济决策,则该种会计信息就具有重要性。在会计实务中随着经济的发展,许多原来不重要的会计信息都成为重要的会计信息,如反映企业集团的综合财务状况、经营成果和现金流量的信息,期货合同、衍生金融工具等风险较大的业务信息,租赁资产的特有利益和风险转移信息,企业年度报告以外的中期信息,企业整体信息以外的分部信息等,因而也就出现了合并财务报表、中期财务报告、分部报告、衍生金融工具会计等超越中级财务会计的内容,导致高级财务会计的出现和发展。

综上所述,高级财务会计在性质上仍然属于财务会计的范畴,它的产生和发展是在新的经济环境下达到会计目标的必然结果,它是对传统的"以假设为起点"的财务会计理论与方法的修正,但仍然统御在"以目标为起点"的财务会计理论框架体系之下。

第三节 高级财务会计的研究范围

一、确立高级财务会计教材内容的原则

（一）以经济事项与四项假设关系为理论基础确定高级财务会计的研究范围

高级财务会计产生的理论基础是对会计四大假设的突破和背离，因此，在划分中级财务会计和高级财务会计的内容范围时，在四项假设限定范围内的会计事项属于中级财务会计的研究范围，如单一主体年度报表的编制，会计要素的确认、计量等；背离四项假设的会计事项则属于高级财务会计的研究范围，如突破单一会计主体假设的企业集团合并财务报表的编制，突破货币计量假设的物价变动会计等。

（二）考虑与中级财务会计及其他会计课程的衔接

在会计专业课程的教学实践中，划分中级财务会计和高级财务会计各自内容还不能完全只以四项基本假设为依据，考虑到有些会计事项虽然未背离四项基本假设，但并不具有普遍性，而且业务处理的难度也较大，不宜放在中级财务会计中讲述，如所得税会计、租赁业务会计等，也被纳入高级财务会计的范畴。

二、国内主要教材的内容分布

高级财务会计学科及其研究内容是经济发展对会计的客观要求，因此经济越发展，经济活动越复杂，高级财务会计研究的内容也越来越多。很显然任何一部教材都不可能包括应该或可能归属于高级财务会计的所有内容，这必然存在一个选择和取舍的问题。虽然编写教材一个约定俗称的写法是将在理论研究中已经形成比较一致的观点，在实务中已经有了相应的制度规范的内容编入教材，但是目前各版本的教材在内容编排上仍然存在较大出入。编者选择了当当网上销售的2006年会计准则颁布以来的高级财务会计教材63本，统计发现包含的内容一共28个方面，按照出现频数高低排序分别是：合并财务报表（62）、外币会计（60）、企业合并（59）、租赁会计（57）、破产与清算会计（46）、衍生工具会计（43）、物价变动会计（37）、所得税会计（35）、关联方交易（28）、分部与中期报告（26）、独资与合伙企业会计（24）、债务重组（21）、会计政策、估计及差错的调整（16）、信息披露（16）、非货币性资产交换（16）、或有事项（14）、资产负债表日后事项（13）、养老金会计（11）、借款费用（9）、资产减值（9）、股份支付（6）、公允价值会计（4）、长期股权投资（4）、非营利会计（3）、生物资产（2）、油气开采（2）、保险合同（1）、每股收益（1）。

三、本教材的主要内容

本教材从众多高级财务会计可能涉及的内容中选择了外币业务会计、所得税会计、企业合并、合并财务报表、租赁、股份支付、会计调整、政府补助等内容。选择这些内容

基于三个方面的考虑：一是难度上的控制，由于本教材是针对会计学专业本科生的系列教材，因此没有将难度很大的衍生金融工具会计纳入教材；二是考虑规范性，即主要是将我国会计准则已经有了具体处理要求的内容纳入教材，没有明确规范的会计业务暂不纳入，如企业破产清算会计；三是内容上的渐进性，如会计政策、会计估计变更和会计差错更正以及资产负债表日后事项，大部分教材均在中级财务会计中讲解，但考虑到这些事项调整时涉及递延税款问题，而递延税款在高级财务会计中阐述，所以这些内容也合并为"会计调整"一章在高级财务会计中阐述。

第一章总论。本章主要阐述高级财务会计的基本概念与基本理论，形成初级会计学、中级财务会计、高级财务会计完整的财务会计体系和框架。

第二章外币会计。本章根据《企业会计准则第19号——外币折算》规范，重点介绍外币业务的会计处理和外币报表的折算。本章首先介绍了复币记账、计量和反映外币交易时所涉及的汇率以及两种外币记账方法，在此基础之上介绍了不同种类外币交易的会计处理，同时针对外汇风险的规避问题，着重介绍了以远期合同为手段的套期保值。然后在外币财务报表折算中，讨论了功能性货币的选择以及由此引起的折算和重新计量问题，并详细介绍了不同的外币财务报表折算方法及其在报表合并中的应用。

第三章所得税会计。本章根据《企业会计准则第18号——所得税》规范，着重介绍所得税会计的处理方法和程序。所得税会计主要是针对会计与税收处理规定不同所造成的资产、负债的账面价值与其计税基础的差异，阐述如何确认相关的递延所得税，以及如何确定利润表中应予确认的所得税费用。本章的主要内容包括资产、负债计税基础的确定，暂时性差异的形成及其种类，递延所得税资产和递延所得税负债的确认以及所得税费用的确定。

第四章合并财务报表的基本理论与方法。本章重点讲述编制合并财务报表的理论依据、合并财务报表的特点、合并财务报表的合并范围以及合并财务报表编制一般方法和程序。

第五章企业合并与控制权取得日合并财务报表。本章根据《企业会计准则第20号——企业合并》的规范，讲述同一控制下企业合并的会计处理所运用的权益结合法和非同一控制下企业合并会计处理所运用的购买法。企业合并不仅涉及个别报表层面的确认和计量问题，也涉及母公司控制权取得日编制合并财务报表的问题。

第六章控制权取得日后合并财务报表的编制。本章主要根据《企业会计准则第33号——合并财务报表》的规范，着重介绍控制权取得日后合并财务报表的编制。本章主要内容包括合并资产负债表的编制、合并利润表的编制、合并现金流量表的编制和合并所有者权益变动表的编制。

第七章租赁。本章主要根据《企业会计准则第21号——租赁》的规范，着重介绍租赁业务的确认、计量以及相关信息的披露。本章主要内容包括租赁分类的标准、经营性租赁的会计处理、融资租赁的会计处理以及售后租回的会计处理。

第八章会计调整。本章主要根据《企业会计准则第28号——会计政策、会计估计变更和差错更正》和《企业会计准则第29号——资产负债表日后事项》的规范，着重介绍会计政策变更、会计估计变更、会计差错更正和资产负债表日后事项会计处理的要求和方法。本章主要内容包括会计政策变更与会计估计变更的判断与区分、追溯调整法的具体运用、重要会计差错与非重要会计差错的更正方法、资产负债表日后调整事项与非调整事项的区分、资产负债表日后调整事项的会计处理。

第九章股份支付。本章主要根据《企业会计准则第 11 号——股份支付》的规范，着重介绍股份支付的会计处理。本章主要内容包括股份支付涉及的主要环节及其经济性质、股份支付确认与计量的会计原则、权益结算的股份支付的会计处理、现金结算的股份支付的会计处理。

第十章政府补助。本章主要依据《企业会计准则第 16 号——政府补助》的规范，着重介绍政府补助的基本概念、主要形式和不同类型政府补助的会计处理。

本章小结

本章重点在于明确高级财务会计在财务会计学科体系中的地位和高级财务会计包括的内容。本章认为高级财务会计属于财务会计的范畴，它和初级会计学、中级财务会计一起构成完整的财务会计学科体系。高级财务会计在内容上体现"难""特""新"的特点，一般来说以四项会计基本假设为前提的会计事项的处理属于中级财务会计的内容，突破四项基本假设的会计问题属于高级财务会计的范畴。

思考题

1. 简述高级财务会计的主要特征。
2. 简述财务会计学的理论体系与框架。
3. 简述会计四项基本假设被突破的原因及其表现。

第二章

外币会计

本章学习目的

通过本章的学习,理解与外币业务有关的基本概念,了解现行外币财务报表折算的几种方法,能够熟练地对外币交易进行会计处理,并对外币财务报表进行折算。

本章重点与难点

本章重点是外币统账制下的会计处理和非恶性通货膨胀情况下的外币财务报表折算。难点是对不同外币财务报表折算方法优缺点的比较和理解。

第一节 外币会计概述

经济全球化时代,资本的跨国流动和国际贸易不断扩大,国内企业经常会发生涉及外币的经济业务,这就要求采用专门的方法对外币交易进行会计处理。外币会计就是研究如何采用专门的方法核算涉及外币的业务、如何将外币会计报表折算为本国货币,并对由此产生的汇兑损益进行处理的一种会计方法。外币会计包括两部分:外币交易会计和外币财务报表折算。学习外币会计必须先对外币业务所涉及的基本概念有清晰的理解。在外币业务中主要涉及如下基本概念。

一、外币与外汇

从一般意义上讲,外币是"外国货币"的简称,是指本国货币以外的其他国家或地区的货币。它常用于企业因贸易、投资等经济活动引起的对外结算业务中。从会计的角度而言,外币是指记账本位币(或功能性货币)以外的货币。如企业以人民币为记账本位币,那么其他各种货币均为外币;若企业以某种非人民币货币为记账本位币,则记账本位币以外的各种货币,包括人民币均是外币。为了与一般意义上的外币概念相区别,会计学上的外币概念通常以非记账本位币(或非功能性货币)来替代。

外汇有狭义和广义两种含义。狭义的外汇即指外币。广义的外汇指的是一国拥有的一切以外币表示的资产。国际货币基金组织(IMF)将外汇一词解释为"货币当局(中央银行、货币机构、外汇平准基金组织及财政部)以银行存款、国库券、长短期政府债券等形式保有的在国际收支逆差时可以使用的债权"。2008年8月修订并实施的《中华人民共和国外汇管理条例》规定:外汇,是指以外币表示的可以用作国际清偿的支付手段和资产,包括:①外币现钞,包括纸币、铸币;②外币支付凭证或者支付工具,包括票据、银行存款凭证、银行卡等;③外币有价证券,包括债券、股票等;④特别提款权;⑤其他外汇资产。

二、外币兑换和外币折算

外币兑换是指将外币换成本国货币,或将本国货币换成外币,或将不同外币进行互换。当企业(或其他组织或个人)兑出外汇时,在银行则为买入外汇;兑入时,在银行则为卖出外汇。因此外币兑换时的汇率有买入价与卖出价之分。买入价与卖出价之间的差额就为银行经营外汇兑换业务的毛利。

外币折算是指将不同的外币金额换算成统一的本国货币(或特定的外币)等值的程序,它是会计上对原有外币金额的重新表述。外币交易之所以要进行折算,是因为会计计量需要有单一的计量尺度。在外币交易中,原始的计量单位是不同的外币,在将这些交易记入账册之前,必须将外币金额折算成等值本国货币(或特定的外币)。否则,用不同货币单位表述的金额是不可能来总括反映经济事项和编制财务报表的。

三、外汇汇率

汇率是指以一国货币表示另一国货币的价格,也即以一国货币折算成另一国货币的比率。外汇是一种特殊的商品,它可以进行买卖,汇率就表现为外汇买卖时的价格,因此,汇率有时也称为汇价。

(一)外汇汇率的标价方法

确定两种不同货币之间的比价,先要确定用哪个国家的货币作为标准。由于确定的标准不同,于是便产生了几种不同的外汇汇率标价方法。常用的标价方法包括直接标价法、间接标价法、美元标价法。

1. 直接标价法

直接标价法又称应付标价法,是以一定单位的外国货币为标准来计算应付出多少单位本国货币,相当于计算购买一定单位外币应付多少本币,所以称应付标价法。包括中国在内的世界上绝大多数国家目前都采用直接标价法。在国际外汇市场上,日元、瑞士法郎、加元等均采取直接标价法。

在直接标价法下,若一定单位的外币折合的本币数额多于前期,则说明外币币值上升而本币币值下跌,叫作外汇汇率上升;反之,如果要用比原来较少的本币即能兑换到同一数额的外币,这说明外币币值下跌而本币币值上升,叫作外汇汇率下跌,即外币的价值与汇率的涨跌成正比。

2. 间接标价法

间接标价法又称应收标价法。它是以一定单位的本国货币为标准,来计算应收若干单位的外国货币。在国际外汇市场上,欧元、英镑、澳元等均采取间接标价法。

在间接标价法下,本国货币的数额保持不变,外国货币的数额随着本国货币币值的对比变化而变动。如果一定数额的本币能兑换的外币数额比前期少,这表明本币币值上升,本币币值下降,即外汇汇率下降;反之,如果一定数额的本币能兑换的外币数额比前期多,则说明外币币值下降、本币币值上升,也就是外汇汇率上升,即外币的价值和汇率的涨跌成反比。

3. 美元标价法

美元标价法又称纽约标价法,在美元标价法下,各国均以美元为基准来衡量各国货币的价值(即以一定单位的美元为标准来计算应该兑付多少他国货币的表示方法),而非美元外汇买卖时,则是根据各自对美元的比率套算出买卖双方货币的汇价,除英镑、欧元、澳元和纽币外,美元标价法基本上已在国际外汇市场上通行。

【例 2-1】某一中国居民在美国要将人民币 10 000 元兑换成港元,以下是 2×11 年 5 月 2 日外汇牌价(每 100 元人民币)。

买入价	卖出价
US $ 100 = ¥647.7	¥650.3
US $ 100 = HK776.71	HK776.76

根据上述汇率,可以计算出要兑换的港元金额 = 10 000 ÷ 647.7 × 776.76 = 11 992.59 港元。

可知人民币对港元的汇率是 100∶119.925 9。

(二)外汇汇率的分类

1. 固定汇率、浮动汇率和多重汇率

(1)固定汇率。固定汇率是将一个国家(地区)的货币与另一个国家(地区)的货币的兑换比率基本固定的汇率。固定汇率并非汇率完全固定不动,而是围绕一个相对固定的平价的上下限范围波动,该范围最高点叫"上限",最低点叫"下限"。当汇价涨或跌到上限或下限时,政府的中央银行将采取措施,使汇率维持不变。在 19 世纪初到 20 世纪 30 年代的金本位制时期、第二次世界大战后到 20 世纪 70 年代初以美元为中心的国际货币体系,都实行固定汇率制。

(2)浮动汇率。浮动汇率是指根据市场供求关系自由涨跌,货币当局不进行干涉的汇率。在浮动汇率制下,金平价已失去实际意义,官方汇率也只起某种参考作用。就浮动形式而言,如果政府对汇率波动不加干预,完全听任供求关系决定汇率,称为自由浮动或清洁浮动。但是,各国政府为了维持汇率的稳定,或出于某种政治及经济目的,都或多或少地对汇率的波动采取干预措施。这种浮动汇率在国际上通称为管理浮动或肮脏浮动。1973 年固定汇率制瓦解后,西方国家普遍实行浮动汇率制。

(3)多重汇率。某些时候,政府会根据特定的情况分别实行不同的固定汇率。例如,对某些商品的进口采用较低的固定汇率,而对另外一些商品的进口则采用较高的固定汇率,这便是所谓的多重汇率。

我国曾采用过多重汇率制度。目前我国实行以市场供求为基础、参考一揽子货币进行调节、有管理的浮动汇率制度。

2. 现行汇率、历史汇率和平均汇率

现行汇率是指企业将外汇交易记录入账时或编制报表时采用的汇率,因此又常常被称为记账汇率;历史汇率是相对于现行汇率而言的,指最初取得外币资产或最初承担外币负债时的汇率,因此也常常被称为账面汇率。例如,期初取得某项以外币表示的应收款项时,记录入账的汇率为现行汇率,但在期末编制财务报表时,若汇率发生了变化,则变化了的汇率为新的现行汇率,而在账面上已记录的汇率则为历史汇率。

平均汇率则是指会计上为了处理的简便,而将现行汇率或历史汇率进行简单平均或者加权平均后的汇率。

3. 即期汇率和远期汇率

即期汇率也称现行汇率,通常指中国人民银行公布的当月人民币外汇牌价的中间价。远期汇率也称期汇汇率,指未来的汇率。

四、记账本位币

(一)记账本位币的含义

记账本位币是指企业经营所处的主要经济环境中的货币。主要经济环境,通常是指企业主要产生和支出现金的环境,使用该环境中的货币最能反映企业主要交易的经济结果。我国大多数企业主要产生和支出现金的环境在国内,因此,一般以人民币作为记账本位币。

(二)一般企业记账本位币的确定

我国《会计法》规定,企业一般以人民币作为记账本位币,业务收支以人民币以外的货币为主的单位,可以选定其中一种货币作为记账本位币,但是编制的财务会计报告应当折算为人民币。企业记账本位币的选定,应当考虑以下因素:

第一,从日常活动收入现金的角度看,所选择的货币能够对企业商品和劳务的销售价格起主要作用和影响时,通常以该货币进行商品和劳务的计价和结算;

第二,从日常活动支出现金的角度看,所选择的货币能够影响商品和劳务所需人工、材料和其他费用时,通常以该货币进行上述费用的计价和结算;

第三,融资活动获得的货币以及保存从经营活动中收取款项所使用的货币。

在确定企业的记账本位币时,上述因素的重要程度因企业具体情况不同而不同,需要企业管理当局根据实际情况进行判断。一般情况下,综合考虑前两项即可确定企业的记账本位币,第三项为参考因素,视其对企业收支现金的影响程度而定。在综合考虑前两项因素仍不能确定企业记账本位币的情况下,第三项因素对企业记账本位币的确定起重要作用。

【例2-2】A企业70%以上的营业收入来自对欧盟国家的商品出口,其商品销售价格主要受欧元的影响。所以,A企业应选择欧元作为记账本位币。

【例2-3】如果B企业除厂房设施、30%的人工成本在国内以人民币采购外,生产所需原材料、机器设备及70%以上的人工成本以欧元在欧盟市场采购,则可确定B企业的记账本位币是欧元。

【例2-4】丁公司为国内一家婴儿配方奶粉加工企业,其原材料牛奶全部来自澳大利亚,主要加工技术、机器设备及主要技术人员均由澳大利亚方面提供,生产的婴儿配方奶粉面向国内出售。企业依据第一、二项因素难以确定记账本位币。需要考虑第三项因素。假定为满足采购原材料牛奶等所需澳元的需要,丁公司向澳大利亚某银行借款10亿澳元,期限为20年,该借款是丁公司当期流动资金净额的4倍。由于原材料采购以澳元结算,且企业经营所需要的营运资金,即融资获得的资金也使用澳元,因此,从"融资活动获得的资金"角度分析,丁公司应当以澳元作为记账本位币。

(三)境外经营记账本位币的确定

1. 境外经营的含义

境外经营是指企业在境外的子公司、合营企业、联营企业、分支机构。当企业在境内的子公司、合营企业、联营企业或者分支机构,选定的记账本位币不同于企业的记账本位币时,也视同境外经营。区分某实体是否为企业的境外经营关键看两项:一是该实体与企业的关系,是否为子公司、合营企业、联营企业、分支机构;二是该实体的记账本位币是否与企业的记账本位币相同,而不是以该实体是否在企业所在地的境外作为标准。

2. 境外经营记账本位币的确定

企业选定境外经营的记账本位币,除考虑一般企业确定记账本位币应考虑的因素外,还应当考虑下列因素:

(1)境外经营对其所从事的活动是否拥有很强的自主性。如果境外经营所从事的活动是企业经营活动的延伸,该境外经营应当选择与企业记账本位币相同的货币作为记账本位币,如果境外经营所从事的活动拥有极大的自主性,境外经营不能选择与企业记账本位币相同的货币作为记账本位币。

(2)境外经营活动中与企业的交易是否在境外经营活动中占有较大比重。如果境外经营与企业的交易在境外经营活动中所占的比重较高,境外经营应当选择与企业记账本位币相同的货币作为记账本位币;反之,应选择其他货币。

(3)境外经营活动产生的现金流量是否直接影响企业的现金流量,是否可以随时汇回。如果境外经营活动产生的现金流量直接影响企业的现金流量,并可以随时汇回,境外经营应当选择与企业记账本位币相同的货币作为记账本位币;反之,应选择其他货币。

(4)境外经营活动产生的现金流量是否可以偿还其现有债务和可预期的债务。如果境外经营活动所产生的现金流量在企业不提供资金的情况下,难以偿还其现有债务和正常情况下可预期的债务,境外经营应当选择与企业记账本位币相同的货币作为记账本位币;反之,应选择其他货币。

需要说明的是,境外经营记账本位币的确定不仅要从境外经营自身所处的主要经济环境考虑,更重要的是从企业的角度考虑,其目的是为了将境外经营的财务报表纳入企业财务报表。

【例2-5】国内B公司以人民币作为记账本位币,该公司在欧盟国家设有一家子公司P公司,P公司在欧洲的经营活动拥有完全的自主权:自主决定其经营政策、销售方式、进货来源等,B公司与P公司除投资与被投资关系外,基本不发生业务往来,P公司的产品主要在欧洲市场销售,其一切费用开支等均由P公司在当地自行解决。

由于P公司主要收、支现金的环境在欧洲,且P公司对其自身经营活动拥有很强的自主性,P公司与B公司之间除了投资与被投资关系外,基本无其他业务,因此,P公司应当选择欧元作为其记账本位币。

(四)记账本位币变更的会计处理

企业记账本位币一经确定,不得随意变更。但是,企业因经营所处的主要经济环境发生重大变化,确需变更记账本位币的,应当采用变更当日的即期汇率将所有项目折算为变更后的记账本位币,折算后的金额作为新的记账本位币的历史成本。由于采用同一即期汇率进行折算,因此,不会产生汇兑差额。当然,企业需要提供确凿的证据证明企业经营所处的主要经济环境确实发生了重大变化,并应当在财务报表附注中披露变更的理由。

企业记账本位币发生变更的,其比较财务报表应当以可比当日的即期汇率折算所有资产负债表和利润表项目。

第二节 外币交易的会计处理

外币交易是指以外币计价或结算的交易,包括外币兑换业务、外币购销业务、外币借款业务、接受外币投资、其他以外币计价或结算的交易。

外币交易会计处理涉及的问题主要有:外币交易会计处理方法的选择;交易发生日的会计处理;结算日的会计处理;资产负债表日的会计处理。

一、外币交易的两种记账方法——外币分账制和外币统账制

外币交易的记账方法我国目前有两种,即外币分账制和外币统账制。

(一) 外币分账制

外币分账制是指企业在日常核算时分别按币种记账,资产负债表日分别对货币性项目和非货币性项目进行调整:货币性项目按资产负债表日即期汇率折算,非货币性项目按交易发生日的即期汇率折算;产生的汇兑差额计入当期损益。

外币分账制的缺点是记账复杂,优点是所有币种都以原币核算、数据准确,便于分类核算,适合有多种外汇业务的金融企业。

(二) 外币统账制

外币统账制的核算程序如下:

首先,交易发生日将外币金额按照交易日的即期汇率或即期汇率的近似汇率折算为记账本位币金额,按照折算后的记账本位币金额登记有关账户;在登记有关记账本位币账户的同时,按照外币金额登记相应的外币账户。

外币账户包括外币现金,外币银行存款,外币结算的债权、债务,等等。

企业通常应当采用即期汇率进行折算。汇率变动不大的,也可以采用即期汇率的近似汇率进行折算。

即期汇率的近似汇率,是指按照系统合理的方法确定的、与交易发生日即期汇率近似的汇率,通常采用当期平均汇率或加权平均汇率等。例如,以美元兑人民币的周平均汇率为例,假定美元兑人民币每天的即期汇率为:周一7.8,周二7.9,周三8.1,周四8.2,周五8.15,周平均汇率为$(7.8+7.9+8.1+8.2+8.15)÷5=8.03$。月平均汇率的计算方法与周平均汇率的计算方法相同。月加权平均汇率需要采用当月外币交易的外币金额作为权重进行计算。

无论是采用平均汇率还是加权平均汇率,或者其他方法确定的即期汇率的近似汇率,该方法应在前后各期保持一致。如果汇率波动使得采用即期汇率的近似汇率折算不适当,应当采用交易发生日的即期汇率折算。至于何时不适当,需要企业根据汇率变动情况及计算即期汇率的近似汇率的方法等进行判断。

其次,资产负债表日,将所有外币货币性项目的外币余额,按照期末即期汇率折算为记账本位币,并与原记账本位币金额相比较,其差额计入"财务费用——汇兑差额"等科目。对于非货币性项目,应区别情况处理。

最后,结算日结算外币货币性项目时,将其外币结算金额按照当日即期汇率或即期汇率的近似汇率折算为记账本位币金额,并与原记账本位币金额相比较,其差额计入"财务费用——汇兑差额"等科目。该汇兑差额也可以在资产负债表日确认。

外汇统账制的优点是记账简单,所有币种都以即期汇率或即期汇率近似汇率折算,便于加总核算,适合普通企业采用。

从我国目前的情况看,绝大多数企业采用外币统账制,只有银行等少数金融企业采

用外币分账制。

二、外币统账制下外币交易会计处理

(一)交易发生日的会计处理

企业发生外币交易时,应在初始确认时采用交易日的即期汇率或即期汇率的近似汇率将外币金额折算为记账本位币金额。这里的即期汇率可以是外汇牌价的买入价或卖出价,也可以是中间价,在与银行不进行货币兑换的情况下,一般以中间价作为即期汇率。

1. 外币兑换业务

企业与银行发生货币兑换,兑换所用汇率为银行的买入价或卖出价,而通常记账所用的即期汇率为中间价,由于采用不同汇率而产生的汇兑差额计入当期财务费用。"银行存款"的外币账户,要使用交易日即期汇率或即期近似汇率折算;"银行存款"的人民币账户,要使用买入价或卖出价折算;财务费用一定在借方。

【例2-6】乙公司以人民币为记账本位币,对外币交易采用交易日的即期汇率折算。2×11年6月6日,将100万美元兑换为人民币,银行当日的美元买入价为1美元=6.35元人民币,中间价为1美元=6.40元人民币。卖出价为1美元=6.45元人民币。

2×11年6月6日,乙公司的会计处理:

借:银行存款——人民币　　　　　　　　　(1 000 000×6.35)6 350 000
　　财务费用　　　　　　　　　　　　　　　　　　　　　　　　50 000
　　贷:银行存款——美元　　　　　　　　　(1 000 000×6.4)6 400 000

假定乙公司以人民币购买100万美元,相关会计分录如下:

借:银行存款——美元　　　　　　　　　　(1 000 000×6.4)6 400 000
　　财务费用　　　　　　　　　　　　　　　　　　　　　　　　50 000
　　贷:银行存款——人民币　　　　　　　　(1 000 000×6.45)6 450 000

2. 外币购销业务

外币采购业务主要是指企业从国外或境外购进原材料、商品或引进设备;外币销售业务主要是指企业出口商品。

当企业从国外或境外购进原材料、商品或引进设备时,支付的外币或形成的外币债务,在登记外币金额的同时,应按当日即期汇率或即期汇率的近似汇率折算为记账本位币;货物的入账价值只需按即期汇率或即期汇率的近似汇率折算后的记账本位币登记。

【例2-7】国内A公司的记账本位币为人民币。对外币交易采用交易日的即期汇率折算,按月计算汇兑损益。2×11年8月24日,向国外购入固定资产(不需要安装),根据双方供货合同,货款共计100万美元,货到后10日内A公司付清所有货款。当日即期汇率为1美元=6.4元人民币。增值税额108.8万元已经支付。

2×11年8月24日,A公司的会计处理如下:

借:固定资产　　　　　　　　　　　　　　　　　　　　　　　6 400 000

  应交税费——应交增值税(进项税额)   1 088 000
   贷:应付账款——美元   (1 000 000×6.4)6 400 000
    银行存款——人民币   1 088 000

  企业出口商品时,出口销售取得的外币或形成的债权,在登记外币金额的同时,应按当日的即期汇率或即期汇率的近似汇率折算为记账本位币入账;而销售商品形成的收入只按即期汇率或即期汇率的近似汇率折算后的记账本位币反映即可。

  【例2-8】甲公司的记账本位币为人民币,对外币交易采用交易日的即期汇率折算,按季度计算汇兑损益。2×11年3月3日,向乙公司出口销售商品1 000万美元,当日的即期汇率为1美元=6.48元人民币。假设不考虑相关税费,货款尚未收到。

  2×11年3月3日,甲公司的会计处理如下:
   借:应收账款——美元   (10 000 000×6.48)64 800 000
    贷:主营业务收入   64 800 000

  3. 外币借款业务

  企业借款业务是指企业借入或借出外币。借出外币通常为银行等金融企业的主营业务,本章重点学习非金融企业借入外币业务的会计处理。

  企业借入外币业务时,借入的外币在登记外币金额的同时,应按当日的即期汇率或即期汇率的近似汇率折算为记账本位币入账;形成的外币负债在登记外币金额的同时,也应按当日的即期汇率或即期汇的近似汇率折算为记账本位币入账。

  【例2-9】乙公司的记账本位币是人民币。对外币交易采用交易日即期汇率折算。2×11年7月18日,从中国银行借入1 000万港元,年利率为5%,期限为3个月,借入的港元暂存银行。借入当日的即期汇率为1港元=0.812元人民币。

  2×11年7月18日,乙公司的会计处理如下:
   借:银行存款——港元   (10 000 000×0.812)8 120 000
    贷:短期借款——港元   (10 000 000×0.812)8 120 000

  4. 接受外商投资业务

  企业接受外币投资时,收到的外币货币资金账户只能按收到当日的即期汇率折算为记账本位币,不得采用即期汇率的近似汇率,也不得使用合同汇率,同时登记相应的外币金额;形成的股本或实收资本也只能按收到当日的即期汇率折算为记账本位币,不得采用即期汇率的近似汇率,也不得使用合同汇率。

  【例2-10】甲股份有限公司的记账本位币为人民币,对外币交易采用交易日的即期汇率折算。根据其与外商签订的投资合同,外商将分两次投入外币资本,投资合同约定的汇率是1美元=8元人民币。2×10年7月1日,甲股份有限公司收到外商投入资本100 000美元,当日即期汇率为1美元=6.5元人民币;2×11年2月6日,收到外商投入资本100 000美元,当日即期汇率为1美元=6.46元人民币。会计分录如下:

  2×10年7月1日,甲第一次收到外币资本时:
   借:银行存款——美元   (100 000×6.5)650 000
    贷:股本   650 000

  2×11年2月6日,甲第二次收到外币资本时:

借:银行存款——美元　　　　　　　　　　　　（100 000×6.46）646 000
　　贷:股本　　　　　　　　　　　　　　　　　　　　　　　646 000

(二)结算日的会计处理

结算日指债权债务的收回或清偿日。结算日会计处理有逐步结转汇兑损益和集中结转汇兑损益两种方法。

1. 逐步结转汇兑损益法

企业收回债权时,收到的外币货币资金应以当日即期汇率或即期汇率的近似汇率折算为记账本位币,同时登记外币金额。减少的债权按初始入账时的汇率或前一资产负债表日即期汇率折算为记账本位币,同时登记外币金额。该业务因当日即期汇率不同于初始入账时的汇率或前一资产负债表日即期汇率而产生的汇兑差额计入当期损益。企业清偿外币债务时,支付的外币货币资金应以当日即期汇率或即期汇率的近似汇率折算为记账本位币,同时登记外币金额;减少的债务按初始入账时的汇率或前一资产负债表日即期汇率折算为记账本位币,同时登记外币金额。该业务因当日即期汇率不同于初始入账时的汇率或前一资产负债表日即期汇率而产生的汇兑差额计入当期损益。

【例2-11】甲股份有限公司的记账本位币为人民币,对外币交易采用交易日的即期汇率折算。2×11年4月12日,向乙公司出口销售商品12 000件,销售合同规定的销售价格为每件250美元,货款尚未收到,当日即期汇率为1美元=6.5元人民币。2×11年4月23日收到上述货款,当日即期汇率为1美元=6.55元人民币。假设不考虑相关税费。

甲股份有限公司2×11年4月12日会计分录如下:
借:应收账款——乙公司(美元)　　　　　　（12 000×250×6.5）19 500 000
　　贷:主营业务收入　　　　　　　　　　　　　　　　　　19 500 000
甲股份有限公司2×11年4月23日会计分录如下:
借:银行存款——美元　　　　　　　　　　　（12 000×250×6.55）19 650 000
　　贷:应收账款——美元　　　　　　　　　　（12 000×250×6.5）19 500 000
　　　　财务费用　　　　　　　　　　　　　　　　　　　　　150 000

【例2-12】乙股份有限公司的记账本位币为人民币,对外币交易采用交易日的即期汇率折算。2×11年4月8日,从中国银行借入1 500 000港元,期限为6个月,借入的港元暂存银行。借入当日的即期汇率为1港元=0.8元人民币。10月8日,乙股份有限公司按期向中国银行归还借入的1 500 000港元。归还借款时的即期汇率为1港元=0.9元人民币。假定本例中,各资产负债表日人民币与港元之间的汇率在清偿借款前无变化。

乙股份有限公司2×11年4月8日会计分录如下:
借:银行存款——港元　　　　　　　　　　　（1 500 000×0.8）1 200 000
　　贷:短期借款——港元　　　　　　　　　　（1 500 000×0.8）1 200 000
乙股份有限公司2×11年10月8日会计分录如下:
借:短期借款——港元　　　　　　　　　　　（1 500 000×0.8）1 200 000

　　　　财务费用　　　　　　　　　　　　　　　　　　　　　　150 000
　　　贷：银行存款——港元　　　　　　　　　　　（1 500 000×0.9）1 350 000
　　2.集中结转汇兑损益法
　　集中结转法下，企业收回债权时，收到的外币货币资金和减少的债权均按当日即期汇率或即期汇率的近似汇率折算为记账本位币，同时登记外币金额。企业清偿外币债务时，支付的外币货币资金以及减少的债务均按当日即期汇率或即期汇率的近似汇率折算为记账本位币，同时登记外币金额，即不结出结算日与交易日汇率变动的影响或结算日与上一个资产负债表日即期汇率变动的影响。

　　【例2-13】承【例2-11】。
　　甲股份有限公司2×11年4月12日会计分录同例2-11。
　　甲股份有限公司2×11年4月23日会计分录如下：
　　　借：银行存款——美元　　　　　　　　　（12 000×250×6.55）19 650 000
　　　　贷：应收账款——美元　　　　　　　　　（12 000×250×6.55）19 650 000

　　【例2-14】承【例2-12】。
　　乙股份有限公司2×11年4月8日会计分录同例2-12。
　　乙股份有限公司2×11年10月8日会计分录如下：
　　　借：短期借款——港元　　　　　　　　　　（1 500 000×0.9）1 350 000
　　　　贷：银行存款——港元　　　　　　　　　（1 500 000×0.9）1 350 000

(三)资产负债表日的会计处理

　　资产负债表日，企业应当分别外币货币性项目和外币非货币性项目进行处理。外币货币性项目是企业持有的外币货币资金和将以固定或可确定外币金额收取的资产或者偿付的负债。外币货币性项目分为外币货币性资产和外币货币性负债。外币货币性资产是指以外币形式存在的库存现金、银行存款、应收账款和应收票据以及债权投资等；外币货币性负债是指以外币形式存在的应付账款、其他应付款、短期借款、应付债券、长期借款、长期应付款等。

　　1.外币货币性项目的处理
　　对于外币货币性项目应在资产负债表日按当日即期汇率折算。因资产负债表日即期汇率与初始确认时或前一资产负债表日即期汇率不同而产生的汇兑差额作为财务费用等，同时调整外币货币性项目的记账本位币金额。

　　【例2-15】承【例2-8】。设2×11年3月末甲公司仍未收货款，2×11年3月末的汇率为1美元=6.5元人民币，则2×11年3月末甲公司的会计处理为：
　　　借：应收账款——美元　　　　　　　　　　　　　　　　200 000
　　　　贷：财务费用　　　　　　　　　　　　　　　　　　　　200 000

　　【例2-16】承【例2-13】。设2×11年4月末甲公司仍未收货款，2×11年4月末的汇率为1美元=6.51元人民币，则2×11年4月末甲公司的会计处理为：
　　　借：应收账款——美元　　　　　　　　　　　　　　　　30 000
　　　　贷：财务费用　　　　　　　　　　　　　　　　　　　　30 000

　　【例2-17】承【例2-7】。2×11年8月31日A公司仍未付款，当日汇率为1美

元=6.5元人民币,A公司应作以下会计处理:
　　借:财务费用　　　　　　　　　　　　　　　　　　　　　　　100 000
　　　贷:应付账款　　　　　　　　　　　　　　　　　　　　　　　　100 000
【例2-18】承【例2-17】。2×11年8月31日汇率为1美元=6.5元人民币,2×11年9月30日汇率为1美元=6.43元人民币,2×11年9月30日A公司仍未付款,2×11年9月30日A公司的会计处理为:
　　借:应付账款　　　　　　　　　　　　　　　　　　　　　　　　70 000
　　　贷:财务费用　　　　　　　　　　　　　　　　　　　　　　　　70 000
　　2. 外币非货币性项目的处理
　　(1)对于以历史成本计量的外币非货币性项目,仍采用交易发生日的即期汇率折算,不改变其记账本位币金额,不产生汇兑差额。
【例2-19】承【例2-10】,外商投入甲股份有限公司的外币资本200 000万美元已按当日即期汇率折算为人民币并计入"股本"科目。"股本"属于非货币性项目,因此,期末不需要按照当日即期汇率进行调整。
　　(2)对于以成本与可变现净值孰低计量的存货,如果其可变现净值以外币确定,则在确定存货的期末价值时,应先将可变现净值折算为记账本位币,再与记账本位币反映的存货成本进行比较。
【例2-20】P上市公司以人民币为记账本位币。2×11年11月2日,从英国W公司采购国内市场尚无的A商品10 000件,每件价格为1 000英镑,当日即期汇率为1英镑=10元人民币。2×11年12月31日,尚有1 000件A商品未销售出去,国内市场仍无A商品供应,A商品在国际市场的价格降至900英镑。12月31日的即期汇率为1英镑=9.8元人民币。假定不考虑增值税等相关税费。
　　本例中,由于存货在资产负债表日采用成本与可变现净值孰低计量,因此,在以外币购入存货并且该存货在资产负债表日获得的可变现净值以外币反映时,计提存货跌价准备时应当考虑汇率变动的影响。因此,该公司应作的会计分录如下:
　　2×11年11月2日购入A商品:
　　借:库存商品——A商品　　　　　　　　　　(10 000 000×10)100 000 000
　　　贷:银行存款——英镑　　　　　　　　　　(10 000 000×10)100 000 000
　　2×11年12月31日,计提存货跌价准备
　　借:资产减值损失　　　　　　　　　　　　　　　　　　　　　1 180 000
　　　贷:存货跌价准备　　　　　　　　　　　　　　　　　　　　　1 180 000
　　　　900×1 000×9.8-1 000×1 000×10=-1 180 000(元人民币)
　　(3)对于以公允价值计量的股票、基金等外币非货币性项目,如果期末的公允价值以外币反映,则应当先将该外币按照公允价值确定当日的即期汇率折算为记账本位币金额,再与原记账本位币金额进行比较,其差额作为公允价值变动损益等,计入当期损益等。
【例2-21】国内甲公司的记账本位币为人民币。2×11年12月1日以每股1.5美元的价格买入乙公司B股10 000股作为交易性金融资产,当日汇率为1美元=6.52

元人民币,款项已付。2×11年12月31日,由于市价变动,当月购入的乙公司B股的市价变为每股1美元,当日汇率为1美元=6.45元人民币。假定不考虑相关税费的影响。

2×11年12月1日购入该股票时:

借:交易性金融资产　　　　　　　　　　　　(10 000×6.52×1.5)97 800
　　贷:银行存款——美元　　　　　　　　　　(10 000×6.52×1.5)97 800

2×11年12月31日:

借:公允价值变动损益　　　　　　　　　　　　　　　　　　　33 300
　　贷:交易性金融资产　　　　　　　　　　　　　　　　　　　33 300

33 300元人民币既包含甲公司所购入乙公司B股股票公允价值变动的影响,又包含人民币与美元之间汇率变动的影响。

2×12年1月24日,甲公司将所购乙公司B股股票按当日市价每股1.2美元全部售出,所得价款12 000美元,按当日汇率1美元=6.3元人民币折算为人民币金额为75 600元,与其原账面价值人民币金额64 500元的差额为11 100元人民币,对于汇率的变动和股票市价的变动不进行区分,均作为投资收益进行处理。则售出当日的会计处理为:

借:银行存款——美元　　　　　　　　　　　　(12 000×6.3)75 600
　　贷:交易性金融资产　　　　　　　　　　　　　　　　　　　64 500
　　　　投资收益　　　　　　　　　　　　　　　　　　　　　　11 100
借:投资收益　　　　　　　　　　　　　　　　　　　　　　　　33 300
　　贷:公允价值变动损益　　　　　　　　　　　　　　　　　　33 300

三、外币交易会计处理综合示例

(一)逐步结转汇兑损益法

【例2-22】大中公司2×11年3月31日,有关外币账户余额资料如表2-1~表2-7所示。

表2-1　大中公司2×11年3月31日外币账户余额表　　　　　　单位:元

科目名称	外币	汇率	人民币
短期借款	USD3 000	6.4	19 200
应收账款	USD1 000	6.4	6 400
应收票据	0		
应付账款	USD8 000	6.4	51 200
应付票据	0		

4月份大中公司发生以下外币业务(企业以当日即期汇率作为记账汇率):

(1)4月1日,从中国银行借入短期借款USD30 000,当日即期汇率为1美元=6.41

元人民币。

(2)4月3日,对美国大木公司出口B商品USD50 000,货款尚未收到,收到90天无息商业汇票一张,当日即期汇率为1美元=6.32元人民币。

(3)4月4日,通过中国银行偿还以前货款USD2 000,现已收到银行兑付通知,当日即期汇率为1美元=6.3元人民币。

(4)4月7日,从美国进口C材料(该材料属进口免征增值税商品)一批,货款计USD12 000,通过银行支付USD10 000,当日即期汇率为1美元=6.3元人民币。

(5)4月15日,对美国田代公司出口A商品USD4 000,货款尚未收到,当日即期汇率为1美元=6.2元人民币。

(6)4月20日,支付7日的购货外币运保费USD500,当日即期汇率为1美元=6.35元人民币。

(7)4月26日,收到本月15日出口商品部分货款USD3 000,并已存入银行,当日即期汇率为1美元=6.33元人民币。

(8)4月30日,计算应付外聘专家工资计USD8 000,当日即期汇率为1美元=6.3元人民币。

根据以上经济业务,为大中公司编制有关会计分录。

(1)4月1日:

借:银行存款——美元　　　　　　　　　　　　　　(30 000×6.41)192 300
　　贷:短期借款——美元　　　　　　　　　　　　　(30 000×6.41)192 300

(2)4月3日:

借:应收票据——美元　　　　　　　　　　　　　　(50 000×6.32)316 000
　　贷:主营业务收入　　　　　　　　　　　　　　　316 000

(3)4月4日:

借:应付账款——美元　　　　　　　　　　　　　　(2 000×6.4)12 800
　　贷:银行存款——美元　　　　　　　　　　　　　(2 000×6.3)12 600
　　　　财务费用　　　　　　　　　　　　　　　　　200

(4)4月7日:

借:原材料　　　　　　　　　　　　　　　　　　　75 600
　　贷:应付账款——美元　　　　　　　　　　　　　(2 000×6.3)12 600
　　　　银行存款——美元　　　　　　　　　　　　　(10 000×6.3)63 000

(5)4月15日:

借:应收账款——美元　　　　　　　　　　　　　　(4 000×6.2)24 800
　　贷:主营业务收入　　　　　　　　　　　　　　　24 800

(6)4月20日:

借:原材料　　　　　　　　　　　　　　　　　　　3 175
　　贷:银行存款——美元　　　　　　　　　　　　　(500×6.35)3 175

(7)4月26日:

借:银行存款——美元　　　　　　　　　　　　　　(3 000×6.33)18 990

贷:应收账款——美元　　　　　　　　　　　　　　　　　(3 000×6.2)18 600
　　　　财务费用　　　　　　　　　　　　　　　　　　　　　　　　　　390
(8)4月30日:
　　借:管理费用　　　　　　　　　　　　　　　　　　　　　　　　50 400
　　　贷:应付职工薪酬——美元　　　　　　　　　　　　　(8 000×6.3)50 400
(9)期末汇兑损益的计算:
　　　　　应收账款汇兑损益 = 2 000×6.3 - 12 600 = 0(元)

表 2-2　应收账款

户名:美元

2×11年		凭证号	摘要	借方			贷方			借或贷	余额		
月	日			原币	汇率	人民币	原币	汇率	人民币		原币	汇率	人民币
4	1	略	承前页							借	1 000	6.4	6 400
4	15	略	销货	4 000	6.2	24 800				借	5 000		31 200
4	26	略	收回货款				3 000	6.2	18 600	借	2 000		12 600

　　　　　应付账款汇兑损益 = 8 000×6.3 - 51 000 = -600(元)
　　借:应付账款——美元　　　　　　　　　　　　　　　　　　　　　600
　　　贷:财务费用　　　　　　　　　　　　　　　　　　　　　　　　600

表 2-3　应付账款

户名:美元

2×11年		凭证号	摘要	借方			贷方			借或贷	余额		
月	日			原币	汇率	人民币	原币	汇率	人民币		原币	汇率	人民币
4	1	略	承前页							贷	8 000	6.4	51 200
4	4	略	还款	2 000	6.4	12 800				贷	6 000		38 400
4	7	略	购货				2 000	6.3	12 600	贷	8 000		51 000
4	30	略	汇兑收益			600				贷	8 000		50 400

　　　　　短期借款汇兑损益 = 33 000×6.3 - 211 500 = -3 600(元)
　　借:短期借款——美元　　　　　　　　　　　　　　　　　　　　3 600
　　　贷:财务费用　　　　　　　　　　　　　　　　　　　　　　　3 600

表2-4　短期借款

户名：美元

2×11年		凭证号	摘要	借方			贷方			借或贷	余额		
月	日			原币	汇率	人民币	原币	汇率	人民币		原币	汇率	人民币
4	1	略	承前页							贷	3 000	6.4	19 200
4	1	略	借入				30 000	6.41	192 300	贷	33 000		211 500
4	30	略	汇兑收益			3 600				贷	33 000		207 900

应收票据汇兑损益 = 50 000 × 6.3 − 316 000 = −1 000(元)

借：财务费用　　　　　　　　　　　　　　　　　　　1 000
　　贷：应收票据——美元　　　　　　　　　　　　　　　　1 000

表2-5　应收票据

户名：美元

2×11年		凭证号	摘要	借方			贷方			借或贷	余额		
月	日			原币	汇率	人民币	原币	汇率	人民币		原币	汇率	人民币
4	3	略	销售	50 000	6.32	316 000				借	50 000	6.32	316 000
4	30	略	汇兑收益						1 000	借	50 000		315 000

表2-6　应付职工薪酬

户名：美元

2×11年		凭证号	摘要	借方			贷方			借或贷	余额		
月	日			原币	汇率	人民币	原币	汇率	人民币		原币	汇率	人民币
4	30	略	提取工资				8 000	6.3	50 400	贷	8 000	6.3	50 400

表2-7　银行存款

户名：美元

2×11年		凭证号	摘要	借方			贷方			借或贷	余额		
月	日			原币	汇率	人民币	原币	汇率	人民币		原币	汇率	人民币
4	1	略	承前页							借	0	6.4	0
4	1	略	借入	30 000	6.41	192 300				借	30 000		192 300

续表

2×11年		凭证号	摘要	借方			贷方			借或贷	余额		
月	日			原币	汇率	人民币	原币	汇率	人民币		原币	汇率	人民币
4	4	略	支付货款				2 000	6.3	12 600	借	28 000		179 700
4	7	略	支付货款				10 000	6.3	63 000	借	18 000		116 700
4	20	略	支付运费等				500	6.35	3 175	借	17 500		113 525
4	26	略	收到货款	3 000	6.33	18 990				借	20 500		132 515
4	30	略	汇兑收益						4 175	借	20 500		129 150

银行存款汇兑损益 = 20 500 × 6.3 − 132 515 = −3 365 元

借:财务费用　　　　　　　　3 365
　贷:银行存款——美元　　　　　　3 365

(二)集中结转汇兑损益法

【例2-23】承【例2-22】,若用集中结转法,交易日的会计处理为:

(1)4月1日:同例2-22。

(2)4月3日:同例2-22。

(3)4月4日:

借:应付账款——美元　　　　　　　　　　　(2 000×6.3)12 600
　贷:银行存款——美元　　　　　　　　　　　　(2 000×6.3)12 600

(4)4月7日:同例2-22。

(5)4月15日:同例2-22。

(6)4月20日:同例2-22。

(7)4月26日:

借:银行存款——美元　　　　　　　　　　　(3 000×6.33)18 990
　贷:应收账款——美元　　　　　　　　　　　　(3 000×6.33)18 990

(8)4月30日:同例2-22。

(9)期末汇兑损益的计算:

应收账款汇兑损益 = 2 000 × 6.3 − 12 210 = 390(元)

借:应收账款——美元　　　　　　　　　　　　390
　贷:财务费用　　　　　　　　　　　　　　　　390

具体情况见表2-8和表2-9。

表2-8　应收账款

户名:美元

2×11年		凭证号	摘要	借方			贷方			借或贷	余额		
月	日			原币	汇率	人民币	原币	汇率	人民币		原币	汇率	人民币
4	1	略	承前页							借	1 000	6.4	6 400

续表

2×11年		凭证号	摘要	借方			贷方			借或贷	余额		
月	日			原币	汇率	人民币	原币	汇率	人民币		原币	汇率	人民币
4	15	略	销货	4 000	6.2	24 800				借	5 000		31 200
4	26	略	收回货款				3 000	6.33	18 990	借	2 000		12 210
4	30	略	汇兑收益			390				借	2 000		12 600

应付账款汇兑损益 = 8 000×6.3 - 51 200 = -800(元)

借:应付账款——美元　　　　　　　　　　　　　　　　　　800
　贷:财务费用　　　　　　　　　　　　　　　　　　　　　　　800

表2-9　应付账款

户名:美元

2×11年		凭证号	摘要	借方			贷方			借或贷	余额		
月	日			原币	汇率	人民币	原币	汇率	人民币		原币	汇率	人民币
4	1	略	承前页							贷	8 000	6.4	51 200
4	4	略	还款	2 000	6.3	12 600				贷	6 000		38 600
4	7	略	购货				2 000	6.3	12 600	贷	8 000		51 200
4	30	略	汇兑收益			800				贷	8 000		50 400

短期借款、应收票据和应付职工薪酬、银行存款的期末汇兑损益同例2-22。

从以上结果看,无论采用逐笔结转法,还是采用集中结转法,当期汇兑损益的总额是一样的。逐笔结转法将汇兑损益分成两个时点确认,而集中结转法在期末确认。在例2-22中,应收账款在4月26日形成汇兑损收益390元,期末汇兑损益为0,共390元;在例2-23中,应收账款在4月26日未形成汇兑收益,期末形成汇兑收益390元。在例2-22中,应付账款在4月4日形成汇兑收益200元,期末形成汇兑收益600,共形成汇兑收益800;在例2-23中,应收账款在4月26日未形成汇兑损益,期末形成汇兑收益800元。

第三节 外币财务报表折算

一、外币财务报表折算的含义及意义

外币财务报表折算是指为了特定目的将以某一货币表示的财务报表换用为另一种货币表述。进行外币财务报表折算的意义主要体现在:①编制跨国公司的合并财务报表。由于编制合并财务报表的主要目的在于满足母公司股东和债权人等的需要,因而合并财务报表通常应以母公司报表所用货币来编制。②母(总公司)公司为了考核、评价国外子公司(分支机构)的财务状况、经营成果以及现金流量情况,也需要将国外子公司用外币表述的报表转换为按母公司(总公司)所用货币表述的报表。③在国外资本市场有价证券上市交易的公司,必须按上市地区的货币对外报告,或有义务向其他国家的投资者和债权人报告财务信息。

二、外币财务报表折算面临的主要问题

(一)折算汇率的选择

外币报表各个项目的折算,可供选择的汇率有三种:即期汇率(现行汇率)、历史汇率和平均汇率。

外币报表折算首先要明确选择何种汇率进行折算。在实务中,进行报表折算时,并非对所有报表项目的折算均采用上述某种折算汇率,而往往是对不同的报表项目运用不同汇率折算。

(二)折算损益(折算差额)的处理

外币财务报表折算差额,是指在外币财务报表折算时,由于各项目采用不同汇率进行折算而产生的差额。企业进行外币报表折算时所采用的折算方法、汇率的变动方向,以及外币资产与外币负债的比例等因素,都会直接影响折算差额的大小。

外币财务报表折算差额与外币业务汇兑损益不完全一致。外币汇兑损益是在外币兑换过程中产生的,或是在期末采用现行汇率对外币项目进行折算产生的,所以既包括已实现的损益,也包括未实现的损益。而外币财务报表折算差额是由于将外币财务报表折算为以编报货币表示的财务报表而产生的,这种损益是未实现的。其次,外币汇兑损益需要在账簿系统中加以记录,外币财务报表折算差额通常不记录在账簿上,只反映在折算后的财务报表中。

外币报表折算差额会计处理主要有以下三种方法:

1. 折算损益全部计入当期损益

主张采用这种方法的人认为,利润可以定义为净资产的增加,因此,在进行外币报表折算时,如果某项资产或负债现在的折算价值不同于原先的折算价值,则其差额自然应计入当年的利润表。这样做的优点是能真实反映企业所承受的汇率风险,但是将未

实现的损益记入当期损益,有可能引起对财务报表的误解。

2. 折算损益全部递延

在递延法下,将折算差额列入资产负债表所有者权益项目,并单列项目反映,递延到以后期间计入损益。

3. 折算损失计入当期损益,折算收益递延

这是一种介于前两种方法之间的方法。采用这种方法主要是基于稳健性的考虑。

三、现行外币财务报表折算方法

外币财务报表折算方法可以分为单一汇率法和多种汇率法两种。

单一汇率法又称为现行汇率法,在这种方法下主要以现行汇率对财务报表各项目进行折算。多种汇率法是指以不同汇率分别对财务报表有关项目进行折算的方法,具体又进一步分为流动与非流动项目法、货币性与非货币性项目法和时态法。

(一)现行汇率法

现行汇率法又称期末汇率法或单一汇率法,是以编报日的现行汇率折算所有的资产、负债、收入和费用项目的方法。只有公司的实收资本或股本、资本公积项目,仍按收到资本或发行股份时的历史汇率折算。但是,如果收入和费用的发生是大量的,为简化起见,通常也可以按照编报当期的加权平均汇率折算。留存收益为平衡数。因报表折算产生的折算损益,应在资产负债表的股东权益中以单独项目予以列示,而不把其计入当期损益。

现行汇率法具有简便易行,较易为报表使用者理解的优点,而且折算后的资产负债表各项目仍能保持原外币报表中各项目之间的比例关系,据此计算出来的多种财务比率,也符合子公司的实际。对现行汇率法最主要的指责是此法假设所有的资产、负债项目都暴露在汇率风险之下,且遭受汇率风险的程度相同,这显然与事实不符。

(二)流动与非流动项目法

流动与非流动项目法属于多种汇率法的一种,在这种方法下,首先应将资产负债表项目划分为流动与非流动项目两大类,然后再采用不同的汇率进行折算,其中:流动资产项目和流动负债项目,按照资产负债表日的汇率折算;非流动资产项目和非流动负债项目,则按照历史汇率折算;对于所有者权益中的实收资本或股本、资本公积项目,按照历史汇率进行折算;对于利润表各项目,除固定资产折旧费用和摊销费用等按照相关资产入账时的历史汇率折算外,其他各项目均按照当期的平均汇率折算。留存收益为平衡数。因报表折算产生的折算损益,根据谨慎性原则,折算损失计入利润表,折算收益计入资产负债表。

流动与非流动项目法考虑了流动项目的汇率风险,但未考虑非流动项目的汇率风险,不符合实际情况。

(三)货币性与非货币性项目法

货币性与非货币性项目法也是属于多种汇率法的一种,在采用这种方法时,应将资产负债表项目划分为货币性与非货币性项目,分别采用不同汇率折算。其中,对货币性

项目采用现行汇率折算,对非货币性项目和所有者权益项目中的实收资本或股本及资本公积,则采用历史汇率折算。留存收益为平衡数。折算产生的差额计入当期损益。利润表项目的折算与非流动项目法下折算方法基本相同。但利润表上的销售成本是按下面公式算出来的:

$$销货成本 = 期初存货 + 本期购入 - 期末存货$$

货币与非货币性项目法考虑了货币项目的汇率风险,但未考虑非货币性项目的汇率风险,也不符合实际情况。

(四)时态法

多种汇率法的另一种方法是时态法。时态法又称为时间度量法,是指对现金、应收及应付项目按现行汇率折算,对其他资产和负债项目则根据其性质分别按历史汇率或现行汇率折算。其中,对于按历史成本反映的非货币性资产,采用历史汇率折算;对于按现行成本反映的非货币性资产,采用现行汇率折算;对所有者权益项目除留存收益以外的项目应采用历史汇率折算;留存收益项目则为折算的平衡数;对于收入、费用项目,应采用交易发生时的实际汇率折算,交易频繁时,也可用平均汇率。折算产生的差额计入当期损益。但利润表上的销售成本是按下面公式算出来的:

$$销货成本 = 期初存货 + 本期购入 - 期末存货$$

四、我国外币财务报表折算方法

(一)境外经营财务报表的折算

在对企业境外经营财务报表进行折算前,应当调整境外经营的会计期间和会计政策,使之与企业会计期间和会计政策相一致,根据调整后会计政策及会计期间编制相应货币(记账本位币以外的货币)的财务报表,再按照以下方法对境外经营财务报表进行折算。

1. 资产负债表项目

资产负债表中的资产和负债项目,采用资产负债表日的即期汇率折算,所有者权益项目除"未分配利润"项目外,其他项目采用发生时的即期汇率折算。

2. 利润表项目

利润表中的收入和费用项目,采用交易发生日的即期汇率或即期汇率的近似汇率折算。

3. 产生的外币财务报表折算差额

产生的外币财务报表折算差额,在编制合并财务报表时,应在合并资产负债表中所有者权益项目"其他综合收益"下单独列示。

4. 特殊项目的处理

(1)少数股东应分担的外币报表折算差额。在企业境外经营为其子公司的情况下,企业在编制合并财务报表时,应按少数股东在境外经营所有者权益中所享有的份额计算少数股东应分担的外币报表折算差额,并入少数股东权益列示于合并资产负债表。

（2）实质上构成对境外经营净投资的外币货币性项目产生的汇兑差额的处理。母公司含有实质上构成对子公司（境外经营）净投资的外币货币性项目的情况下，在编制合并财务报表时，应分别按以下两种情况编制抵销分录：

①实质上构成对子公司净投资的外币货币性项目以母公司或子公司的记账本位币反映，则应在抵销长期应收应付项目的同时，将其产生的汇兑差额转入"外币报表折算差额"项目，即借记或贷记"财务费用——汇兑差额"科目，贷记或借记"外币报表折算差额"科目。

②实质上构成对子公司净投资的外币货币性项目以母、子公司的记账本位币以外的货币反映，则应将母、子公司此项外币货币性项目产生的汇兑差额相互抵销，差额转入"外币报表折算差额"。

如果合并财务报表中各子公司之间也存在实质上构成对另一子公司（境外经营）净投资的外币货币性项目，在编制合并财务报表时应比照上述规定编制相应的抵销分录。

比较财务报表的折算比照上述规定处理。

【例 2-24】国内甲公司的记账本位币为人民币，该公司在境外有一子公司乙公司，乙公司确定的记账本位币为美元。根据合同约定，甲公司拥有乙公司 70% 的股权，并能够控制乙公司的财务和经营政策。甲公司采用当期平均汇率折算乙公司利润表项目。乙公司的有关资料如下：

2×11 年 12 月 31 日的汇率为 1 美元 = 6.4 元人民币，2×11 年的平均汇率为 1 美元 = 6.42 元人民币，实收资本、资本公积发生日的即期汇率为 1 美元 = 8 元人民币，2×10 年 12 月 31 日的股本为 500 万美元，折算为人民币为 4 000 万元，累计盈余公积为 50 万美元，折算为人民币为 405 万元，累计未分配利润为 120 万美元，折算为人民币为 972 万元，甲、乙公司均在年末提取盈余公积，盈余公积提取比例为 25%。2×11 年对股东分配 100 万美元。

报表折算见表 2-10、表 2-11 和表 2-12。

表 2-10 利润表（简表）

2×11 年　　　　　　　　　　　　　　　　　单位：万元

项目	期末数（美元）	折算汇率	折算为人民币金额
一、营业收入	2 000	6.42	12 840
减：营业成本	1 500	6.42	9 630
税金及附加	40	6.42	256.8
管理费用	100	6.42	642
财务费用	10	6.42	64.2
加：投资收益	30	6.42	192.6
二、营业利润	380	—	2 439.6
加：营业外收入	40	6.42	256.8

续表

项 目	期末数（美元）	折算汇率	折算为人民币金额
减：营业外支出	20	6.42	128.4
三、利润总额	400	—	2 568
减：所得税费用	120	6.42	770.4
四、净利润	280	—	1 797.6
五、其他综合收益税后净额	0		－1 092.6*
六、综合收益总额	280		705

＊为外币报表折算差额，计入其他综合收益。

表 2-11　所有者权益变动表

2×11年度　　　　　　　　　　　　　　　　　　　　单位：万元

	本年金额								
	实收资本			其他综合收益	盈余公积			未分配利润		股东权益合计
	美元	折算汇率	人民币		美元	折算汇率	人民币	美元	人民币	人民币
一、本年年初余额	500	8	4 000	0	50		405	120	972	5 377
二、本年增减变动金额							449.4		706.2	63
（一）综合收益总额				－1 092.6				280	1 797.6	705
（二）所有者投入和减少资本										0
（三）利润分配							449.4		－1 091.4	－642
1. 提取盈余公积					70	6.42	449.4	－70	－449.4	0
2. 对股东的分配								－100	－642	－642
三、本年年末余额	500	8	4 000	－1 092.6	120		854.4	230	1 678.2	5 440

当期计提的盈余公积采用当期平均汇率折算。期初盈余公积为以前年度计提的盈余公积按相应年度平均汇率折算后金额的累计，期初未分配利润记账本位币金额为以前年度未分配利润记账本位币金额的累计。

表 2-12　资产负债表

2×11年12月31日　　　　　　　　　　　　　　　　　单位：万元

资　产	期末数（美元）	折算汇率	折算为人民币金额	负债和股东权益	期末数（美元）	折算汇率	折算为人民币金额
流动资产：				流动负债：			
货币资金	90	6.4	576	短期借款	45	6.4	288

续表

资产	期末数（美元）	折算汇率	折算为人民币金额	负债和股东权益	期末数（美元）	折算汇率	折算为人民币金额
应收票据及应收账款	190	6.4	1 216	应付票据及应付账款	285	6.4	1 824
存货	210	6.4	1 344	其他流动负债	10	6.4	64
其他流动资产	180	6.4	1 152	流动负债合计	340		2 176
流动资产合计	670		4 288	非流动负债：			
非流动资产：				长期借款	140	6.4	896
长期应收款	120	6.4	768	应付债券	80	6.4	512
固定资产	550	6.4	3 520	其他非流动负债	90	6.4	576
在建工程	80	6.4	512	非流动负债合计	310		1 984
无形资产	50	6.4	320	负债合计	650		4 160
其他非流动资产	30	6.4	192	股东权益：			
非流动资产合计	830		5 312	股本	500	8	4 000
				资本公积	0		0
				其他综合收益	0		-1 092.6
				盈余公积	120		854.4
				未分配利润	230		1 678.2
				股东权益合计	850		5 440
资产总计	1 500		9 600	负债和股东权益总计	1 500		9 600

外币报表折算差额为以记账本位币反映的净资产减去以记账本位币反映的实收资本、累计盈余公积及累计未分配利润后的余额。

(二)恶性通货膨胀经济情况下外币财务报表的折算

1.恶性通货膨胀经济的判定

当一个国家经济环境显示出(但不局限于)以下特征时,应当判断该国处于恶性通货膨胀经济中：

(1)最近三年累计通货膨胀率接近或超过100%。

(2)利率、工资和物价与物价指数挂钩。

(3)一般公众不是以当地货币,而是以相对稳定的外币为单位作为衡量货币金额的基础。

(4)一般公众倾向于以非货币性资产或相对稳定的外币来保存自己的财富,持有的当地货币立即用于投资以保持购买力。

(5)即使信用期限很短,赊销、赊购交易仍按补偿信用期预计购买力损失的价格成交。

2.处于恶性通货膨胀经济中境外经营财务报表的折算

企业通过合并或权益法核算将处于恶性通货膨胀经济中境外经营的财务报表纳入本企业财务报表时,需要先对其财务报表进行重述:对资产负债表项目运用一般物价指数予以重述,对利润表项目运用一般物价指数变动予以重述,然后按照重述后的财务报表进行折算。在境外经营不再处于恶性通货膨胀经济中时,应当停止重述,按照停止之日的价格水平重述的财务报表进行折算。

(1)资产负债表项目的重述。在对资产负债表项目进行重述时,由于货币资金、应收账款、其他应收款等货币性项目已经以资产负债表日的计算单位表述,因此不需要对其进行重述;通过协议与物价变动挂钩的资产和负债,应根据协议约定进行调整;非货币性项目中,有些是以资产负债表日的计量单位列示的,存货如果已经以可变现净值列示,资产负债表日就不需要进行重述。其他非货币性项目,如固定资产、投资、无形资产等,应自购买日起以一般物价指数变动予以重述。

(2)利润表项目的重述。在对利润表项目进行重述时,所有项目金额都需要于初始确认之日起,以一般物价变动指数进行重述,以使利润表的所有项目都以资产负债表日的计量单位表述。由于上述重述而产生的差额计入当期净利润。

对资产负债表和利润表项目进行重述后,再按资产负债表日的即期汇率对资产负债表和利润表项目进行折算。

五、境外经营的处置

企业可能通过出售、清算、返还股本或放弃全部或部分权益等方式处置其在境外经营中的利益。在包含境外经营的财务报表中,将已列入所有者权益的外币报表折算差额中与该境外经营相关部分,自所有者权益项目中转入处置当期损益;如果是部分处置境外经营,应当按处置的比例计算处置部分的外币报表折算差额,转入处置当期损益。

本章小结

外币会计是研究如何采用专门的方法核算涉及外币的业务、将境外经营外币财务报表折算为按企业记账本位币表述的财务报表,并对由此产生的汇兑损益进行处理。外币会计包括两部分:外币交易会计和外币财务报表折算。学习外币会计必须先对外币业务所涉及的基本概念有清楚的理解,包括外币与外汇、外币兑换和外币折算、外汇汇率、记账本位币等。外币交易的会计处理涉及的问题主要有:外币交易的会计处理方法的选择;交易发生日的会计处理;结算日的会计处理;资产负债表日的会计处理。外币交易的记账方法我国目前有两种,即外币分账制和外币统账制。从我国目前的情况看,绝大多数企业采用外币统账制,只有银行等少数金融企业采用外币分账制。外币财务报表的折算方法有现行汇率法、流动与非流动项目法、货币与非货币性项目法和时态法。我国一般企业关于外币财务报表的折算同现行汇率法类似。

思考题

1. 何为记账本位币？企业选定记账本位币需要考虑哪些因素？企业选定境外经营记账本位币需要考虑哪些因素？
2. 企业因经营环境改变需要变更记账本位币的,应如何进行会计处理？
3. 国内甲公司的记账本位币为人民币,下列各企业与甲公司的关系如下:
   (1) A 公司设在美国,记账本位币为美元,是甲公司的主要销售客户；
   (2) B 公司设在欧洲,记账本位币为欧元,是甲公司的联营企业；
   (3) C 公司设在国内,记账本位币为英镑,是甲公司的子公司；
   (4) D 公司设在香港,记账本位币为港元,甲公司拥有其 5% 的股权,但对 D 公司不具有共同控制或重大影响,并且在活跃市场中没有报价,公允价值不能可靠计量；
   (5) E 公司设在美国,记账本位币为人民币,是甲公司的全资子公司。

   要求:请帮助甲公司判断哪些企业需要进行外币财务报表折算。
4. 说明处于恶性通货膨胀经济中境外经营的财务报表如何进行折算？

练习题

1.【资料】甲股份有限公司外币业务采用业务发生时的即期汇率进行折算,并按月计算汇兑损益。2×11 年 11 月 30 日,即期汇率为 1 美元 = 6.4 元人民币。有关外币科目期末余额见表 2-13。

表 2-13　科目余额表

项　目	外币科目金额(美元)	汇　率	记账本位币金额(人民币元)
银行存款	200 000	6.4	1 280 000
应收账款	100 000	6.4	640 000
应付账款	50 000	6.4	320 000

甲股份有限公司 12 月份发生如下外币业务(假设不考虑有关税费):

(1) 12 月 5 日,对外赊销产品 1 000 件,每件单价 200 美元,当日的即期汇率为 1 美元 = 6.4 元人民币。

(2) 12 月 10 日,从银行借入短期外币借款 180 000 美元,款项存入银行,当日的即期汇率为 1 美元 = 6.3 元人民币。

(3) 12 月 12 日,从国外进口原材料一批,价款共计 220 000 美元,款项用外币存款支付,当日的即期汇率为 1 美元 =6.3 元人民币。

(4)12 月 18 日,赊购原材料一批,价款总计 160 000 美元,款项尚未支付,当日的即期汇率为 1 美元 =6.35 元人民币。

(5)12 月 20 日,收到 12 月 5 日赊销货款 100 000 美元,当日的即期汇率为 1 美元 =6.35 元人民币。

(6)12 月 31 日,偿还借入的短期外币借款 180 000 美元,当日的即期汇率为 1 美元 =6.35 元人民币。

【要求】

(1)编制各项外币业务分录。

(2)计算 12 月份汇兑损益,并编制相关分录。

2.【资料】假设甲公司在美国有一子公司乙公司。乙公司采用美元记账并编制财务报表,该公司于 2×11 年 12 月 31 日结束的会计年度的资产负债表、利润表及利润分配情况详见表 2-14、表 2-15 所示。

表 2-14 乙公司资产负债表(简表)

2×11 年 12 月 31 日　　　　　　　　　　　单位:美元

货币资金	2 000	应付票据及应付账款	2 000
应收票据及应收账款	2 000	短期借款	1 000
存货	6 000	长期借款	5 000
固定资产	10 000	普通股本	10 000
无形资产	2 000	未分配利润	4 000
资产合计	22 000	负债及所有者权益合计	22 000

表 2-15 乙公司利润表(简表)及利润分配情况表

2×11 年　　　　　　　　　　　　　　　单位:美元

销售收入	50 000
销售成本	30 000
折旧费用	5 000
无形资产摊销	2 000
其他费用	3 000
税前利润	10 000
所得税费用	3 000
净利润	7 000
年初未分配利润	0
可分配利润合计	7 000
股利分配	3 000
年末未分配利润	4 000

假设：
(1)2×11年12月31日美元对人民币的现行汇率为1:6.4。
(2)2×11年美元对人民币的平均汇率为1:6.36。
(3)股票发行日美元对人民币的汇率为1:7.50。
【要求】按我国会计准则有关规定进行外币报表折算。

第三章

所得税会计

本章学习目的

本章是关于所得税会计的介绍。通过本章学习,要求了解所得税会计产生的原因及其理论基础,熟练掌握资产和负债计税基础的确定、暂时性差异的形成及其种类、递延所得税资产和递延所得税负债的确认以及利润表上所得税费用的确定。

本章重点与难点

本章重点是资产、负债计税基础的确定,暂时性差异的类型,递延所得税资产和负债的确认与计量以及所得税费用的确定。本章难点是资产、负债计税基础的确定和特殊交易(事项)与特殊项目的所得税问题。

第一节 所得税会计概述

一、所得税会计产生的原因

(一)所得税与所得税会计的概念

企业所得税是对企业生产、经营所得和其他所得依法征收的一种税,是国家财政收入的主要来源之一。它根据国家有关税收法律、法规的规定,确定一定时期内纳税人的应纳税所得额和应交纳的所得税额。所得税会计是研究如何处理按照会计准则计算的税前会计利润(或亏损,下同)与按照税法计算的应纳税所得额(或亏损,下同)之间差异的会计理论和方法。在世界主要国家,会计的确认、计量、报告遵从企业会计准则(制度)的规定,目的在于真实、完整地反映企业的财务状况、经营成果和现金流量,为投资者、债权人以及其他会计信息使用者提供对其决策有用的信息。最初税前会计利润和应纳税所得额相互一致,不需要所得税会计。但随着企业会计核算和应纳税所得额计算的依据和原则出现分离,税前会计利润和应纳税所得额包括的内容和时间也随之出现差异,导致所得税会计产生。而两者分离的程度和差异的种类、数量直接影响和决定了所得税会计处理方法的改进。

(二)所得税会计产生的原因

1. 会计立场与税法立场不同

会计规则作为一种社会性选择的规则,是一定历史条件下集体博弈的结果。它主要是站在企业个体的角度考虑如何满足不同会计信息使用者的需求,以及组织企业个体的会计核算。而税法是站在社会利益实现与否的角度,考虑全社会的公平和效率,对经济活动起调节和促进作用。由于会计立场和税法立场的不同,必定导致两者的目标不同,继而使两者之间的具体差异也具有不可控性。

2. 会计目标与税法目标不一致导致会计利润和应纳税所得额不同

对于会计目标主要有两种不同的观点,即"决策有用观"和"受托责任观"。我国《企业会计准则——基本准则》第四条规定:"财务会计报告的目标是向财务会计报告使用者提供与企业财务状况、经营成果和现金流量等有关的会计信息,反映企业管理层受托责任履行情况,有助于财务会计报告使用者作出经济决策。"所以财务报告不是为了纳税目的而编制的。

制定税法的总体目标是规范税收分配秩序,保证国家财政收入的实现,通过公平税负创造平等竞争的外部环境,并运用税收调节经济活动的运行。由此可见,会计目标与税法目标之间存在本质的不同,两者的差异直接导致会计利润的核算原则和标准与应纳税所得额的计算原则和标准不同,必然导致所得税会计的产生。

3. 会计与税法的差异具有不可控性

会计和税法在立场与目的上的不同,决定了会计与税法的差异在很大程度上具有

第三章

所得税会计

本章学习目的

本章是关于所得税会计的介绍。通过本章学习,要求了解所得税会计产生的原因及其理论基础,熟练掌握资产和负债计税基础的确定、暂时性差异的形成及其种类、递延所得税资产和递延所得税负债的确认以及利润表上所得税费用的确定。

本章重点与难点

本章重点是资产、负债计税基础的确定,暂时性差异的类型,递延所得税资产和负债的确认与计量以及所得税费用的确定。本章难点是资产、负债计税基础的确定和特殊交易(事项)与特殊项目的所得税问题。

第一节 所得税会计概述

一、所得税会计产生的原因

(一)所得税与所得税会计的概念

企业所得税是对企业生产、经营所得和其他所得依法征收的一种税,是国家财政收入的主要来源之一。它根据国家有关税收法律、法规的规定,确定一定时期内纳税人的应纳税所得额和应交纳的所得税额。所得税会计是研究如何处理按照会计准则计算的税前会计利润(或亏损,下同)与按照税法计算的应纳税所得额(或亏损,下同)之间差异的会计理论和方法。在世界主要国家,会计的确认、计量、报告遵从企业会计准则(制度)的规定,目的在于真实、完整地反映企业的财务状况、经营成果和现金流量,为投资者、债权人以及其他会计信息使用者提供对其决策有用的信息。最初税前会计利润和应纳税所得额相互一致,不需要所得税会计。但随着企业会计核算和应纳税所得额计算的依据和原则出现分离,税前会计利润和应纳税所得额包括的内容和时间也随之出现差异,导致所得税会计产生。而两者分离的程度和差异的种类、数量直接影响和决定了所得税会计处理方法的改进。

(二)所得税会计产生的原因

1. 会计立场与税法立场不同

会计规则作为一种社会性选择的规则,是一定历史条件下集体博弈的结果。它主要是站在企业个体的角度考虑如何满足不同会计信息使用者的需求,以及组织企业个体的会计核算。而税法是站在社会利益实现与否的角度,考虑全社会的公平和效率,对经济活动起调节和促进作用。由于会计立场和税法立场的不同,必定导致两者的目标不同,继而使两者之间的具体差异也具有不可控性。

2. 会计目标与税法目标不一致导致会计利润和应纳税所得额不同

对于会计目标主要有两种不同的观点,即"决策有用观"和"受托责任观"。我国《企业会计准则——基本准则》第四条规定:"财务会计报告的目标是向财务会计报告使用者提供与企业财务状况、经营成果和现金流量等有关的会计信息,反映企业管理层受托责任履行情况,有助于财务会计报告使用者作出经济决策。"所以财务报告不是为了纳税目的而编制的。

制定税法的总体目标是规范税收分配秩序,保证国家财政收入的实现,通过公平税负创造平等竞争的外部环境,并运用税收调节经济活动的运行。由此可见,会计目标与税法目标之间存在本质的不同,两者的差异直接导致会计利润的核算原则和标准与应纳税所得额的计算原则和标准不同,必然导致所得税会计的产生。

3. 会计与税法的差异具有不可控性

会计和税法在立场与目的上的不同,决定了会计与税法的差异在很大程度上具有不可控性,不可强求一致,也不可能寄希望于会计与税法的一致来简化所得税会计的实务操作。事实上,刻意调和往往会带来很强的负面效应。在市场经济条件下,税法与会计制度所处理的经济关系在很多方面并不存在一致性,要求会计制度放弃会计原则是错误的,要求税法接受所有的会计原则也是不可行的。所得税会计的职能不是掩盖税法与会计原则的矛盾,而是揭示这种矛盾,并通过这种矛盾的揭示服务于所得税征纳双方,并为会计信息使用者提供更有价值的信息。所以完善所得税会计的理论体系和实务操作非常重要,在实际工作中,会计准则(制度)如有与税收制度不一致或不相协调的,应按会计准则(制度)进行核算,纳税时再作调整。"

基于以上的差异,会计和税收发展到今天已成为经济管理科学的两个不同分支,具有不同的研究对象,遵循不同的规则,有其各自的独立性,会计核算与税收征管之间的差异不可避免。但另一方面作为相关经济应用学科,两者又存在密切的联系:会计资料是税收征管的主要依据之一,税法也没有完全抛弃会计原则。会计原则中隐含的"资本保全"观念与税法中的"税源涵养"观念是相通的。假如税负定得过高,侵蚀到了企业的资本,企业的持续经营便难以为继,这样收税无异于竭泽而渔。所以在确定课税对象时,税法又不能全然不顾会计原则。

二、所得税会计方法体系

所得税会计产生于会计规范与税法的差异。在会计与税法合而为一的时期,不存在所得税会计及其规范问题。世界上第一个建议对实际发生的应付所得税进行期内和跨期分配的权威性会计公告是美国会计师协会(AIA,现已改为AICPA)的会计程序委员会1944年发布的第23号公告。该公告首次明确了所得税费用的性质,提出了永久性差异和时间性差异的概念,规定采用部分分摊法处理时间性差异,具体处理方法可以采用负债法和纳税净额法。自此之后,美国对所得税会计准则进行了一系列的修订和完善。

国际会计准则委员会(IASC)于1979年7月发布了第12号公告《所得税会计》。该准则中规定:"当企业的纳税所得和税前会计利润不一致是由时间性差异引起的,企业可采用递延法或债务法,并且允许在企业所得税费用的跨期分配中使用部分分摊或全面分摊的方法。"自该公告后,该组织及其继任组织国际会计准则理事会(IASB)也对所得税会计准则进行了多次修订和协调。

我国很长一段时间会计核算和税收征管高度统一,税前会计利润与应纳税所得额基本一致。这种状况直到1994年开始的税制改革和随后的会计改革才开始改变,其标志是财政部于该年6月29日发布了《企业所得税会计处理的暂行规定》(财会〔1994〕25号),在这一规定中按照国际通行惯例将所得税确认为一项费用,设置专门的"所得税"科目对其进行核算,首次承认了会计收益与税收收益的差异,明确在确定应税收益时,按照税法规定对会计收益进行调整,对时间性差异可以进行跨期摊销。对所得税会计核算,可以采用"应付税款法"或"纳税影响会计法"。2006年2月15日,财政部正式颁布了《企业会计准则第18号——所得税》,实现了中国会计准则与国际会计准则的实质性趋同。

对所得税会计处理的不同规范和要求形成了所得税会计方法体系(见图3-1),它是在将所得税视为一种费用的前提下建立起来的一系列方法,主要解决所得税的确认和计量问题。其中:确认主要包括确认计税项目、确认计税时间;计量则主要指税率的选择。图3-1显示所得税会计处理方法主要包括应付税款法和纳税影响会计法,其中纳税影响会计法分为递延法和债务法,债务法又分为利润表债务法和资产负债表债务法两种。

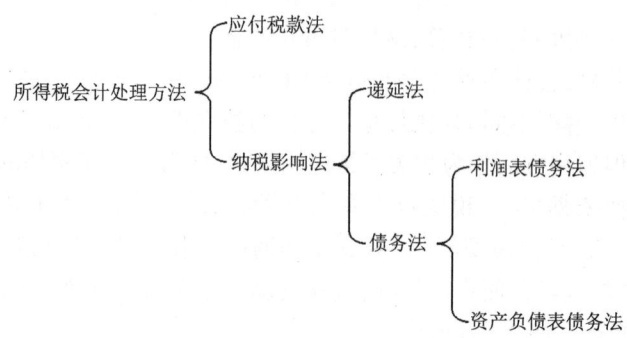

图3-1 所得税会计处理方法示意图

所得税会计方法的核心问题是所得税的跨期摊配。应付税款法按照收付实现制的原则,要求所得税费用按税法计算,所得税费用等于本期应交税款。因为所得税是因本期收益而发生的法定费用,与以后各个期间的收益无关,按收付实现制原则,理应由本期收益负担,因而不存在跨期摊配问题。纳税影响会计法认为会计利润与应税所得之间的差异可分解为永久性差异和暂时性差异。永久性差异是由于会计制度与税法对收益、费用和损失的确认标准不同而形成的,这种差异不会随着时间流逝而变化,也不会在以后期间转回。所以,在核算中只能在本期确认永久性差异。暂时性差异是资产负债表中一项资产或负债的账面金额与其税基之间的差额。随着时间的流逝,暂时性差异会转回,其对纳税的影响也会消除。所以,所得税费用可以采用跨期摊配的方法,把税法对本期所得税费用和税后利润的影响降到最低程度。从世界主要国家和组织的所得税会计规范来看,应付税款法已经被全面禁止采用,债务法尤其是资产负债表债务法正成为主流方法,对所得税进行跨期摊配被认为是一种科学合理的所得税会计方法。

三、资产负债表债务法的概念与核算程序

(一)资产负债表债务法的概念

图3-1显示将所得税视为一种费用时存在不同的处理方法。但从目前的会计理论与实务来看,主要国家的会计准则和国际会计准则均强调资产负债表债务法是唯一可用的所得税会计处理方法。我国2006年2月15日颁布的《企业会计准则第18号——所得税》准则也明确要求所得税会计处理采用资产负债表债务法。根据我国所得税准则,资产负债表债务法是从资产负债表出发,通过比较资产负债表上列示的资产、负债按照企业会计准则规定确定的账面价值与按照税法规定确定的计税基

础,对于两者之间的差额分别按应纳税暂时性差异与可抵扣暂时性差异,确认相关的递延所得税负债与递延所得税资产,并在此基础上确定每一期间利润表中的所得税费用。

(二)资产负债表债务法所得税会计核算的一般程序

采用资产负债表债务法核算所得税的情况下,企业一般应于每一资产负债表日进行所得税的核算。企业合并等特殊交易或事项发生时,在确认因交易或事项取得的资产、负债时即应确认相关的所得税影响。企业进行所得税核算一般应遵循以下程序:

1. 确定资产、负债项目的账面价值和计税基础

资产负债表债务法首先要求按照相关会计准则规定确定资产负债表中除递延所得税资产和递延所得税负债以外的其他资产和负债项目的账面价值。资产、负债的账面价值,是指企业按照相关会计准则的规定进行核算后在资产负债表中列示的金额。对于计提了减值准备的各项资产,是指其账面余额减去已计提的减值准备后的金额。例如,企业持有的应收账款账面余额为2 000万元,企业对该应收账款计提了100万元的坏账准备,其账面价值为1 900万元,是该应收账款在资产负债表中列示的金额。

按照会计准则中对于资产和负债计税基础的确定方法,以适用的税收法规为基础,确定资产负债表中有关资产、负债项目的计税基础。应予说明的是,资产、负债的计税基础,是会计上的含义,但其确定应当遵循税法的规定进行。

2. 确定暂时性差异的类型

资产负债表债务法的第二步是比较资产、负债的账面价值与其计税基础,两者之间存在差异的,分析其性质,将暂时性差异区分为应纳税暂时性差异或可抵扣暂时性差异。

3. 确认与计量递延所得税资产和递延所得税负债

资产负债表债务法的第三步要求除准则中规定的特殊情况外,将应纳税暂时性差异与可抵扣暂时性差异分别确定资产负债表日递延所得税负债和递延所得税资产的应有余额,并与期初递延所得税资产和递延所得税负债的余额相比,确定当期应予进一步确认的递延所得税资产和递延所得税负债金额或应予转销的金额,作为构成利润表中所得税费用的一个组成部分——递延所得税。

4. 计算当期应交所得税

资产负债表债务法的第四步是就企业当期发生的交易或事项,按照适用的税法规定计算确定当期应纳税所得额,将应纳税所得额与适用的所得税税率计算的结果确认为当期应交所得税,作为利润表中应予确认的所得税费用的另外一个组成部分——当期所得税。

5. 确定利润表中的所得税费用

资产负债表债务法的最后步骤和最终目的是确定利润表中的所得税费用。利润表中的所得税费用包括当期所得税(当期应交所得税)和递延所得税两个组成部分,企业在计算确定了当期所得税和递延所得税后,两者之和(或之差),是利润表中的所得税费用。

第二节　暂时性差异的形成及其类型

资产负债表债务法的关键在于确定资产、负债的计税基础。在确定资产、负债的计税基础时,应严格遵循税收法规中对于资产的税务处理以及可税前扣除的费用等的规定。

一、资产的账面价值和计税基础

(一)资产的账面价值

资产的账面价值是指按照会计准则规定资产在资产负债表上应列示的金额。在量上显示为资产初始确认后的成本在资产持续使用期间经过调整后的结果,代表的是企业在持续使用及最终出售该项资产时很可能取得的经济利益的总额。按照会计准则的要求,企业以各种方式取得的资产,在历史成本计量下,按照购置时支付的现金或者现金等价物的金额,或者按照购置资产时所付出的对价的公允价值计量。在重置成本计量下,按照现在购买相同或者相似资产所需支付的现金或者现金等价物的金额计量。在可变现净值计量下,按照其正常对外销售所能收到现金或者现金等价物的金额扣减该资产至完工时估计将要发生的成本、估计的销售费用以及相关税费后的金额计量。在现值计量下,按照预计从其持续使用和最终处置中所产生的未来净现金流入量的折现金额计量。在公允价值计量下,按照市场参与者在计量日发生的有序交易中,出售一项资产所能收到或转移一项负债所能支付的价格计量。

一般来说资产初始计量时的入账价值基本上被税法认可,即取得时其账面价值一般等于计税基础。但是在资产的持续使用过程中,资产计提折旧或摊销、计提减值准备、公允价值变动等后续计量,往往导致资产账面价值发生变化。由于会计准则与税法的差异,会计上对资产后续计量的方法和原则有些不被税法认可,导致资产账面价值与计税基础出现差异。

(二)资产的计税基础

根据所得税会计准则,资产的计税基础是指企业收回资产账面价值过程中,计算应纳税所得额时按照税法规定可以自应税经济利益中抵扣的金额,即某一项资产在未来期间计税时按照税法规定可以税前扣除的金额。企业所得税法实施条例第五十六条规定企业的各项资产,包括固定资产、生物资产、无形资产、长期待摊费用、投资资产、存货等,以历史成本为计税基础,即以企业取得该项资产时实际发生的支出为计税基础。企业持有各项资产期间资产增值或者减值,除国务院财政、税务主管部门规定可以确认损益外,不得调整该资产的计税基础。所以从税收的角度考虑,资产的计税基础是假定企业按照税法规定进行核算所提供的资产负债表中资产的应有金额。

资产在初始确认时,其计税基础一般为取得成本,即企业为取得某项资产支付的成本在未来期间准予税前扣除:

资产的计税基础＝未来可税前列支的金额＝初始确认的账面价值(成本)

在资产持续持有的过程中,其计税基础是指资产的取得成本减去以前期间按照税法规定已经税前扣除的金额后的余额,即:

某一资产负债表日资产的计税基础＝成本－以前期间已税前列支的金额

该余额代表的是按照税法规定,就涉及的资产在未来期间计税时仍然可以税前扣除的金额。如固定资产、无形资产等长期资产在某一资产负债表日的计税基础是指其取得时的成本扣除按照税法规定已在以前期间税前扣除的累计折旧额或累计摊销额后的余额。

(三)各类资产账面价值和计税基础差异的形成及其表现

1. 固定资产

会计准则要求固定资产按成本进行初始计量,初始确认时入账价值基本与税法规定保持一致,即固定资产取得时其账面价值一般等于计税基础。但在固定资产持有期间的后续计量时,会计准则规定按照"成本－累计折旧－固定资产减值准备"确定固定资产的账面价值,税收是按照"成本－按照税法规定已在以前期间税前扣除的折旧额"进行计量。由于会计准则规定与税法规定不一致,从而导致账面价值与计税基础产生差异。因此,会计准则与税法在固定资产计量方面的差异主要源于折旧方法、折旧年限的不同以及固定资产减值准备的提取。

(1)折旧方法、折旧年限不同产生的差异。企业会计准则规定,企业应当根据与固定资产有关的经济利益的预期实现方式合理选择折旧方法,如可以按直线法计提折旧,也可以按照双倍余额递减法、年数总和法等计提折旧,前提是有关的方法能够反映固定资产为企业带来经济利益的消耗情况。税法一般会规定固定资产的折旧方法,除某些按照规定可以加速折旧的情况外,基本上可以税前扣除的是按照直线法计提的折旧。另外,税法一般还就每一类固定资产的折旧年限作出了规定,而会计处理时按照准则规定,折旧年限是由企业根据固定资产的性质和使用情况合理确定的。两者在折旧方法的选择和折旧年限的确定上容易产生差异。

【例3－1】丁企业于2×11年12月20日取得某项固定资产,原价750万元,使用年限5年,会计上采用直线法计提折旧,净残值为0。假定税法规定类似固定资产采用加速折旧法(年数总和法)计提的折旧可予税前扣除,折旧年限为5年,净残值为0。

分析:

①根据固定资产准则,当月投入使用的固定资产当月不提折旧,因此2×11年12月31日该项固定资产的账面价值与计税基础均为750万元,不存在差异。

②因会计计提折旧,该项固定资产2×12年年末的账面价值＝750－750÷5＝600万元。

③根据税法规定,该项固定资产2×12年年末的计税基础＝750－750×5÷15＝500万元。

④该项固定资产的账面价值600万元与其计税基础500万元之间产生了100万元的差异,意味着企业将于未来期间增加应纳税所得额和应交所得税。

⑤第2×13—2×16年该固定资产账面价值和计税基础的差异可以通过相同的方

法分析计算。

2×11—2×16年固定资产账面价值与计税基础的差异结果如表3-1所示。

表3-1 固定资产账面价值与计税基础的差异　　　　单位:万元

年度 项目	2×11	2×12	2×13	2×14	2×15	2×16
账面价值	750	600	450	300	150	0
计税基础	750	500	300	150	50	0
差异	0	100	150	150	100	0

(2)因计提固定资产减值准备产生的差异。企业持有固定资产的期间内,在对固定资产计提了减值准备以后会造成固定资产账面价值的减少,但税法规定企业计提的资产减值准备在发生实质性损失前不允许税前扣除,因此计提减值也会造成固定资产的账面价值与计税基础的差异。

【例3-2】M公司于2×11年12月取得一项环保用设备,原价为1 000万元,使用年限为5年,会计处理时按照直线法计提折旧,税收处理允许加速折旧,企业在计税时对该项资产按双倍余额递减法计列折旧,净残值为0。计提了2年的折旧后,2×13年12月31日,企业估计该项固定资产的可收回金额为480万元。

分析:

①根据固定资产准则,当月投入使用的固定资产当月不提折旧,因此2×11年12月31日该项固定资产的账面价值与计税基础均为1 000万元,不存在差异。

②因会计上计提折旧,该项固定资产2×12年12月31日的账面价值=1 000 - 1 000÷5=800万元。2×13年12月31日该固定资产账面价值=1 000 - 1 000÷5×2=600万元,大于其可收回金额480万元,应计提120万元的减值准备。此时固定资产账面价值=600 - 120=480万元。该固定资产2014年的账面价值=480 - 480÷3=320万元。

③2×12年根据税法规定,该项固定资产的计税基础=1 000 - 1 000×40%=600万元。

④2×12年12月31日该项固定资产的账面价值800万元与其计税基础600万元之间产生了200万元的差异,意味着企业将于未来期间增加应纳税所得额和应交所得税。

⑤2×13—2×16年该固定资产账面价值和计税基础的差异通过相同的方法分析计算。

2×11—2×16年固定资产账面价值与计税基础的差异结果如表3-2所示。

2.无形资产

根据无形资产准则,除内部研究开发形成的无形资产以外,以其他方式取得的无形资产,初始确认时按照会计准则规定确定的入账价值与按照税法规定确定的成本之间一般不存在差异。无形资产的账面价值与计税基础之间的差异主要产生于内部研究开发形成的无形资产、使用寿命不确定的无形资产以及无形资产计提减值准备。

表3-2 固定资产账面价值与计税基础的差异 单位：万元

年度 项目	2×11	2×12	2×13	2×14	2×15	2×16
账面价值	1 000	800	480	320	160	0
计税基础	1 000	600	360	216	108	0
差异	0	200	120	104	52	0

（1）内部研究开发形成无形资产产生的差异。对于内部研究开发形成的无形资产，会计准则规定应将有关内部研究开发活动区分两个阶段，研究阶段的支出应当费用化计入当期损益，开发阶段符合资本化条件以后至达到预定用途前发生的支出应当资本化作为无形资产的成本。

对于研究开发费用的税前扣除，税法规定企业为开发新技术、新产品、新工艺发生的研究开发费用，未形成无形资产计入当期损益的，在按照规定据实扣除的基础上，按照研究开发费用的50%加计扣除；形成无形资产的，按照无形资产成本的150%摊销。

【例3-3】丙企业2×11年发生研发支出计2 000万元，其中研究阶段支出400万元，开发阶段符合资本化条件后至达到预定用途前发生的支出为1 200万元。税法规定企业的研究开发支出可按150%加计扣除。假定开发形成的无形资产在2×11年12月已达到预定用途，摊销期限5年（假定从2×11年12月开始摊销）。

分析：

①按照无形资产准则规定，丙企业当期发生的研发支出中，应予费用化的金额为800万元，应予资本化的金额为1 200万元，即期末所形成的无形资产账面价值为1 200万元。

②根据无形资产准则规定，无形资产在达到预定用途的当月开始摊销，2×11年12月摊销额＝1 200÷5÷12＝20万元，12月31日无形资产的账面价值＝1 200－20＝1 180万元。

③按照税法规定，丙企业当期发生的费用化支出可于税前扣除的金额为1 200万元（800×150%）。该费用化支出不影响未来的应纳税所得额和应交所得税。

④按照税法规定，丙企业当期发生的资本化支出可于未来期间税前摊销扣除的金额为1 800万元（1 200×150%）。当期计税基础为1 770万元（1 800－20×150%）。

2×11年12月31日该项无形资产的账面价值与其计税基础之间产生了590万元的差异。但由于该差异系无形资产初始确认时产生的，确认无形资产既不影响会计利润也不影响应纳税所得额，按照所得税准则规定，不确认暂时性差异的所得税影响。

无形资产使用寿命内账面价值与计税基础之间的差异计算结果如表3-3所示。

表 3-3 无形资产账面价值与计税基础的差异　　　　　单位:万元

年度 项目	2×11	2×12	2×13	2×14	2×15	2×16
账面价值	1 180	940	700	460	220	0
计税基础	1 770	1 410	1 050	690	330	0
差 异	590	470	350	230	110	0

(2)使用寿命不确定的无形资产后续计量产生的差异。无形资产准则规定,应根据无形资产的使用寿命情况,区分为使用寿命有限的无形资产与使用寿命不确定的无形资产。对于使用寿命不确定的无形资产,不要求摊销,但持有期间每年应进行减值测试。税法规定,企业取得的无形资产成本,应在一定期限内摊销,有关法律规定或者合同约定使用年限的,可以按照规定或者约定的使用年限分期摊销,否则按不得低于 10 年的期限摊销。对于使用寿命不确定的无形资产,会计处理时不予摊销,但计税时按照税法规定确定的摊销额允许税前扣除,造成该类无形资产账面价值与计税基础的差异。

【例 3-4】甲企业 2×11 年 1 月 1 日取得一项无形资产,成本为 160 万元。因其使用寿命无法合理估计,会计上视为使用寿命不确定的无形资产,不予摊销,但税法规定按不短于 10 年的期限摊销。2×13 年 12 月 31 日该项无形资产发生减值,计提减值准备 50 万元,以后直至 2×16 年 12 月 31 日均未发生减值。

分析:

①根据无形资产准则规定,2×11 年 12 月 31 日该项无形资产的账面价值为 160 万元。

②按照税法规定,该资产的计税基础 = 160 - 160 ÷ 10 = 144 万元。

③该项无形资产的账面价值 160 万元与其计税基础 144 之间产生了 16 万元的差异,意味着将于未来期间计入企业的应纳税所得额,产生未来期间应交所得税的义务。

无形资产 2×11—2×16 年账面价值与计税基础之间的差异如表 3-4 所示。

表 3-4 无形资产账面价值与计税基础的差异　　　　　单位:万元

年度 项目	2×11	2×12	2×13	2×14	2×15	2×16
账面价值	160	160	110	110	110	110
计税基础	144	128	112	96	80	64
差 异	16	32	(2)	14	30	46

(3)因计提无形资产减值准备产生的差异。在对无形资产计提减值准备的情况下,因税法规定计提的无形资产减值准备在转变为实质性损失前不允许税前扣除,即无

形资产的计税基础不会随减值准备的提取发生变化,从而也会造成无形资产的账面价值与计税基础的差异。

3. 以公允价值计量且其变动计入当期损益的金融资产

按照《企业会计准则第22号——金融工具确认和计量》的规定,以公允价值计量且其变动计入当期损益的金融资产于某一会计期末的账面价值为公允价值;税法规定资产在持有期间公允价值变动不计入应纳税所得额,待处置时一并计算应计入应纳税所得额的金额,该类金融资产在某一会计期末的计税基础为其取得成本,从而造成在公允价值变动的情况下,该类金融资产账面价值与计税基础之间产生差异。

企业持有的以公允价值计量且其变动计入其他综合收益的金融资产计税基础的确定,与以公允价值计量且其变动计入当期损益的金融资产类似,可比照处理。

【例3-5】A公司持有的某项权益性投资,投资成本为400万元,作为交易性金融资产核算。资产负债表日该投资的市价为480万元。

分析:

①按照会计准则规定,该项交易性金融资产在资产负债表日的账面价值为其市价480万元。

②按照税法规定,交易性金融资产在持有期间的公允价值变动不计入应纳税所得额,其在资产负债表日的计税基础为其取得成本,即400万元。

③该项交易性金融资产的账面价值480万元与其计税基础400万元之间产生了80万元的差异,意味着将于未来资产处置期间计入企业的应纳税所得额,产生未来期间应交所得税的义务。

4. 长期股权投资

企业持有的长期股权投资,按照会计准则规定区别对被投资单位的影响程度及是否存在活跃市场、公允价值能否可靠取得等,后续计量分别采用成本法及权益法进行核算。

税法中对于投资资产的处理,要求按规定确定其成本后,在转让或处置投资资产时,其成本准予扣除。因此,税法中对于长期股权投资并没有权益法的概念。长期股权投资取得后,如果按照会计准则规定采用权益法核算,则一般情况下在持有过程中随着应享有被投资单位净资产份额的变化,其账面价值与计税基础会产生差异,该差异主要源于初始投资成本调整、投资损益确认和应享有被投资单位其他权益变化三种情况。

(1)初始投资成本调整产生的差异。根据长期股权投资准则规定,采用权益法核算的长期股权投资,取得时应比较其初始投资成本与按比例计算应享有被投资单位可辨认净资产公允价值的份额,在初始投资成本小于按比例计算应享有被投资单位可辨认净资产公允价值份额的情况下,应当调整长期股权投资的账面价值,同时确认为当期收益。因该种情况下在确定了长期股权投资的初始投资成本以后,按照税法规定并不要求对其成本进行调整,计税基础维持原取得成本不变,其账面价值与计税基础会产生差异。

(2)投资损益确认产生的差异。对于采用权益法核算的长期股权投资,持有投资期间在被投资单位实现净利润或发生净损失时,投资企业按照持股比例计算应享有的部分,一方面应调整长期股权投资的账面价值,同时确认为各期损益。在长期股权投资的账面价值因确认投资损益变化的同时,其计税基础不会随之发生变化。按照税法规定,居民企业直接投资于其他居民企业取得的投资收益免税,即作为投资企业,其在未来期间自被投资单位分得有关现金股利或利润时,该部分现金股利或利润免税,在持续持有的情况下,该部分差额对未来期间不会产生计税影响。

(3)应享有被投资单位其他权益变化产生的差异。采用权益法核算的长期股权投资,除确认应享有被投资单位的净损益外,对于应享有被投资单位的其他权益变化,也应调整长期股权投资的账面价值,但其计税基础不会随之发生变化,仍维持原来的投资成本。

【例3-6】甲公司于2×11年3月25日以3 000万元取得乙公司30%的有表决权股份,拟长期持有并能够对乙公司施加重大影响,该项长期股权投资采用权益法核算。投资时乙公司可辨认净资产公允价值总额为9 000万元(假定取得投资时乙公司各项可辨认资产、负债的公允价值与账面价值相同)。乙公司2×11年实现净利润1 000万元,持有的其他债权投资公允价值上升800万元。甲公司及乙公司均为居民企业,适用的所得税税率均为25%,双方采用的会计政策及会计期间相同。税法规定,居民企业之间的股息红利免税。

分析:

①按照会计准则规定,该项长期股权投资在2×11年资产负债表日的账面价值为3 540万元。即初始投资时确认长期股权投资3 000万元,权益法下乙公司实现净利润甲公司增加长期股权投资300万元,乙公司其他综合收益变动甲公司增加长期股权投资240万元。

②按照税法规定,该项长期股权投资的计税基础就是初始投资成本3 000万元。

③该项长期股权投资的账面价值3 540万元与其计税基础3 000万元之间产生了540万元的差异,意味着将于未来资产处置期间计入企业的应纳税所得额,产生未来期间应交所得税的义务。但因为居民企业之间的红利免税,实际上不会导致未来应交所得税额的增加。

5. 其他资产

因会计准则规定与税法不同,企业持有的其他资产,也可能造成其账面价值与计税基础之间存在差异,如采用公允价值模式计量的投资性房地产以及其他计提了资产减值准备的各项资产,如应收账款、存货等。

【例3-7】G公司于2×11年1月1日将其某自用房屋用于对外出租,该房屋的成本为500万元,预计使用年限为20年。转为投资性房地产之前,已使用4年,企业按照年限平均法计提折旧,预计净残值为零。转为投资性房地产核算后,能够持续可靠取得该投资性房地产的公允价值,G公司采用公允价值对该投资性房地产进行后续计量。假定税法规定的折旧方法、折旧年限及净残值与会计规定相同。同时,税法规定资产在持有期间公允价值的变动不计入应纳税所得额,待处置时一并计入应纳税所得额的金额。该项投资性房地产在2×11年12月31日的公允价值为900万元。

分析：

①按照会计准则规定，该投资性房地产在资产负债表日的账面价值为其公允价值900万元。

②按照税法规定，该资产的计税基础为取得成本扣除按照税法规定允许税前扣除的折旧后的金额，即 500 − 500 ÷ 20 × 5 = 375 万元。

③该项投资性房地产的账面价值900万元与其计税基础375万元之间产生了525万元的差异，意味着将于未来资产处置期间计入企业的应纳税所得额，产生未来期间应交所得税的义务。

【例3-8】丁公司2×10年库存商品的账面余额为100万元，在会计期末，已计提存货跌价准备10万元。

分析：

①按照会计准则规定，该存货在资产负债表日的账面价值为90万元。

②按照税法规定，该存货的计税基础账面余额100万元。

③存货的账面价值90万元与其计税基础100万元的差额为10万元。该差额于未来期间出售存货时，会减少企业的应纳税所得额，使企业于未来期间以应交所得税的方式流出的经济利益减少。

二、负债的账面价值和计税基础

（一）负债的账面价值

负债的账面价值是指按照会计准则规定负债在资产负债表上应列示的金额。负债的账面价值应根据会计准则进行计量：在历史成本计量下，按照因承担现时义务而实际收到的款项或者资产的金额，或者承担现时义务的合同金额，或者按照日常活动中为偿还负债预期需要支付的现金或者现金等价物的金额计量。在重置成本计量下，按照现在偿付该项债务所需支付的现金或者现金等价物的金额计量。在现值计量下，按照预计期限内需要偿还的未来净现金流出量的折现金额计量。在公允价值计量下，按照市场参与者在计量日发生的有序交易中，出售一项资产所能收到或转移一项负债所能支付的价格计量。

（二）负债的计税基础

负债的计税基础是指负债的账面价值减去未来期间计算应纳税所得额时按照税法规定可予抵扣的金额。用公式表示为：

负债的计税基础 = 账面价值 − 未来期间计税时按照税法规定可予税前扣除的金额

（三）各类负债的账面价值和计税基础差异的形成及其表现

负债的确认与偿还一般不会影响企业的损益，也不会影响其应纳税所得额，未来期间计算应纳税所得额时按照税法规定可予抵扣的金额为零，计税基础即为账面价值。但是，某些情况下，负债的确认可能会影响企业的损益，进而影响不同期间的应纳税所得额，使得其计税基础与账面价值之间产生差额。

1. 企业因销售商品提供售后服务等原因确认的预计负债

按照或有事项准则规定，企业对于预计提供售后服务将发生的支出在满足有关确认条件时,销售当期即确认为费用,同时确认预计负债。税法规定,与销售产品相关的支出应于实际发生时税前扣除。因该类事项产生的预计负债在期末的计税基础等于账面价值减去未来期间可税前扣除的金额,即计税基础为零。

【例3-9】F公司2×11年因销售产品承诺提供3年的保修服务,在当年利润表中确认了1 000万元的销售费用,同时确认为预计负债,当年度未发生任何保修支出。假定按照税法规定,与产品售后服务相关的费用在实际发生时允许税前扣除。

分析:

①在资产负债表日,该项产品售后服务相关的费用产生的预计负债的账面价值为1 000万元。

②该项预计负债的计税基础=账面价值1 000万元-未来期间计算应纳税所得额时可予税前扣除的金额1 000万元=0。

③该项负债的账面价值1 000万元与计税基础0之间产生1 000万元差异。该差异在未来期间转回时,会减少企业的应纳税所得额,使企业于未来期间以应交所得税的方式流出的经济利益减少。

因其他交易或事项中确认的预计负债,应按照税法规定的计税原则确定其计税基础。某些情况下,因有些事项确认的预计负债,税法规定其支出无论是否实际发生均不允许税前扣除,即未来期间按照税法规定可予抵扣的金额为零,账面价值等于计税基础,不产生差异。

【例3-10】H企业2×11年因债务担保确认了预计负债1 000万元,但担保发生在关联方之间,担保方并未就该项担保收取与相应责任相关的费用。

分析:

①在资产负债表日,按照或有事项准则规定,H企业因担保确认的预计负债的账面价值为1 000万元。

②按照税法规定,与该预计负债相关的费用因没有任何收入与之配比,所以不允许税前扣除,该项负债的计税基础=账面价值1 000万元-未来期间计算应纳税所得额时可予税前扣除的金额0=1 000万元。

③该项负债的账面价值1 000万元与计税基础1 000万元之间不产生差异。

2. 预收账款

企业在收到客户预付的款项时,因不符合收入确认条件,会计上将其确认为负债。税法中对于收入的确认原则一般与会计规定相同,即会计上未确认收入时,计税时一般也不计入应纳税所得额,该部分经济利益在未来期间计税时可予税前扣除的金额为零,不能税前扣除的金额为账面价值,计税基础等于账面价值。

但某些情况下,因不符合会计准则规定的收入确认条件,未确认为收入的预收款项,按照税法规定应计入当期应纳税所得额时,因其产生时已经计算交纳所得税,未来期间可全额税前扣除,不能税前扣除的金额为零,即有关预收账款的计税基础为零,从而账面价值与计税基础之间产生差异。

【例3-11】E公司于2×11年12月自客户收到一笔金额为200万元合同预付款,因不符合收入确认条件,将其作为预收账款核算。按照适用税法规定,该款项应计入取得当期应纳税所得额计算交纳所得税。

分析：

①该项预收账款在 2×11 年 12 月 31 日的账面价值为 200 万元。

②该预收账款的计税基础＝账面价值 200 万元－未来期间计算应纳税所得额时可予税前扣除的金额 200 万元＝0。

③该项负债的账面价值 200 万元与计税基础 0 之间产生的 200 万元差异。该差异在未来期间转回时会减少企业于未来期间的应纳税所得额，使企业未来期间以应交所得税的方式流出的经济利益减少。

3.应付职工薪酬

会计准则规定，企业为获得职工提供的服务给予的各种形式的报酬以及其他相关支出均应作为企业的成本费用，在未支付之前确认为负债。税法中对于职工薪酬基本允许税前扣除，但税法中明确规定了税前扣除标准的，按照会计准则规定计入成本费用支出的金额超过规定标准部分，应进行纳税调整。例如，2007 年所得税法规定企业为其投资者或雇员个人向商业保险机构投保的人寿保险、财产保险等商业保险不得扣除（企业按国家规定为特殊工种职工支付的法定人身安全保险费除外），企业实际发生的满足职工共同需要的集体生活、文化、体育等方面的职工福利费支出，不超过工资薪金总额 14% 的部分，准予扣除。

【例 3–12】D 企业 2×11 年 12 月计入成本费用的职工工资总额为 3 400 万元，至 2×11 年 12 月 31 日，该项工资尚未支付。如果税法允许按权责发生制计提的工资可以税前扣除，则当期可予税前扣除的工资总额为 3 000 万元。

分析：

①应支付职工薪酬在 2×11 年 12 月 31 日的账面价值为 3 400 万元。

②该项负债的计税基础＝账面价值 3 400 万元－未来期间计算应纳税所得额时可予税前扣除的金额 0＝3 400 万元。

③该项负债的账面价值与计税基础相同，不形成差异。

4.其他负债

企业的其他负债项目，如企业应交的罚款和滞纳金等，在尚未支付之前按照会计规定确认为损失，同时作为负债反映。税法规定，罚款和滞纳金不能税前扣除，即该部分损失无论是在发生当期还是以后期间均不允许税前扣除，其计税基础为账面价值减去未来期间计税时可予税前扣除的金额零之间的差额，即计税基础等于账面价值。

其他交易或事项产生的负债，其计税基础的确定应当按照适用税法的相关规定确定。

【例 3–13】C 公司 2×11 年 12 月因违反当地环保法规的规定，被环保部门处以 450 万元罚款。至 2×11 年 12 月 31 日，该项罚款尚未支付。

分析：

①应支付罚款在 2×11 年 12 月 31 日的账面价值为 450 万元。

②该项负债的计税基础＝账面价值 450 万元－未来期间计算应纳税所得额时可予

税前扣除的金额0 = 450万元。

③该项负债的账面价值与计税基础相同,不形成差异。

三、暂时性差异的概念与类型

(一)暂时性差异的概念

根据我国《企业会计准则第18号——所得税》,暂时性差异是指资产或负债的账面价值与其计税基础之间的差额。前述例3-1至例3-9以及例3-11,资产或负债的计税基础均不同于其账面价值,且差额将在以后的会计期间转回,因而产生的差异都是暂时性差异。暂时性差异导致在未来收回资产或清偿负债的期间内,应纳税所得额增加或减少,并导致未来期间应交所得税增加或减少,从而实质上形成了企业的资产和负债。因此,所得税会计准则规定在有关暂时性差异发生的当期,符合确认条件的情况下,应当根据暂时性差异确认相关的递延所得税负债或递延所得税资产。

值得注意的是,未作为资产和负债确认的项目,按照税法规定可以确定其计税基础的,该计税基础与其账面价值之间的差额也属于暂时性差异,该类暂时性差异将在下文专门阐述。

(二)暂时性差异的类型

按照暂时性差异对未来期间应纳税所得额的影响,可分为应纳税暂时性差异和可抵扣暂时性差异两大类。

1. 应纳税暂时性差异

应纳税暂时性差异,是指在确定未来收回资产或清偿负债期间的应纳税所得额时,将导致产生应税金额的暂时性差异。应纳税暂时性差异在未来期间转回时,会增加转回期间的应纳税所得额,即在未来期间不考虑该事项影响的应纳税所得额的基础上,由于该暂时性差异的转回,会进一步增加转回期间的应纳税所得额和应交所得税金额。在该暂时性差异产生当期,应当确认相关的递延所得税负债。

应纳税暂时性差异通常产生于以下情况:

(1)资产的账面价值大于其计税基础。资产的账面价值代表的是企业在持续使用或最终出售该项资产时将取得的经济利益的总额,而计税基础代表的是资产在未来期间可予税前扣除的总金额。资产的账面价值大于其计税基础,该项资产未来期间产生的经济利益不能全部税前抵扣,两者之间的差额需要交税,产生应纳税暂时性差异。例3-1、例3-2、例3-4(除2×13年外)、例3-5、例3-6、例3-7中资产计税基础与账面价值的差额,均属于应纳税暂时性差异。两者之间的差额会造成未来期间应纳税所得额和应交所得税的增加,在其产生当期,应确认相关的递延所得税负债。

(2)负债的账面价值小于其计税基础。负债的账面价值为企业预计在未来期间清偿该项负债时的经济利益流出,而其计税基础代表的是账面价值在扣除税法规定未来期间允许税前扣除的金额之后的差额。即:

负债产生的暂时性差异 = 账面价值 − 计税基础

= 账面价值 -（账面价值 - 未来期间计税时按照税法规定可予税前扣除的金额）

= 未来期间计税时按照税法规定可予税前扣除的金额

当负债的账面价值小于计税基础时，未来期间计税时按照税法规定可予税前扣除的金额小于零（<0），意味着该项负债在未来期间计算应纳税所得额时，不能税前抵扣的金额大于其账面价值，即可以税前抵扣的金额为负数，应在未来期间应纳税所得额的基础上调增，增加应纳税所得额和应交所得税金额，产生应纳税暂时性差异，应确认相关的递延所得税负债。

2. 可抵扣暂时性差异

可抵扣暂时性差异，是指在确定未来收回资产或清偿负债期间的应纳税所得额时，将导致产生可抵扣金额的暂时性差异。该差异在未来期间转回时会减少转回期间的应纳税所得额，减少未来期间的应交所得税。在可抵扣暂时性差异产生当期，符合确认条件时，应当确认相关的递延所得税资产。

可抵扣暂时性差异通常产生于以下两种情况：

（1）资产的账面价值小于其计税基础。资产的账面价值小于其计税基础，意味着企业在持续使用或最终出售该项资产时取得的经济利益小于税法允许税前抵扣的金额，企业在未来期间就该项资产可以在其自身取得经济利益的基础上多扣除，企业因此在未来期间可以减少应纳税所得额并减少应交所得税。从经济含义来看，资产在未来期间产生的经济利益少，按照税法规定允许税前扣除的金额多，则企业在未来期间可以减少应纳税所得额并减少应交所得税。例3-4中2×13年无形资产的账面价值为110万元，计税基础为112万元，产生2万元的可抵扣暂时性差异。可抵扣暂时性差异符合有关条件时，应当确认相关的递延所得税资产。例3-3中账面价值和计税基础的差异也属于可抵扣暂时性差异，但按照税法规定不确认递延所得税资产。

（2）负债的账面价值大于其计税基础。当负债的账面价值大于计税基础时，未来期间计税时按照税法规定可予税前扣除的金额大于零（>0），意味着未来期间按照税法规定与负债相关的全部或部分支出可以自未来应税经济利益中扣除，减少未来期间的应纳税所得额和应交所得税。例3-9和例3-11中的暂时性差异均是由于负债的账面价值大于计税基础而形成的，属于可抵扣暂时性差异。可抵扣暂时性差异在符合有关确认条件时，应确认相关的递延所得税资产。

四、特殊交易（事项）与特殊项目产生的暂时性差异

除企业在正常生产经营活动过程中取得的资产和负债之外，对于某些特殊交易中产生的资产、负债，其计税基础的确定应遵从税法规定，如企业合并过程中取得资产、负债计税基础的确定。

（一）企业合并

《企业会计准则第20号——企业合并》中，视参与合并各方前后是否为同一方或相同的多方最终控制，分为同一控制下的企业合并与非同一控制下的企业合并两种类

型。同一控制下的企业合并,合并中取得的有关资产、负债基本上维持其原账面价值不变,合并中不产生新的资产和负债;对于非同一控制下的企业合并,合并中取得的有关资产、负债应按其在购买日的公允价值计量,企业合并成本大于合并中取得可辨认净资产公允价值的份额部分确认为商誉,企业合并成本小于合并中取得可辨认净资产公允价值的份额部分计入合并当期损益。

对于企业合并的税收处理,根据财政部与国家税务总局共同颁布的《财政部 国家税务总局关于企业重组业务企业所得税处理若干问题的通知》(财税〔2009〕59号)、《财政部 国家税务总局关于促进企业重组有关企业所得税处理问题的通知》(财税〔2014〕109号)和《国家税务总局关于企业重组业务企业所得税征收管理若干问题的公告》(国家税务总局公告2015年第48号)的规定,通常情况下被合并企业应视为按公允价值转让、处置全部资产,计算资产转让所得,依法缴纳所得税。合并企业接受被合并企业的有关资产,计税时可以按经评估确认的价值确定计税成本。但当合并企业支付给被合并企业或其股东的收购价款中,除合并企业股权以外的现金、有价证券和其他资产(非股权支付额),不高于所支付的股权票面价值50%的,当事各方可选择进行免税处理,在年度所得税纳税申报时向主管税务机关书面备案,即被合并企业不确认全部资产的转让所得或损失,不计算缴纳所得税;合并企业接受被合并企业全部资产的计税成本,以被合并企业原账面价值为基础确定。

由于会计与税收法规对企业合并的划分标准不同,处理原则不同,某些情况下,会造成企业合并中取得的有关资产、负债的入账价值与其计税基础的差异。

【例3-14】A企业发行6 000万元的股份购入B企业100%的净资产,对B企业进行吸收合并。合并前A企业与B企业不存在任何关联方关系。假定该项合并符合税法规定的免税合并条件,交易各方选择进行免税处理。购买日B企业各项可辨认资产、负债的公允价值和计税基础如表3-5所示。预计负债300万元因销售商品提供售后服务而确认。

表3-5 B企业资产、负债的公允价值与计税基础   单位:万元

项 目	公允价值	计税基础
固定资产	2 700	1 550
应收账款	2 100	2 100
存货	1 740	1 240
其他应付款	(300)	0
应付账款	(1 200)	(1 200)

该项合并是非同一控制下的企业合并,且符合税法规定的免税合并条件。对A企业来说,各项资产和负债按照公允价值计量,公允价值即为合并后的账面价值,各资产和负债的计税基础以B企业原计税基础为计税基础。资产账面价值和计税基础之间形成的暂时性差异如表3-6所示。

表 3-6 A 企业因合并事项形成的暂时性差异　　　　　单位：万元

项目	账面价值	计税基础	暂时性差异
固定资产	2 700	1 550	1 150
应收票据及应收账款	2 100	2 100	0
存货	1 740	1 240	500
其他应付款	(300)	0	(300)
应付票据及应付账款	(1 200)	(1 200)	0
商誉*	1 297.5	0	1 297.5

*商誉的计算及暂时性差异的确认要求见例 3-18。

（二）未作为资产、负债确认的项目

某些交易或事项发生以后，因为不符合资产、负债的确认条件而未体现为资产负债表中的资产或负债，但按照税法规定能够确定其计税基础的，该账面价值与计税基础之间的差异也构成暂时性差异。如企业在开始正常的生产经营活动前发生的筹建费用，会计规定应于发生时计入当期损益，不体现为资产。税法规定企业发生的该类费用可以在开始正常生产经营活动后的 5 年内分期自税前扣除。该类事项虽不形成资产，但按照税法规定可以确定其计税基础，两者之间的差异也形成暂时性差异。

【例 3-15】甲公司在 2×11 年度发生了 5 000 万元的广告费支出，在发生时已全额作为当期损益处理。但税法的处理不同于会计处理，税法允许该类支出不超过当年销售收入 15% 的部分当期税前扣除，超过部分在以后年度税前扣除。甲公司 2×11 年度销售收入为 30 000 万元。

分析：

①根据会计准则规定，该项广告费用在 2×11 年度发生时已全额扣除，不体现为资产负债表中的资产，如果将其视为资产，则账面价值为零。

②根据税法规定，企业在 2×11 年度只能税前扣除 4 500 万元，其于未来期间可税前扣除的金额为 500 万元，即在该资产负债表日的计税基础为 500 万元。

③该项目的账面价值与其计税基础之间产生了 500 万元的暂时性差异，该暂时性差异在未来期间要减少企业的应纳税所得额，为可抵扣暂时性差异，符合相关确认条件时，应确认相关的递延所得税资产。

（三）可抵扣亏损及税款抵减

按照税法规定可以结转以后年度的未弥补亏损及税款抵减，虽不是因资产、负债的账面价值与计税基础不同产生的，但本质上可抵扣亏损和税款抵减与可抵扣暂时性差异具有同样的作用，均能够减少未来期间的应纳税所得额和应交所得税，视同可抵扣暂时性差异，在符合确认条件的情况下，应确认与其相关的递延所得税资产。

【例 3-16】乙公司于 2×11 年因政策性原因发生经营亏损 2 000 万元，按照税法规定，该亏损可用于抵减以后 5 个年度的应纳税所得额。该公司预计其于未来 5 年期间能够产生足够的应纳税所得额弥补该亏损。

分析：

①根据会计准则规定,该经营亏损不体现为资产负债表中的资产或负债,如果将其视为资产,则账面价值为零。

②根据税法规定,该亏损可用于抵减以后5个年度的应纳税所得额,其于未来5年可税前扣除的金额为2 000万元,即在该资产负债表日的计税基础为2 000万元。

③该项目的账面价值与其计税基础之间产生了2 000万元的暂时性差异,该暂时性差异在未来期间要减少企业的应纳税所得额,为可抵扣暂时性差异,企业预计其于未来5年期间能够产生足够的应纳税所得额抵补该亏损时,应确认相关的递延所得税资产。

第三节 递延所得税负债及递延所得税资产的确认和计量

企业在计算确定了应纳税暂时性差异与可抵扣暂时性差异后,应当按照所得税会计准则规定的原则确认相关的递延所得税负债以及递延所得税资产。

一、递延所得税负债的确认和计量

(一)递延所得税负债的确认

递延所得税负债产生于应纳税暂时性差异。应纳税暂时性差异在转回期间将增加未来期间企业的应纳税所得额和应交所得税,导致企业经济利益流出,从其发生当期看,构成企业应支付税金的义务,应作为负债确认。企业在确认因应纳税暂时性差异产生的递延所得税负债时,应遵循以下原则:

1.确认的一般原则

对于递延所得税负债的确认,所得税准则规定除准则明确规定可不确认递延所得税负债的情况以外,企业对于所有的应纳税暂时性差异均应确认相关的递延所得税负债。递延所得税的这一确认原则是基于谨慎性原则的要求,充分反映交易或事项发生后对未来期间的计税影响。确认应纳税暂时性差异产生的递延所得税负债时,除与直接计入所有者权益的交易或事项以及企业合并中取得资产、负债相关的以外,在确认递延所得税负债的同时,应增加利润表中的所得税费用。与直接计入所有者权益的交易或事项相关的,其所得税影响应增加或减少所有者权益;企业合并产生应纳税暂时性差异的,相关的递延所得税影响应调整购买日应确认的商誉或是计入合并当期损益的金额。

【例3-17】甲企业于2×10年12月1日购入某项环保设备,会计上采用直线法计提折旧,税法规定允许采用加速折旧。该设备的取得成本为200万元,会计与税法规定的使用年限均为10年,净残值为零,计税时按双倍余额递减法计列折旧。甲企业适用的所得税税率为25%,预计未来期间不会变动。

分析:

不考虑中期报告的影响,甲企业在 2×11 年资产负债表日,按照会计准则规定计提的折旧额为 20 万元,计税时允许扣除的折旧额为 40 万元。该项固定资产的账面价值为 180 万元;该项固定资产的计税基础 160 万元。

该项固定资产的账面价值 180 万元与计税基础 160 万元之间的差额 20 万元,构成应纳税暂时性差异。因其适用的所得税税率为 25%,应确认 5 万元(20 万元×25%)的递延所得税负债。

2. 不确认递延所得税负债的特殊情况

有些情况下,虽然资产、负债的账面价值与其计税基础不同,产生了应纳税暂时性差异,但出于各方面考虑,所得税准则规定不确认相应的递延所得税负债。这种规定主要包括:

(1)商誉初始确认时形成的应纳税暂时性差异。非同一控制下的企业合并中,企业合并成本大于合并中取得的被购买方可辨认净资产公允价值份额的差额,按照企业会计准则规定应确认为商誉。因会计与税收的划分标准不同,会计上作为非同一控制下的企业合并但按照税法规定计税时作为免税合并的情况下,商誉的计税基础为零,其账面价值与计税基础形成应纳税暂时性差异,准则中规定不确认与其相关的递延所得税负债。因为若确认递延所得税负债,一方面意味着购买方在企业合并中获得的可辨认净资产的价值量下降,企业应增加商誉的价值,商誉的账面价值增加以后,可能很快就要计提减值准备,同时其账面价值的增加还会进一步产生应纳税暂时性差异,使得递延所得税负债和商誉价值量的变化不断循环;另一方面是商誉本身即企业合并成本在取得的被购买方可辨认资产、负债之间进行分配后的剩余价值,确认递延所得税负债进一步增加其账面价值会影响到会计信息的可靠性。

【例 3 – 18】承【例 3 – 14】,A 企业发行 6 000 万元的股份购入 B 企业 100% 的净资产,对 B 企业进行非同一控制下的吸收合并。该项合并符合税法规定的免税改组条件,交易各方选择进行免税处理。购买日 B 企业各项可辨认资产、负债的账面价值及其计税基础如表 3 – 6 所示,不包括递延所得税的可辨认净资产公允价值的计算如表 3 – 7 所示。

表 3 – 7　B 企业不包括递延所得税的可辨认净资产公允价值　　单位:万元

项　　目	公允价值
固定资产	2 700
应收账款	2 100
存货	1 740
其他应付款	(300)
应付账款	(1 200)
不包括递延所得税的可辨认净资产的公允价值	5 040

分析:根据表 3 – 6,B 企业负债的公允价值 1 500 万元(300 + 1200)大于其计税基

础1 200万元,由此形成可抵扣暂时性差异300万元,应确认为递延所得税资产;B企业资产的公允价值6 540万元(2 700+2100+1 740)大于其计税基础4 890万元,由此形成应纳税暂时性差异1 650万元,应确认为递延所得税负债。假定B企业适用的所得税税率为25%,该项交易中应确认递延所得税资产、负债及商誉的金额计算如下:

不包括递延所得税的可辨认净资产公允价值　　　　　　　　　　5040
递延所得税资产　　　　　　　　　　　　　　　　　(300×25%)75
递延所得税负债　　　　　　　　　　　　　　　　(1 650×25%)412.5
考虑递延所得税后
可辨认净资产的公允价值　　　　　　　　　　　　　　　　　4 702.5
企业合并成本　　　　　　　　　　　　　　　　　　　　　　6 000
商誉　　　　　　　　　　　　　　　　　　　　　　　　　 1 297.5

因该项合并符合税法规定的免税合并条件,当事各方选择进行免税处理的情况下,购买方在免税合并中取得的被购买方有关资产、负债应维持其原计税基础不变。被购买方原账面上未确认商誉,即商誉的计税基础为零。该项合并中所确认的商誉金额1 297.5万元与其计税基础零之间产生的应纳税暂时性差异,按照准则规定,不再进一步确认相关的所得税影响。

应予说明的是,按照会计准则规定在非同一控制下企业合并中确认了商誉,并且按照所得税法规的规定该商誉在初始确认时计税基础等于账面价值的,该商誉在后续计量过程中因会计准则规定与税法规定不同产生税暂时性差异的,应当确认相关的所得税影响。

(2)除企业合并以外的其他交易或事项发生时形成的应纳税暂时性差异。除企业合并以外的其他交易或事项中,如果该交易或事项发生时既不影响会计利润,也不影响应纳税所得额,则所产生的资产、负债的初始确认金额与其计税基础不同,形成应纳税暂时性差异的,交易或事项发生时不确认相应的递延所得税负债。该规定主要是考虑到由于交易发生时既不影响会计利润,也不影响应纳税所得额,确认递延所得税负债的直接结果是增加有关资产的账面价值或是降低所确认负债的账面价值,使得资产、负债在初始确认时,违背历史成本原则,影响会计信息的可靠性。例如,一项资产按会计规定确定的入账价值为200万元,但按税法规定,其计税基础为180万元,确认该暂时性差异的所得税影响将改变资产的历史成本,所以在购置资产的交易发生时不确认暂时性差异的所得税影响。该类交易或事项在我国企业实务中并不多见,一般情况下有关资产、负债的初始确认金额均会为税法所认可,不会产生两者之间的差异。

(3)与子公司、联营企业、合营企业投资等相关的应纳税暂时性差异。与子公司、联营企业、合营企业投资等相关的应纳税暂时性差异,一般应确认相应的递延所得税负债,但同时满足以下两个条件的除外:一是投资企业能够控制暂时差异转回的时间;二是该暂时性差异在可预见的未来很可能不会转回。满足上述条件时,投资企业可以运用自身的影响力决定暂时性差异的转回,如果不希望其转回,则在可预见的未来该项暂时性差异即不会转回,从而对未来期间不会产生所得税影响,无须确认相应的递延所得税负债。

企业在运用上述条件不确认与联营企业、合营企业等投资相关的递延所得税负债时,应有明确的证据表明其能够控制有关暂时性差异转回的时间。一般情况下,企业对联营企业的生产经营决策仅能够实施重大影响,并不能够主导被投资单位包括利润分配政策在内的主要生产经营决策的制定,满足所得税准则规定的能够控制暂时性差异转回时间的条件一般是通过与其他投资者签订协议等,达到能够控制被投资单位利润分配政策的程度等。

(4)采用权益法核算的长期股权投资形成的应纳税暂时性差异。对于采用权益法核算的长期股权投资,其账面价值与计税基础产生的暂时性差异是否应确认相关的所得税影响,应考虑该项投资的持有意图。

①如果企业拟长期持有该项投资,则因初始投资成本的调整产生的暂时性差异预计未来期间不会转回,对未来期间没有所得税影响;因确认投资损益产生的暂时性差异,如果在未来期间逐期分回现金股利或利润时免税,也不存在对未来期间的所得税影响;因确认应享有被投资单位其他综合收益和其他权益的变动而产生的暂时性差异,在长期持有的情况下预计未来期间也不会转回,因此在准备长期持有的情况下,对于采用权益法核算的长期股权投资账面价值与计税基础之间的差异一般不确认相关的所得税影响。

②对于采用权益法核算的长期股权投资,如果投资企业改变持有意图拟对外出售,按照税法规定,企业在转让或者处置投资资产时,投资资产的成本准予扣除。在持有意图由长期持有转变为拟近期出售的情况下,因长期股权投资账面价值与计税基础不同产生的有关暂时性差异,均应确认相关的所得税影响。

【例3-19】甲公司2×11年1月开始持有乙公司30%的股权,且决定长期持有。因能够参与乙公司的生产经营决策,对该项投资采用权益法核算。购入投资时,甲公司支付了1 200万元,取得投资时乙公司可辨认净资产公允价值为4 000万元。2×11年年末,乙公司实现净利润300万元,假定不考虑相关的调整因素,甲公司按其持股比例计算应享有90万元。甲、乙两家公司适用的所得税税率均为25%。乙公司在会计期末未制定任何利润分配方案,除该事项外,不存在其他会计与税收的差异。

分析:

按照权益法的核算原则,2×11年年末,甲公司长期股权投资账面价值增加90万元,确认投资收益90万元。税法规定长期股权投资的计税基础在持有期间不变,产生应纳税暂时性差异90万元。因按照税法规定在未来期间取得该投资收益时免税,可以理解为适用的所得税税率为0,不产生所得税影响,因而不需要确认相关的递延所得税负债;在长期持有的情况下,因未来期间甲公司自乙公司分得的现金股利或利润免税,其计税基础也可以理解为1 290万元,因而不产生暂时性差异,无须确认相关的递延所得税负债。

(二)递延所得税负债的计量

递延所得税负债的计量应遵循以下三点:

1. 以预期清偿该负债期间的适用所得税税率为基础计算确定

所得税准则规定,资产负债表日对于递延所得税负债,应当根据适用税法规定,以预期清偿该负债期间的适用所得税税率计量,即以应纳税暂时性差异转回期间所适用的所得税税率为基础计算确定。

在我国,除享受优惠政策的情况以外,企业适用的所得税税率在不同年度之间一般不会发生变化,企业在确认递延所得税负债时,可以现行适用税率为基础计算确定。对于享受优惠政策的企业,如经国家批准的经济技术开发区内的企业,享受一定期间的税率优惠,则所产生的暂时性差异应以预计其转回期间的适用所得税税率为基础计量。

2. 考虑预期收回资产或清偿负债方式的所得税影响

对递延所得税负债的计量,应考虑资产负债表日企业预期收回资产或清偿负债方式的所得税影响,在计量递延所得税负债时,应当采用与收回资产或清偿债务的预期方式相一致的税率和计税基础。例如,企业持有的某项固定资产,一般情况下是为企业的正常生产经营活动提供必要的生产条件,但在某一时点上,企业决定将该固定资产对外出售,实现其为企业带来的未来经济利益,且假定税法规定长期资产处置时适用的所得税税率与一般情况有所不同,则企业在计量因该资产产生的应纳税暂时性差异的所得税影响时,应考虑该资产带来的经济利益预期实现方式的影响。

3. 递延所得税负债无须折现

无论相关的应纳税暂时性差异转回期间相关利率如何变动,递延所得税负债均不要求折现。因为对递延所得税负债进行折现,企业需要对相关的应纳税暂时性差异进行详细的分析,确定其具体的转回时间表,并在此基础上,按照一定的利率折现后确定递延所得税负债的金额。这其中不仅分析工作量很大,而且包含较多的主观判断因素,且暂时性差异的具体转回时间在很多情况下无法合理确定。美国的 SFAS No. 96 曾要求企业编制详细的暂时性差异转回的时间表,但因在实务操作中不符合"成本—效益"原则而被 SFAS No. 109 废除。

(三)科目设置和账务处理

1. "所得税费用"科目

"所得税费用"科目核算企业确认的应从当期利润总额中扣除的所得税费用。该科目可按"当期所得税费用""递延所得税费用"进行明细核算。

所得税费用的主要账务处理如下:

(1)资产负债表日,企业按照税法规定计算确定的当期应交所得税,借记本科目(当期所得税费用),贷记"应交税费——应交所得税"科目。

(2)资产负债表日,根据递延所得税资产的应有余额大于"递延所得税资产"科目余额的差额,借记"递延所得税资产"科目,贷记本科目(递延所得税费用)、"其他综合收益"等科目;递延所得税资产的应有余额小于"递延所得税资产"科目余额的差额作相反的会计分录。企业应予确认的递延所得税负债,应当比照上述原则调整本科目、"递延所得税负债"科目及有关科目。

(3)期末,应将本科目的余额转入"本年利润"科目,结转后本科目应无余额。

2."递延所得税负债"科目

"递延所得税负债"核算企业确认的应纳税暂时性差异产生的所得税负债,该科目可按应纳税暂时性差异的项目进行明细核算。

递延所得税负债的主要账务处理如下:

(1)资产负债表日,企业确认的递延所得税负债,贷记"递延所得税负债"科目,借方科目应区分具体情况分别处理:①一般情况下,借记"所得税费用——递延所得税费用"科目;②与直接计入其他综合收益的交易或事项相关的递延所得税负债,如其他债权投资、其他权益工具投资公允价值变动,借记"其他综合收益"科目;③企业合并中取得资产、负债的入账价值与计税基础不同形成应纳税暂时性差异的,应于购买日确认递延所得税负债,同时借记"商誉"等科目。

(2)资产负债表日,递延所得税负债应有余额大于其账面余额的,应按其差额确认,借记"所得税费用——递延所得税费用"等科目,贷记"递延所得税负债"科目;递延所得税负债的应有余额小于其账面余额的,作相反的会计分录。

【例3-20】A公司2×11年1月开始持有的某项以公允价值计量且其变动计入其他综合收益的债权投资,成本为400万元,2×11年12月31日,其公允价值为480万元。2×12年4月1日A公司按照500万元的价格全部出售。该公司适用的所得税税率为25%。除该事项外,该公司不存在其他会计与税收之间的差异,且递延所得税资产和递延所得税负债不存在期初余额。另外按照税法规定,资产在持有期间公允价值的变动不计入应纳税所得额,待处理时一并计算应计入应纳税所得额的金额。预计未来期间的所得税税率保持不变。

2×11年12月31日在确认80万元的公允价值变动时:

借:其他债权投资　　　　　　　　　　　　　　　　800 000
　　贷:其他综合收益　　　　　　　　　　　　　　　　800 000

同时确认应纳税暂时性差异的所得税影响时:

借:其他综合收益　　　　　　　　　　　(800 000×25%)200 000
　　贷:递延所得税负债　　　　　　　　　　　　　　　200 000

2×12年4月1日处置该金融资产时:

借:银行存款　　　　　　　　　　　　　　　　　5 000 000
　　贷:其他债权投资　　　　　　　　　　　　　　　4 800 000
　　　　投资收益　　　　　　　　　　　　　　　　　200 000

借:其他综合收益　　　　　　　　　　　　　　　　600 000
　　递延所得税负债　　　　　　　　　　　　　　　　200 000
　　贷:投资收益　　　　　　　　　　　　　　　　　800 000

二、递延所得税资产的确认和计量

(一)递延所得税资产的确认

1.确认的一般原则

递延所得税资产产生于可抵扣暂时性差异。确认因可抵扣暂时性差异产生的递延所得税资产应遵循的一般原则是：以未来期间可能取得的应纳税所得额为限。在可抵扣暂时性差异转回的未来期间内，企业无法产生足够的应纳税所得额用以利用可抵扣暂时性差异的影响，使得与可抵扣暂时性差异相关的经济利益无法实现的，该部分递延所得税资产不应确认；企业有明确的证据表明其于可抵扣暂时性差异转回的未来期间能够产生足够的应纳税所得额，进而能够利用可抵扣暂时性差异的，则应以可能取得的应纳税所得额为限，确认相关的递延所得税资产。

在判断企业于可抵扣暂时性差异转回的未来期间是否能够产生足够的应纳税所得额时，应考虑两个方面因素：一是企业在未来期间通过正常的生产经营活动能够实现的应纳税所得额，如企业通过销售商品、提供劳务等所实现的收入，扣除有关的成本费用等支出后的金额。该部分情况的预测应当以经企业管理层批准的最近财务预算或预测数据以及该预算或预测期之后年份稳定的或递减的增长率为基础。二是以前期间产生的应纳税暂时性差异在未来期间转回时将增加的应纳税所得额。

考虑到可抵扣暂时性差异转回的期间内可能取得应纳税所得额的限制，因无法取得足够的应纳税所得额而未确认相关的递延所得税资产的，应在会计报表附注中进行披露。

同递延所得税负债的确认相同，确认可抵扣暂时性差异产生的递延所得税资产时，除与直接计入所有者权益的交易或事项以及企业合并中取得资产、负债相关的以外，在确认递延所得税资产的同时，应减少利润表中的所得税费用。与直接计入所有者权益的交易或事项相关的，其所得税影响应增加或减少所有者权益；企业合并产生的可抵扣暂时性差异，相关的递延所得税影响应调整购买日应确认的商誉或是计入合并当期损益的金额。

2. 特殊交易或事项的考虑

(1) 与子公司、联营企业、合营企业的投资相关的可抵扣暂时性差异。对与子公司、联营企业、合营企业的投资相关的可抵扣暂时性差异，同时满足下列条件的，应当确认相关的递延所得税资产：一是暂时性差异在可预见的未来很可能转回；二是未来很可能获得用来抵扣可抵扣暂时性差异的应纳税所得额。

对联营企业和合营企业等的投资产生的可抵扣暂时性差异，主要产生于权益法下被投资单位发生亏损时，投资企业按照持股比例确认应予承担的部分相应减少长期股权投资的账面价值，但税法规定长期股权投资的成本在持有期间不发生变化，造成长期股权投资的账面价值小于其计税基础，产生可抵扣暂时性差异。可抵扣暂时性差异还产生于对长期股权投资计提减值准备的情况下。

(2) 税法规定可以结转以后年度的未弥补亏损和税款抵减。可抵扣亏损是指企业按照税法规定计算确定准予用以后年度的应纳税所得弥补的亏损。在确定可抵扣亏损时，一般应当以适当方式与税务部门沟通，取得税务部门的认可。对于按照税法规定可以结转以后年度的未弥补亏损和税款抵减，应视同可抵扣暂时性差异处理。在有关的亏损或税款抵减金额得到税务部门的认可或预计能够得到税务部门的认可且预计可利用可弥补亏损或税款抵减的未来期间内能够取得足够的应纳税所得额时，除准则中规定不予确认的情况外，应当以很可能取得的应纳税所得额为限，确认相应的递延所得税资产，同时减少确认当期的所得税费用。

与可抵扣亏损和税款抵减相关的递延所得税资产，其确认条件与其他可抵扣暂时性差异产生的递延所得税资产相同,在估计未来期间能够产生足够的应纳税所得额用以利用该部分可抵扣亏损或税款抵减时,应考虑以下相关因素的影响:

①在可抵扣亏损到期前,企业是否会因以前期间产生的应纳税暂时性差异转回而产生足够的应纳税所得额;

②在可抵扣亏损到期前,企业是否可能通过正常的生产经营活动产生足够的应纳税所得额;

③可抵扣亏损是否产生于一些在未来期间不可能重复发生的特殊原因;

④是否存在其他的证据表明在可抵扣到期前能够取得足够的应纳税所得额。

企业在确认与可抵扣亏损和税款抵减相关的递延所得税资产时,应当在会计报表附注中说明在可抵扣亏损和税款抵减到期前,企业能够产生足够应纳税所得额的估计基础。

(3)与企业合并有关的可抵扣暂时性差异及未弥补亏损。

①购买方在合并前已经存在的可抵扣暂时性差异及未弥补亏损。企业合并发生后,购买方对于合并前本企业已经存在的可抵扣暂时性差异及未弥补亏损等,可能因为企业合并后估计很可能产生足够的应纳税所得额利用可抵扣暂时性差异,确认相关的递延所得税资产。该递延所得税资产的确认不应为企业合并的组成部分,不影响企业合并中应予确认的商誉或是因企业合并成本小于合并中取得的被购买方可辨认净资产公允价值的份额应计入合并当期损益的金额。

②购买方在合并时取得被购买方的可抵扣暂时性差异及未弥补亏损。在企业合并中,购买方取得被购买方的可抵扣暂时性差异,如购买日取得的被购买方在以前期间发生的未弥补亏损等可抵扣暂时性差异,按照税法规定可以用于抵减以后年度应纳税所得额,但在购买日不符合递延所得税资产确认条件的,不应予以确认。购买日后12个月内,如果取得新的或进一步的信息表明相关情况在购买日已经存在,预期被购买方在购买日可抵扣暂时性差异带来的经济利益能够实现的,购买方应当确认相关的递延所得税资产,同时减少由该企业合并所产生的商誉,商誉不足冲减的,差额部分确认为当期损益(所得税费用)。除上述情况以外(比如,购买日后超过12个月,或在购买日不存在相关情况但购买日以后出现新的情况导致可抵扣暂时性差异带来的经济利益预期能够实现),如果符合递延所得税资产的确认条件,确认与企业合并相关的递延所得税资产,应当计入当期损益(所得税费用),不得调整商誉金额。

【例3-21】承【例3-18】,假设在购买日形成的可抵扣暂时性差异300万元因预计未来期间无法取得足够的应纳税所得额,所以未确认与可抵扣暂时性差异相关的递延所得税资产75万元。在购买日之后9个月,A企业预计能够产生足够的应纳税所得额用来抵扣原合并时产生的300万元可抵扣暂时性差异。

分析:

因购买日未确认递延所得税资产,所以购买日确认的商誉应为1 372.5万元。

9个月后,A企业应当考虑导致该利益变为很可能实现的事实和环境是否在购买日已经存在。如果这些事实和环境出现在购买日之后,则A企业应进行以下账务处理:

借:递延所得税资产 750 000

贷:所得税费用　　　　　　　　　　　　　　　　　　　　　　　　750 000
　如果这些事实和环境在购买日已经存在,则 A 企业应进行以下账务处理:
　　借:递延所得税资产　　　　　　　　　　　　　　　　　　　　　750 000
　　贷:商誉　　　　　　　　　　　　　　　　　　　　　　　　　　750 000

3. 不确认递延所得税资产的特殊情况

某些情况下,企业发生的某项交易或事项不属于企业合并,并且交易发生时既不影响会计利润也不影响应纳税所得额,且该项交易中产生的资产、负债的初始确认金额与其计税基础不同,产生可抵扣暂时性差异的,所得税准则规定在交易或事项发生时不确认相应的递延所得税资产。该规定主要是考虑到由于交易发生时既不影响会计利润,也不影响应纳税所得额,确认递延所得税资产的直接结果是增加有关负债的账面价值或是降低所确认资产的账面价值,使得资产、负债在初始确认时,违背历史成本原则,影响会计信息的可靠性。

【例3-22】甲企业当期以融资租赁方式租入一项固定资产,该项固定资产在租赁日的公允价值为4 000万元,最低租赁付款额的现值为3 920万元。租赁合同中约定,租赁期内总的付款额为4 400万元。假定不考虑在租入资产过程中发生的相关费用。

分析:

租赁准则规定,承租人应当将租赁开始日租赁资产的公允价值与最低租赁付款额现值两者中较低者作为租入资产的入账价值,即3 920万元。税法规定,融资租入资产应当以租赁合同或协议约定的付款额以及在取得租赁资产过程中支付的有关费用作为其计税成本,即4 400万元。但两者之间的差额既不影响会计利润也不影响应纳税所得额,如果确认相应的所得税影响,直接结果是减记资产的初始计量金额,从而违背历史成本计量原则,所以准则规定该种情况不确认相应的递延所得税资产。

(二)递延所得税资产的计量

递延所得税资产的计量应遵循以下几点:

1. 以预期收回该资产期间的适用所得税税率为基础计算确定

同递延所得税负债的计量原则相一致,确认递延所得税资产时,应当以预期收回该资产期间的适用所得税税率为基础计算确定。

2. 考虑预期收回资产或清偿负债方式的所得税影响

同递延所得税负债的计量一样,递延所得税资产的计量也应考虑资产负债表日企业预期收回资产或清偿负债方式的所得税影响,在计量递延所得税资产时,应当采用与收回资产或清偿债务的预期方式相一致的税率和计税基础。

3. 递延所得税资产无须折现

同递延所得税负债的计量原则相一致,无论可抵扣暂时性差异转回期间相关利率如何变动,递延所得税资产均不要求折现。

4. 递延所得税资产的减值考虑

企业确认的递延所得税资产同其他资产一样,于资产负债表日,应当对递延所得税资产的账面价值进行复核。如果未来期间很可能无法取得足够的应纳税所得额用以利用可抵扣暂时性差异带来的利益,应当减记递延所得税资产的账面价值。减记的递延所得税资产,除原确认时记入所有者权益且其减记金额亦应记入所有者权益外,其他的情况均应增加减记当期的所得税费用。

因无法取得足够的应纳税所得额利用可抵扣暂时性差异减记递延所得税资产账面价值的,以后期间根据新的环境和情况判断能够产生足够的应纳税所得额利用可抵扣暂时性差异,使得递延所得税资产包含的经济利益能够实现的,应相应恢复递延所得税资产的账面价值。

(三)科目设置与账务处理

企业应设置"递延所得税资产"核算企业确认的可抵扣暂时性差异产生的所得税资产。该科目应按可抵扣暂时性差异等项目进行明细核算。根据税法规定可用以后年度税前利润弥补的亏损及税款抵减产生的所得税资产,也在本科目核算。

递延所得税资产的主要账务处理如下:

(1)资产负债表日,企业确认的递延所得税资产,借记"递延所得税资产"科目,贷方科目应区分具体情况分别处理:①一般情况下,贷记"所得税费用——递延所得税费用"科目;②与直接计入其他综合收益的交易或事项相关的递延所得税资产,如其他债权投资公允价值,贷记"其他综合收益"科目;③企业合并中取得资产、负债的入账价值与计税基础不同形成可抵扣暂时性差异的,应于购买日确认递延所得税资产,贷记"商誉"等科目。

(2)资产负债表日,递延所得税资产应有余额大于其账面余额的,应按其差额确认,借记"递延所得税资产"科目,贷记"所得税费用——递延所得税费用"等科目;递延所得税资产的应有余额小于其账面余额的,作相反的会计分录。

(3)资产负债表日,预计未来期间很可能无法获得足够的应纳税所得额用以抵扣暂时性差异的,按原已确认的递延所得税资产中应减记的金额,借记"所得税费用——递延所得税费用""其他综合收益"等科目,贷记"递延所得税资产"科目。

【例3-23】A企业在2×11年至2×14年每年应税收益分别为:-600万元、200万元、200万元、100万元,适用税率始终为25%,假设2×11年发生的亏损能于以后5年用税前利润弥补,且弥补期内很可能获得足够的应纳税所得额用来抵扣可抵扣暂时性差异,无其他暂时性差异。

分析:

①2×11年的亏损600万元,因可用以后年度税前利润弥补,由此形成可抵扣暂时性差异,且企业很可能获得足够的应纳税所得额抵扣可抵扣暂时性差异,所以应确认一项递延所得税资产。

$$递延所得税资产 = 600 \times 25\% = 150(万元)$$

借:递延所得税资产   1 500 000
 贷:所得税费用——递延所得税费用   1 500 000

②2×12年实现的200万元应税收益用于弥补2×11年的亏损,不应纳税。此时可用于以后年度税前利润弥补的亏损为400万元,有200万元的可抵扣暂时性差异在2×12年度转回。"递延所得税资产"科目的应有余额应为400×25%=100万元,小于"递延所得税资产"科目的账面余额150万元,所以应将账面余额减记50万元使之等于

应有余额。

借:所得税费用——递延所得税费用　　　　　　　　　　500 000
　　贷:递延所得税资产　　　　　　　　　　　　　　　　　500 000

③2×13年实现的200万元应税收益继续用于弥补2×11年的亏损,不应纳税。此时可用于以后年度税前利润弥补的亏损为200万元,有200万元的可抵扣暂时性差异在2×13年度转回。"递延所得税资产"科目的应有余额应为200×25% = 50万元,小于"递延所得税资产"科目的账面余额100万元,所以应将账面余额减记50万元使之等于应有余额。

借:所得税费用——递延所得税费用　　　　　　　　　　500 000
　　贷:递延所得税资产　　　　　　　　　　　　　　　　　500 000

④2×14年实现的100万元应税收益继续用于弥补2×11年的亏损,不应纳税。此时可用于以后年度税前利润弥补的亏损为100万元,有100万元的可抵扣暂时性差异在2×14年度转回。"递延所得税资产"科目的应有余额应为100×25% = 25万元,小于"递延所得税资产"科目的账面余额50万元,所以应将账面余额减记25万元使之等于应有余额。

借:所得税费用——递延所得税费用　　　　　　　　　　250 000
　　贷:递延所得税资产　　　　　　　　　　　　　　　　　250 000

三、适用税率变化对已确认递延所得税资产和递延所得税负债的影响

因税收法规的变化,导致企业在某一会计期间适用的所得税税率发生变化的,企业应对已确认的递延所得税资产和递延所得税负债按照新的税率进行重新计量。递延所得税资产和递延所得税负债的金额代表的是有关可抵扣暂时性差异或应纳税暂时性差异于未来期间转回时,导致企业应交所得税金额减少或增加的情况。适用税率变动的情况下,应对原已确认的递延所得税资产及递延所得税负债的金额进行调整。

除直接计入所有者权益的交易或事项产生的递延所得税资产及递延所得税负债,相关的调整金额应计入所有者权益外,其他情况下产生的调整金额应确认为税率变化当期的所得税费用(或收益)。

【例3-24】某企业2005年12月31日购入一台设备,原价122万元,预计净残值为2万元。按税法规定,该项设备可按直线法计提折旧,折旧年限5年;会计上采用直线法计提折旧,折旧年限3年。假定税法规定的净残值与会计相同,该企业各会计期间均未对固定资产计提减值准备。除该项固定资产产生的会计与税收这项差异外,不存在其他会计与税收的差异。假设该企业每年实现的税前会计利润为600万元(无其他纳税调整事项),所得税率为33%。2007年新税法出台,自2008年起所得税税率降为25%。该企业所得税会计处理采用资产负债表债务法。

要求:计算该企业2006年至2009年有关所得税费用、递延所得税资产(或递延所得税负债)和应交所得税,并作相应的会计分录。

该企业各年因固定资产账面价值与计税基础不同应予确认的递延所得税情况如表3-8所示。

表 3-8　税率变动时递延所得资产的确认和计量　　　单位:万元

	2005 年	2006 年	2007 年	2008 年	2009 年	2010 年
实际成本	122	122	122	122	122	122
累计会计折旧	0	40	80	120	120	120
账面价值	122	82	42	2	2	2
累计折旧	0	24	48	72	96	120
计税基础	122	98	74	50	26	2
可抵扣暂时性差异	0	16	32	48	24	0
确认递延所得税资产适用税率	33%	33%	25%*	25%	25%	25%
递延所得税资产余额	0	5.28	8	12	6	0

＊ 2007 年的适用税率虽然是 33%,但可抵扣暂时性差异转回期间的适用税率是 25%。

会计处理如下:

(1) 2006 年:

借:递延所得税资产　　　　　　　　　　　　　　　　52 800
　　贷:所得税费用——递延所得税费用　　　　　　　　　　52 800

(2) 2007 年:

借:递延所得税资产　　　　　　　　　　　　　　　　27 200
　　贷:所得税费用——递延所得税费用　　　　　　　　　　27 200

(3) 2008 年:

借:递延所得税资产　　　　　　　　　　　　　　　　40 000
　　贷:所得税费用——递延所得税费用　　　　　　　　　　40 000

(4) 2009 年:

借:所得税费用——递延所得税费用　　　　　　　　　　60 000
　　贷:递延所得税资产　　　　　　　　　　　　　　　　60 000

(5) 2010 年:

借:所得税费用——递延所得税费用　　　　　　　　　　60 000
　　贷:递延所得税资产　　　　　　　　　　　　　　　　60 000

第四节　所得税费用的确认和计量

一、当期所得税

企业核算所得税,主要是为确定当期应交所得税以及利润表中应确认的所得税费用。在按照资产负债表债务法核算所得税的情况下,利润表中的所得税费用由当期所得税和递延所得税两部分组成。

（一）当期所得税的确定

当期所得税是指企业按照税法规定计算确定的针对当期发生的交易和事项,应交纳给税务部门的所得税金额,即应交所得税,应以适用的税收法规为基础计算确定。即：

$$当期所得税 = 当期应交所得税 = 当期应纳税所得额 \times 适用税率$$

企业在确定当期所得税时,对于当期发生的交易或事项,会计处理与税收处理不同的,应在会计利润的基础上,按照适用税收法规的要求进行调整,计算出当期应纳税所得额,按照应纳税所得额与适用所得税税率计算确定当期应交所得税。一般情况下,应纳税所得额可在会计利润的基础上,考虑会计与税收之间的差异,按照以下公式计算确定：

应纳税所得额 = 会计利润 + 按照会计准则规定计入利润表但计税时不允许税前扣除的费用 ± 计入利润表的费用与按照税法规定可予税前抵扣的费用金额之间的差额 ± 计入利润表的收入与按照税法规定应计入应纳税所得额的收入之间的差额 – 税法规定的不征税收入 ± 其他需要调整的因素

会计利润与亦称会计收益、账面收益或报告收益,从"资产—负债"观来看,会计利润是指一个时期内,在减除有关所得税支出或加上有关所得税减免之前,利润表上所报告的总收益。可见,会计利润体现在利润表上的是税前利润（收益总额）,表现为一个主体在某一期间与非业主方面进行交易或发生事项和情况所引起的产权（净资产）的变动。从"收入—费用"观来看,会计利润指来自期间交易的已实现收入和相应费用之间的差额。显然,会计利润的确认、计量和报告所依据的是企业会计准则,尽可能精确地计量企业的经营成果,以利于实现财务会计对外报告的目标。应纳税所得额亦称应税收益、应税利润等,是指应税收入超过就纳税而言可扣减的费用及政府税务当局规定的应当减免税额的差额。可见,应纳税所得额是借助于财务会计资料,按照税务当局制定的法规计算确定的一个时期的收益（亏损）额,是确定应交（应退）税款的根据。显然,应纳税所得额的确认受税法的约束,并因政府修订税法而变化。

会计与税法在计算收益、费用或损失时的差异主要体现为以下几种情况：

（1）会计上作为收入、收益的免税项目。按会计准则规定核算时作为收益计入利润表,在计算应纳税所得额时不确认为收益。例如,企业取得的国库券利息收入,按税法规定可以免税,但会计准则将其作为收益计入利润表。又如,居民企业从国内其他居民企业分回的投资利润,按税法规定不再缴纳所得税,但会计准则将其作为收益计入利润表。

（2）税法作为应税收益的非会计收益项目。按会计准则规定核算时不作为收益计入利润表,在计算应纳税所得额时作为收益,需要交纳所得税。如企业以货物、财产对外捐赠,会计上不确认收入,但税法规定应当视同销售,计算调整应纳税所得额。

（3）税法不予扣除的费用或损失。按会计准则规定核算时确认为费用或损失计入利润表,在计算应纳税所得额时则不允许扣减。产生差异的原因主要有两种情况:一是范围不同,即会计准则作为费用或损失扣减,在税法上不允许扣减;二是标准不同,即两者都允许作为费用或损失扣减,但会计准则的扣减标准高于税法的规定。例如,企业的某些罚款,会计准则将其计入利润表的营业外支出而减少当期会计收益,但税法规定该罚款不能从当期应纳税所得额中扣除。

(4)税法作为可扣除费用的非会计费用。按会计准则规定核算时不确认为费用或损失,在计算应纳税所得额时则允许扣减。例如,我国为鼓励企业进行新产品、新技术、新工艺的技术开发,除未形成无形资产的研发支出可以全额在税前扣除外,满足一定条件还可以加计扣除50%,加计扣除额是会计上未确认的费用,但允许在税前扣除。

(5)会计与税法将收入、收益计入不同的会计期间。企业获得的某项收益,按照会计准则规定应当确认为当期收益,但按照税法规定需待以后期间确认为应纳税所得额;或按照会计准则应当于以后期间确认收益,但按照税法规定需计入当期应税所得。如提前收取的租金、利息、使用费等,税法要求在收到时就计税,但会计准则要求在以后实际提供服务时才确认为收入。

(6)会计与税法将费用或损失计入不同的会计期间。企业发生的某项费用或损失,按照会计准则应当确认为当期费用或损失,但按照税法规定需待以后期间从应税所得中扣减。例如,产品保修费用按照权责发生制原则可于产品销售的当期计提;但按照税法规定于实际发生时从应税所得中扣减。再如,会计上将资产减值损失计入当期损益,但税法要求在发生实质性损失时才从应纳税所得额中扣除。

(7)会计和税法确认费用或损失方法不同。会计和税法在确认计量费用或损失时,均存在不同程度的选择空间,如果会计核算和税法申报对同一事项采用不同方法,会导致会计利润和应纳税所得额间的差异。例如某企业的固定资产折旧,按照税法规定可以采用加速折旧方法;而会计核算时采用直线法计提折旧,在固定资产使用初期,从应税所得中扣减的折旧金额会大于计入当期损益的折旧金额。

(8)会计和税法对公允价值变动的处理不同。公允价值计量是会计的计量属性,交易性金融资产、交易性金融负债、投资性房地产等项目公允价值变动计入当期损益,但税法上通常不按照公允价值进行计量。例如,交易性金融资产采用公允价值进行期末计价时,当期公允价值的上升或者下降计入企业当期损益,但税法规定公允价值变动不计入变动当期的应税所得,等到处置交易性金融资产时才计入处置当期的应税所得。

(二)当期应交所得税的账务处理

资产负债表日,企业按照税法规定计算确定的当期应交所得税,借记"所得税费用——当期所得税费用"科目,贷记"应交税费——应交所得税"科目。

二、递延所得税

(一)递延所得税的确定

递延所得税是指按照企业会计准则规定应予确认的递延所得税资产和递延所得税

负债在期末应有的金额相对于原已确认金额之间的差额,即:

递延所得税=(递延所得税负债的期末余额-递延所得税负债的期初余额)-
(递延所得税资产的期末余额-递延所得税资产的期初余额)

(二)递延所得税的账务处理

企业因确认递延所得税资产和递延所得税负债产生的递延所得税,一般应当计入所得税费用。资产负债表日,根据递延所得税资产应有余额大于"递延所得税资产"科目余额的差额,借记"递延所得税资产"科目,贷记"所得税费用——递延所得税费用"科目;递延所得税资产的应有余额小于"递延所得税资产"科目余额的差额,作相反的会计分录。根据递延所得税负债应有余额大于"递延所得税负债"科目余额的差额,借记"所得税费用——递延所得税费用"科目,贷记"递延所得税负债"科目;递延所得税负债的应有余额小于"递延所得税负债"科目余额的差额,作相反的会计分录。如例3-23、例3-24。但以下两种情况除外:

(1)某项交易或事项按照企业会计准则规定应计入所有者权益,由该项交易或事项产生的递延所得税资产或递延所得税负债及其变化也应计入所有者权益,不构成利润表中的递延所得税费用(或收益),如例3-20。

(2)企业合并中取得的资产、负债,其账面价值与计税基础不同,应确认相关递延所得税的,该递延所得税的确认影响合并中产生的商誉或是计入当期损益的金额,不影响所得税费用,如例3-18。

三、所得税费用

利润表中的所得税费用由两个部分组成:当期所得税和递延所得税。即:

所得税费用=当期所得税+递延所得税

【例3-25】AAA公司2×11年度利润表中利润总额为2 400万元,该公司适用的所得税税率为25%。递延所得税资产和递延所得税负债都没有期初余额。2×11年度发生的有关交易和事项中,会计处理与税收处理存在的差异有:

(1)2×11年度1月开始计提折旧的一项固定资产,成本为1 200万元,使用年限为10年,净残值为0,会计处理按双倍余额递减法计提折旧,税收处理按直线法计提折旧。假定税法规定的使用年限及净残值与会计规定相同。

(2)向关联企业捐赠现金400万元。假定按照税法规定,企业向关联方的捐赠不允许税前扣除。

(3)当年度发生研究开发支出1 000万元,其中600万元资本化计入无形资产成本。税法规定企业发生的研究费用可按实际发生额的150%加计扣除。形成无形资产的按照150%摊销扣除。假定所开发无形资产于当年7月达到预定使用状态。摊销年限均为10年。

(4)违反环保规定应支付罚款200万元。

(5)期末对持有的存货计提了60万元的存货跌价准备。

要求:计算2×11年度应交所得税、递延所得税资产、递延所得税负债和所得税费用,并编制相应的会计分录。

分析:

(1) 2×11 年应交所得税:

应纳税所得额 = 2 400 + 120 + 400 - 200 - 15 + 200 + 60 = 2 965(万元)

应交所得税 = 2 965 × 25% = 741.25(万元)

(2) 2×11 年递延所得税:

该公司 2×11 年 12 月 31 日资产负债表相关项目金额及其计税基础如表 3-9 所示。

表3-9 AAA 公司资产负债表相关项目产生的暂时性差异

2×11 年 12 月 31 日   单位:万元

项 目	账面价值	计税基础	差 异	
			应纳税暂时性差异	可抵扣暂时性差异
存货	1 600	1 660		60
固定资产				
固定资产原价	1 200	1 200		
减:累计折旧	240	120		
减:固定资产减值准备	0	0		
固定资产账面价值	960	1 080		120
无形资产	600	900		
减:无形资产摊销	30	45		
无形资产账面价值	570	855		285*
其他应付款	200	200		
合 计				465

注:根据所得税准则规定,此无形资产暂时性差异不确认所得税影响。

应确认递延所得税资产 = 180 × 25% = 45(万元)

(3) 2×11 年所得税费用:

所得税费用 = 741.25 - 45 = 696.25(万元)

(4) 确认所得税费用的会计处理:

借:所得税费用　　　　　　　　　　　　　　　　　　　　　6 962 500

　　递延所得税资产　　　　　　　　　　　　　　　　　　　　450 000

　　贷:应交税费——应交所得税　　　　　　　　　　　　　　　　7 412 500

【例3-26】甲企业适用的所得税税率为 25%,2×11 年按照税法规定确定的应纳税所得额为 1 000 万元。预计该企业会持续盈利,能够获得足够的应纳税所得额。假定递延所得税资产和递延所得税负债都没有期初余额。

该企业 2×11 年 12 月 31 日资产负债表中部分项目情况如表 3-10 所示。

表 3 –10　甲公司资产负债表相关项目产生的暂时性差异

2×11 年 12 月 31 日　　　　　　　　　　　　　　　单位：万元

项　目	账面价值	计税基础	差　　异	
			应纳税暂时性差异	可抵扣暂时性差异
交易性金融资产	260	200	60	
存货	2 000	2 200		200
预计负债	100	0		100
合　计			60	300

假定 2×12 年该企业的应纳税所得额为 2 000 万元，该企业 2×12 年资产负债表中部分项目情况如 3 –11 所示。

表 3 –11　甲公司资产负债表相关项目产生的暂时性差异

2×12 年 12 月 31 日　　　　　　　　　　　　　　　单位：万元

项　目	账面价值	计税基础	差　　异	
			应纳税暂时性差异	可抵扣暂时性差异
交易性金融资产	280	380		100
存货	2 600	2 600		
预计负债	60	0		60
无形资产	200	0	200	
合　计			200	160

要求：分别计算 2×11 年度、2×12 年度的应交所得税、递延所得税资产、递延所得税负债和所得税费用，并编制相应的会计分录。

分析：

2×11 年：

（1）当期应交所得税：

当期应交所得税 = 1 000 × 25% = 250（万元）

（2）当期递延所得税：

应确认递延所得税资产 = 300 × 25% = 75（万元）

应确认递延所得税负债 = 60 × 25% = 15（万元）

（3）所得税费用：

所得税费用 = 250 – 75 + 15 = 190（万元）

（4）确认所得税费用的会计处理：

借：所得税费用　　　　　　　　　　　　　　　　　　　1 900 000

　　递延所得税资产　　　　　　　　　　　　　　　　　　 750 000

　　贷：应交税费——应交所得税　　　　　　　　　　　　　　　2 500 000

　　　　递延所得税负债　　　　　　　　　　　　　　　　　　　 150 000

2×12年：
(1) 当期应交所得税：

$$当期应交所得税 = 2\,000 \times 25\% = 500（万元）$$

(2) 当期递延所得税：

①期末应纳税暂时性差异200万元：

期末递延所得税负债	(200×25%) 50万元
期初递延所得税负债	15万元
递延所得税负债增加	35万元

②期末可抵扣暂时性差异160万元：

期末递延所得税资产	(160×25%) 40万元
期初递延所得税资产	75万元
递延所得税资产减少	35万元

(3) 所得税费用：

$$所得税费用 = 500 + 35 + 35 = 570（万元）$$

(4) 确认所得税费用的会计处理：

借：所得税费用	5 700 000
贷：应交税费——应交所得税	5 000 000
递延所得税负债	350 000
递延所得税资产	350 000

四、所得税的列报

企业对所得税的核算结果，除利润表中列示的所得税费用以外，在资产负债表中形成的应交税费（应交所得税）以及递延所得税资产和递延所得税负债应当遵循准则规定进行列报。其中，递延所得税资产和递延所得税负债一般应当分别作为非流动资产和非流动负债在资产负债表中列示，所得税费用应当在利润表中单独列示，同时还应在附注中披露与所得税有关的信息。

（一）将当期所得税资产及当期所得税负债以抵销后的净额列示

同时满足下列两个条件时，企业应当将当期所得税资产及当期所得税负债以抵销后的净额列示：①企业拥有以净额结算的法定权利；②意图以净额结算或取得资产清偿债务同时进行。

对于当期所得税资产及当期所得税负债以净额列示是指，当企业实际交纳的所得税税款大于按照税法规定计算的应交税时，超过部分在资产负债表中应当列示为"其他流动资产"；当企业实际交纳的所得税款小于按照税法规定计算的应交税时，差额部分应当作为资产负债表中的"应交税费"项目列示。

（二）将递延所得税资产及递延所得税负债以抵销后的净额列示

同时满足下列两个条件时，企业应当将递延所得税资产及递延所得税负债以抵销后的净额列示。

（1）企业拥有以净额结算当期所得税资产及当期所得税负债的法定权利；

(2) 递延所得税资产和递延所得税负债是与同一税收征管部门对同一纳税主体征收的所得税相关或者对不同的纳税主体相关,但在未来每一具有重要性的递延所得税资产和递延所得税负债转回的期间内,涉及的纳税主体意图以净额结算当期所得税资产及当期所得税负债或是同时取得资产、清偿债务。

一般情况下,在个别财务报表中,当期所得税资产与负债及递延所得税资产及递延所得税负债可以以抵销后的净额列示。在合并财务报表中,纳入合并范围的企业,一方的当期所得税资产或递延所得税资产与另一方的当期所得税负债或递延所得税负债一般不能予以抵销,除非所涉及的企业具有以净额结算的法定权利并且意图以净额结算。

本章小结

资产负债表债务法是目前世界范围内处理所得税问题的主流会计方法。在资产负债表债务法下,通常首先在每个资产负债表日确定资产、负债的账面价值和计税基础,并比较两者的差异,确定暂时性差异的类型;然后根据递延所得税资产和递延所得税负债的确认条件和要求将应纳税暂时性差异确认为递延所得税负债,将可抵扣暂时性差异确认为递延所得税资产;接着以利润表上的会计利润为起点,通过调整当期会计与税法的差异将会计利润调整为应纳税所得额,据此计算当期的应交所得税;最后根据当期递延所得税资产、负债的增减和当期应交所得税,计算出利润表上的所得税费用。所得税会计问题除了在每个资产负债表日根据资产、负债项目按照一定程序处理外,还应在特殊交易或事项发生时考虑这些特殊交易或事项的所得税影响,如企业合并时的所得税会计问题。另外,所得税会计问题除了存在于个别报表外,合并财务报表中也需进行所得税会计处理,如抵销未实现内部损益时造成账面价值与计税基础不一致形成的暂时性差异的所得税问题。

思考题

1. 简述所得税会计核算的程序。
2. 举例说明资产、负债计税基础的含义及其确定。
3. 哪些情况会形成暂时性差异?举例说明暂时性差异是如何形成的。
4. 暂时性差异有哪些类型?举例说明其性质和对未来应交所得税的影响。
5. 递延所得税资产确认的一般原则是什么?哪些情况不确认递延所得税资产?
6. 递延所得税负债确认的一般原则是什么?哪些情况不确认递延所得税负债?

练习题

1.【资料】A 股份有限公司(以下简称"A 公司")适用的所得税税率为 25%。该公司 2×11 年年末部分资产和负债项目的情况如下:

(1)A 公司 2×11 年 1 月 10 日从同行企业 C 公司处购入一项已使用的机床。该机床原值为 120 万元,2×11 年年末的账面价值为 110 万元,按照税法规定已累计计提折旧 30 万元。税法认定该机床的原值为 120 万元。

(2)A 公司 2×11 年 12 月 10 日因销售商品取得的一项应收账款的账面金额为 30 万元,为应收客户 H 公司的销货款,其相关的收入已包括在应税利润中。

(3)2×11 年 7 月 1 日,A 公司将开发一种新产品发生 60 万元的相关开发成本,按照《企业会计准则第 6 号——无形资产》的要求确认为一项无形资产,并将在未来 5 年内按直线法摊销,税法规定与会计处理相同。

(4)2×11 年,A 公司按照《企业会计准则第 22 号——金融工具确认和计量》将其所持有的交易性证券以其公允价值 20 万元计价,该批交易性证券的成本为 22 万元。按照税法规定,成本在持有期间保持不变。

(5)A 公司编制的 2×11 年年末的资产负债表中流动负债项下包括一项账面价值为 100 万元的应计费用,为应付公司 2×10 年经营租入固定资产租金。

【要求】

(1)请分析 A 公司 2×11 年 12 月 31 日上述各项资产和负债的账面价值与计税基础各为多少。

(2)请根据题中信息分析 A 公司上述事项中,哪些构成暂时性差异,并请具体说明其属于应纳税暂时性差异还是可抵扣暂时性差异以及所得税的影响。

2.【资料】甲股份有限公司(本题下称"甲公司")采用资产负债表债务法进行所得税核算,适用的所得税税率为 25%。该公司 2×12 年利润总额为 8 000 万元,当年涉及所得税核算的交易和事项如下:

(1)2×11 年 12 月购入一套环保设备,取得成本为 2 400 万元。该设备预计使用年限为 10 年,预计净残值为 0,采用年限平均法计提折旧。税法规定,企业的环保设备可以采用加速折旧方法计提折旧,从税前扣除。甲公司该环保设备预计使用年限和净残值均符合税法规定。甲公司在计税时对该设备采用双倍余额递减法计提折旧。

(2)2×12 年 6 月开始对某专用技术进行研究开发,研究阶段发生费用 600 万元。进入开发阶段后支出共计 1 000 万元,其中符合资本化条件的开发支出为 800 万元,12 月 31 日确认为无形资产(假设 2×12 年未摊销)。

(3)2×12 年 6 月,发生延期支付的税款滞纳金 400 万元(尚未支付)。

(4)2×12 年 9 月,购入 700 万元证券作为交易性金融资产核算,2×12 年 12 月 31 日的市价为 1 200 万元。

(5)2×12 年 12 月 31 日,甲公司存货账面余额为 14 000 万元,计提了 1 000 万元存货跌价准备。

假设甲公司预计在未来期间能够产生足够的应纳税所得额用于抵扣可抵扣暂时性差异。

【要求】

(1)分析、判断事项(1)~(5)中是否产生暂时性差异？如产生暂时性差异,指出属于何种差异,并计算确认递延所得税资产或是递延所得税负债的金额。

(2)计算甲公司 2×12 年应交所得税。

(3)计算甲公司 2×12 年的所得税费用。

第四章

合并财务报表的基本理论与方法

本章学习目的

通过本章学习,要求掌握合并财务报表的基本概念、特点、编制程序和编制目的,理解控制的定义及控制标准的具体应用。

本章重点与难点

本章重点是掌握合并财务报表合并范围确定、编制前提和编制程序。本章难点是控制标准的具体应用。

第一节 合并财务报表概述

一、合并财务报表的概念与作用

(一)合并财务报表的概念与构成

企业合并可以分为吸收合并、新设合并与控股合并。无论吸收合并还是新设合并后新成立的企业,都是一个单一的财务主体,合并后财务报表的编制与一般企业相同。而控股合并后,一方面母子公司仍各是一个独立的法律主体和财务主体,另一方面它们又组成一个新的会计主体——企业集团,因而也就产生了合并财务报表的编制问题。

合并财务报表是指反映母公司和其全部子公司形成的企业集团(以下简称"企业集团")整体财务状况、经营成果和现金流量的财务报表。其中,母公司是指控制一个或一个以上主体(含企业、被投资单位中可分割的部分,以及企业所控制的结构化主体等,下同)的主体。子公司,是指被母公司控制的主体。

合并财务报表应当由母公司进行编制,至少应当包括合并资产负债表、合并利润表、合并现金流量表、合并所有者权益变动表、报表附注五个组成部分。企业集团中期期末编制合并财务报表的,至少应当包括合并资产负债表、合并利润表、合并现金流量表和附注。

(二)合并财务报表的作用

控股合并后,母公司和其控制的每一个子公司虽然都是独立的法律实体,但从经济角度来看,母公司拥有对子公司的控制权,它们实际上形成了一个统一的经济实体。为了综合、全面地反映这一统一经济实体的经营成果、财务状况以及现金流动情况,需要由控股企业为其编制一套财务报表。合并财务报表可以弥补母公司个别财务报表的不足,为有关方面提供决策有用的信息,从而满足报表使用者了解集团总体财务状况和经营情况的需要。合并财务报表的作用主要表现在两个方面。

(1)合并财务报表能够对外提供反映由母子公司组成的企业集团整体经营情况的财务信息。在控股经营的情况下,母公司和子公司都是独立的法人实体,分别编报自身的财务报表,分别反映企业自身的生产经营情况,这些财务报表并不能够有效地提供反映整个企业集团整体经营情况的财务信息。为此,要了解控股公司整体经营情况,就需要将控股公司与被控股子公司的财务报表进行合并,通过编制合并财务报表提供反映企业集团整体经营情况的财务信息,以满足企业集团管理当局强化对被控股企业管理的需要。

(2)合并财务报表有利于避免一些企业集团利用内部控股关系,人为粉饰财务报表的情况发生。控股公司的发展带来了一系列新问题,一些控股母公司利用对子公司的控制和从属关系,运用内部转移价格等手段人为粉饰财务报表,如低价向子公司提供原材料、高价收购子公司产品,出于避税考虑而转移利润;通过高价向企业集团内的其他企业销售,低价购买其他企业的原材料,转移亏损。通过编制合并财务报表,可以将企业集团内部交易所产生的收入及利润予以抵销,使财务报表客观真实地反映企业集团的财务状况和经营情况,有利于防止和避免控股公司人为操纵利润,粉饰财务报表的现象发生。

二、合并财务报表的合并理论

合并理论是指人们对合并财务报表的理性认识和判断,即如何看待由母公司和子公司(包括全资子公司和非全资子公司)所组成企业集团(合并主体)及其内部联系。目前国际财务界主要有三种编制合并财务报表的合并理论,即所有权论、经济实体论和母公司论。

(一)所有权理论

所有权理论也称业主理论,它是一种着眼于母公司在子公司所持有的所有权的合并理论。依据这一理论,编制合并财务报表时,对于子公司的资产与负债,只按母公司所持有股权的份额计入合并资产负债表;对于子公司的收入、费用与利润,也只按母公司持有股权的份额计入合并利润表。

(二)经济实体理论

实体理论是一种站在由母公司及其子公司组成的统一实体的角度,来看待母子公司间的控股合并关系的合并理论。它强调单一管理机构对一个经济实体的控制。依据这一理论,编制合并财务报表的目的在于,提供由不同法律实体组成的企业集团作为一个统一的合并主体进行经营的信息。因此,母公司及其子公司的资产、负债、收入与费用,也就是合并主体的资产、负债、收入与费用。依据实体理论编制合并财务报表时,如果母公司未能持有子公司100%的股权,则要将子公司净资产(资产减负债后的净额)区分为控股权益与少数股权。尽管少数股权只与它们持有股份的子公司有关,但在依据实体理论编制合并财务报表时,少数股权与控股权益一样,也属于合并主体的所有者权益的一部分。合并利润表上的合并净利润中,包括子公司少数股东所持有的子公司净利润的份额。

(三)母公司理论

母公司理论是一种站在母公司股东的角度,来看待母公司与其子公司之间的控股合并关系的合并理论。这种理论强调母公司股东的利益,它不将子公司当作独立的法人看待,而是将其视为母公司的附属机构。依据这一理论编制的合并财务报表,不仅要反映母公司股东在母公司本身的利益,而且要反映它们在母公司所属子公司的净资产中的利益。当母公司并不拥有子公司100%的股权时,要将子公司的少数股东视为集团外的利益群体,将这部分股东所持有的权益(少数股权)视为整个集团的负债。依据母公司理论编制合并财务报表,实际上是在母公司个别财务报表的基础上扩大其编制范围:合并资产负债表实际上是在母公司个别资产负债表的基础上,用所有子公司的资产、负债来代替母公司个别资产负债表上的"长期股权投资——对子公司股权投资"项目,合并主体的所有者权益只反映母公司的所有者权益,而不包括子公司的所有者权益;合并利润表实际上是在母公司个别利润表的基础上,用子公司的各收入、费用项目代替母公司个别利润表上的"投资收益——对子公司投资收益"项目。合并净利润中不包括子公司少数股东所持有的子公司净利润的份额，而将其视为企业集团的一项费用。

应当指出，我国现行会计准则《企业会计准则第 33 号——合并财务报表》是以国际上目前通行的实体理论为基础的。

三、合并财务报表的特点

合并财务报表是以整个企业集团为财务主体，以组成企业集团的母公司和子公司的个别财务报表（指企业单独编制的财务报表，为了与合并财务报表相区别，将其称为个别财务报表）为基础，抵销内部交易或事项对个别财务报表的影响后编制而成的。与个别财务报表比较，它具有如下特点：

（一）特殊的反映对象

合并财务报表反映的是母公司和子公司所组成的企业集团整体的财务状况和经营成果，反映的对象是由若干个法人组成的财务主体，是经济意义上的财务主体，而不是法律意义上的主体。个别财务报表反映的则是单个企业法人的财务状况和经营成果，反映的对象是企业法人。对于由母公司和若干个子公司组成的企业集团来说，母公司和子公司编制的个别财务报表分别反映母公司本身或子公司本身各自的财务状况和经营成果，而合并财务报表则反映母公司和子公司组成的集团这一财务主体综合的财务状况和经营成果。

（二）特殊的编制主体

合并财务报表由企业集团中对其他企业有控制权的控股公司或母公司编制。也就是说，并不是企业集团中所有企业都必须编制合并财务报表，更不是社会上所有企业都需要编制合并财务报表。与此不同，个别财务报表是由独立的法人企业编制，所有企业都需要编制个别财务报表。

（三）特殊的编制基础

合并财务报表以个别财务报表为基础编制。企业编制个别财务报表，从设置账簿、审核凭证、编制记账凭证、登记财务账簿到编制财务报表，都有一套完整的财务核算方法体系。而合并财务报表则不同，它是以纳入合并范围的企业个别财务报表为基础，根据其他有关资料，抵销有关财务事项对个别财务报表的影响编制的，它并不需要在现行财务核算方法体系之外单独设置一套账簿体系。

（四）特殊的编制方法

合并财务报表编制有其独特的方法，它是在对纳入合并范围的个别财务报表的数据进行加总的基础上，通过编制抵销分录将企业集团内部的经济业务对个别财务报表的影响予以抵销，然后合并财务报表各项目的数额编制。不同于个别财务报表固有的编制方法和程序。

值得注意的是合并财务报表也不同于汇总财务报表。汇总财务报表主要是指由行政管理部门根据所属企业报送的财务报表，对其各项目进行简单加总编制的财务报表。合并财务报表与其相比，首先是编制目的不同。汇总财务报表的目的主要是满足有关行政部门或国家了解掌握整个行业或整个部门所属企业的财务经营情况的需要；而合并财务报表则主要是满足公司的所有者、债权人以及其他有关方面了解企业集团整体财务状况和经营成果的需要。其次,两者确定编报范围的依据不同。汇总财务报表的编报范围,主要是以企业的行政隶属关系作为确定的依据,即以企业是否归其管理,是否是其下属企业作为确定编报范围的依据,凡属于其下属企业,在财务上归其管理,则包括在汇总财务报表的编报范围之内。合并财务报表则是以母公司对另一企业的控制关系作为确定编报范围(即合并范围)的依据,凡是通过投资关系或协议能够对其实施控制的企业均属于合并财务报表的编制范围。最后,两者所采用的编制方法不同。汇总财务报表主要采用简单加总方法编制。合并财务报表则必须采用抵销内部投资、内部交易、内部债权债务等内部财务事项对个别财务报表的影响后编制。

第二节 合并范围的确定

一、以"控制"为基础确定合并财务报表的合并范围

合并财务报表的合并范围应当以控制为基础予以确定。控制是指投资方拥有对被投资方的权力,通过参与被投资方的相关活动而享有可变回报,并且有能力运用对被投资方的权力影响其回报金额。控制的定义包含三项基本要素:一是投资方拥有对被投资方的权力,二是因参与被投资方的相关活动而享有可变回报,三是有能力运用对被投资方的权力影响其回报金额。在判断投资方能否控制被投资方时,当且仅当投资方同时具备上述三要素时,才表明投资方能够控制被投资方。

(一)投资方拥有对被投资方的权力

1. 权力的定义

投资方能够主导被投资方的相关活动,称投资方对被投资方拥有"权力"。在判断投资方是否对被投资方拥有权力时,需注意权力只表明投资方主导被投资方相关活动的现时能力,并不要求投资方实际行使其权力,即不论投资方是否实际行使该权利,视为投资方拥有对被投资方的权力。

2. 识别相关活动

识别相关活动的目的是判断投资方对被投资方是否拥有权力。相关活动是指对被投资方的回报产生重大影响的活动。被投资方的相关活动应当根据具体情况进行判断,通常包括商品或劳务的销售和购买、金融资产的管理、资产的购买和处置、研究与开发活动以及融资活动等。

通常情况下,被投资方为经营目的需从事众多活动,但并非所有活动都是相关活动。评估被投资方的设立目的有助于识别被投资方的哪些活动是相关活动。对被投资方回报影响甚微或没有影响的行政活动,通常不属于相关活动。对许多企业而言,经营和财务活动通常对其回报产生重大影响。同时,不同企业相关活动可能不同,同一企业在不同环境和情况下相关活动也可能有所不同。

3. 分析相关活动的决策机制

识别被投资方的相关活动后,确定谁拥有对被投资方的权力的下一个重要步骤是分析此类活动的决策机制。就相关活动作出决策的机制包括但不限于:①对被投资方的经营、融资等活动作出决策,包括编制预算;②任命被投资方的关键管理人员或服务提供商,并决定其报酬,以及终止该关键管理人员的劳务关系或终止与服务提供商的业务关系。

关注投资方的设立目的和设计有助于识别相关活动的决策机制和被投资方相关活动的主导方。同时还需重点关注收购和处置子公司、购买或处置主要资本性资产、委任董事及其他关键管理人员并确定其酬劳、批准年度计划(预算)和股利政策等活动如何作出决策。

当两个或两个以上投资方分别享有能够单方面主导被投资方不同相关活动的现时权利时,能够主导对被投资方回报产生最重大影响的活动的一方拥有对被投资方的权力。

4. 区分实质性权利和保护性权利

权力源于权利。在判断投资方是否拥有对被投资方的权力时,应当仅考虑与被投资方相关的实质性权利,包括自身所享有的实质性权利以及其他方所享有的实质性权利。仅享有保护性权利的投资方不拥有对被投资方的权力。

实质性权利是指持有人在对相关活动进行决策时有实际能力行使的可执行权利。判断一项权利是否为实质性权利,应当综合考虑所有相关因素,包括:①权利持有人行使该项权利是否存在财务、价格、条款、机制、信息、运营、法律法规等方面的障碍;②当权利由多方持有或者行权需要多方同意时,是否存在实际可行的机制使得这些权利持有人在其愿意的情况下能够一致行权;③权利持有人能否从行权中获利等。某些情况下,其他方享有的实质性权利有可能会阻止投资方对被投资方的控制。这种实质性权利既包括提出议案以供决策的主动性权利,也包括对已提出议案作出决策的被动性权利。

保护性权利,是指仅为了保护权利持有人利益却没有赋予持有人对相关活动决策权的一项权利。保护性权利通常只能在被投资方发生根本性改变或某些例外情况发生时才能够行使,它既没有赋予其持有人对被投资方拥有权力,也不能阻止其他方对被投资方拥有权力,如贷款方限制借款方进行会对借款方信用风险产生不利影响从而损害贷款方利益的活动的权利,少数股东批准超过正常经营范围的资本性支出或发行权益工具、债务工具的权利等。

5. 区分权力行使人是主要责任人还是代理人

权力是能够主导被投资方相关活动的现时能力,权力是为投资方自己行使的(行使人为主要责任人)而不是代其他方行使的(行使人为代理人)。因此,投资方在判断是否控制被投资方时,应当确定其自身是以主要责任人还是代理人的身份行使决策权,在其他方拥有决策权的情况下,还需要确定其他方是否以其代理人的身份代为行使决策权。代理人仅代表主要责任人行使决策权,不控制被投资方。投资方将被投资方相关活动的决策权委托给代理人的,应当将该决策权视为自身直接持有。

在确定决策者是否为代理人时,应当综合考虑该决策者与被投资方以及其他投资方之间的关系。当存在单独一方拥有实质性权利可以无条件罢免决策者时,可以判断该决策者为代理人。除此之外,还应当综合考虑决策者对被投资方的决策权范围、其他方享有的实质性权利、决策者的薪酬水平、决策者因持有被投资方中的其他权益所承担可变回报的风险等相关因素。

6. 表决权与拥有权力

当被投资方的设计安排表明表决权是判断控制的决定因素,即当对被投资方的控制是通过持有其一定比例表决权或是潜在表决权实现的时候,在不存在其他改变决策的安排的情况下,主要通过行使表决权来决定对被投资方拥有权力。表决权是指对被投资单位经营计划、投资方案、年度财务预算方案和决算方案、利润分配方案和弥补亏损方案、内部管理机构的设置、聘任或解聘公司经理及其报酬、公司的基本管理制度等事项进行表决而持有的权利。表决权比例通常与其出资比例或持股比例是一致的,但公司章程另有规定的除外。

(1)持有半数以上表决权的投资方通常拥有对被投资方的权力。当被投资方的相关活动由持有半数以上表决权的投资方表决决定,或者主导相关活动的权力机构的多数成员由持有半数以上表决权的投资方指派,而且权力机构的决策由多数成员主导时,持有半数以上表决权的投资方拥有对被投资方的权力。投资方拥有对被投资方半数以上表决权,通常包括以下三种情况:

①投资方直接拥有被投资单位半数以上表决权。如图4-1所示,P公司直接拥有S公司80%的普通股,S公司的相关活动通过股东会议上多数表决权主导,在股东会议上,每股普通股享有一票表决权。假设不存在其他因素,S公司的相关活动由持有S公司大多数投票权的一方主导。在此情况下,P公司对S公司拥有权力。

②投资方间接拥有被投资方半数以上表决权。如图4-2所示,假设S1、S2、S3、S4四家公司相关活动的决策由代表大多数表决权的一方主导。P公司拥有S1公司80%的表决权,而S1公司又拥有S3公司70%的表决权。在这种情况下,P公司作为投资方通过S1公司,间接拥有S3公司70%的表决权,从而也对S3公司拥有权力。

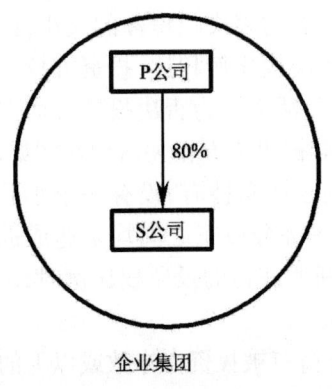

图4-1 直接拥有超半数表决权

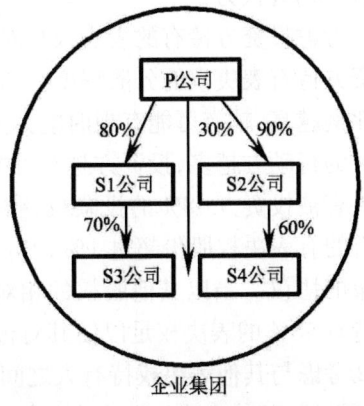

图4-2 直接加间接拥有超半数表决权

③投资方通过直接和间接方式合计持有被投资方半数以上表决权。如图4-2所示,P公司持有S2公司90%的表决权,持有S4公司30%的表决权;S2公司持有S4公司60%的表决权。在这种情况下,P公司通过S2公司间接持有S4公司60%的表决权,与直接持有30%的表决权合计,P公司共持有S4公司90%的表决权,从而对S4公司拥有权力。

拥有被投资方半数以上表决权是投资方对被投资方拥有权力的最明显的标志,但是有些情况下,投资方虽然持有被投资方半数以上表决权,但并无权力,这些情况包括但不限于:

①有证据表明投资方不拥有主导被投资方相关活动的现时能力时,投资方不对被投资方拥有权力。比如,如图4-1所示,尽管P公司拥有S公司80%的表决权,但是如果S公司被政府或有关部门接管,在这种情况下,P公司无法凭借其拥有的表决权主导S公司的相关活动,因此,P公司不拥有对S公司的权力。

②表决权不是实质性权利。如果投资方虽然持有被投资方半数以上表决权,但这些表决权并不是实质性权利时,投资方并不拥有对被投资方的权力。例如,当其他方拥有主导被投资方相关活动的现时权利且该其他方不是投资方的代理人时,则投资方不拥有对被投资方的权力。再如,由于投资方无法获得必要的信息或存在法律法规方面的障碍,导致投资方无法行使权利,即使投资方持有半数以上表决权也不拥有权力。

③相关章程、协议或其他法律文件要求表决权高于半数以上。半数以上表决权通过能作出决策只是通常做法。有些情况下,根据相关章程、协议或其他法律文件,主导相关活动的决策所要求的表决权比例高于持有半数以上表决权的一方持有的表决权比例,则持有半数以上表决权的一方不一定拥有权力。例如,被投资方的公司章程规定,与相关活动有关的决策必须由出席会议的投资方所持2/3以上表决权通过,这种情况下,持有半数以上但不足2/3表决权的投资方不能直接根据所持有表决权确定对被投资方拥有权力。

(2)某些情况下持有半数或半数以下表决权的投资方对被投资方拥有权力。持有被投资方半数或以下的表决权的投资方,应综合考虑下列事实和情况后,判断其是否对被投资方拥有权力。

①考虑投资方持有的表决权相对于其他投资方持有的表决权份额的大小,以及其他投资方持有表决权的分散程度。与其他方持有的表决权比例相比,投资方持有的表决权比例越高,越有可能有现时能力主导被投资方相关活动。为否决投资方而需要联合一致的行动方越多,投资方越有可能有现时能力主导被投资方相关活动。例如,A投资者持有被投资方48%的投票权,剩余股份由分散的小股东持有,没有一个小股东单独持有的有表决权股份超过1%,且他们之间或其中一部分股东之间均未达成进行集体决策的协议。当以其他股权的相对规模为基础判断所获得的投票权比例时,A投资者所持有48%的表决权足以使其对被投资方拥有权力。

②考虑与其他表决权持有人之间的协议。投资方持有被投资方半数或以下的表决权,但通过与其他表决权持有人之间的协议能够控制半数以上表决权,通常也使投资方拥有对被投资方的权力。该类协议需确保投资方能够主导其他表决权持有人的表决,

即其他表决权持有人按照投资方的意愿进行表决，而不是与其他表决权持有人协商根据协商一致的结果进行表决。

③考虑潜在表决权。潜在表决权是获得被投资方表决权的权利，如可转换公司债券、可执行认股权证、远期期权购买合同或期权所产生的权利等。确定潜在表决权是否给予其持有者权力时，需要考虑的因素包括：潜在表决权是否满足实质性权利要求；投资方是否持有其他表决权或其他与被投资方相关的决策权，这些权利与投资方持有的潜在表决权结合后是否赋予投资方拥有对被投资方的权力；潜在表决权的设立目的与设计，以及投资方参与被投资方的其他方式的目的和设计等。

④考虑其他合同安排产生的权利。投资方可能通过拥有的表决权和其他决策权相结合的方式对被投资方拥有权力。例如，A 公司持有 B 公司 40% 有表决权股份，其他 12 个投资方各持有 B 公司 5% 有表决权股份，且他们之间或其中一部分股东之间不存在进行集体决策的协议。根据全体股东协议，A 公司有权聘任或解聘董事会多数成员，董事会决策由多数成员表决通过即可。

（3）结合其他相关事实或情况。某些情况下，如果考虑表决权和上述①到④所列因素，投资方仍难以判断其享有的权利是否足以使其拥有对被投资方的权力。在这种情况下，投资方应当考虑其具有实际能力以单方面主导被投资方相关活动的证据，从而判断其是否拥有对被投资方的权力。例如，A 公司持有 B 公司 45% 有表决权股份，其他 11 个投资者各持有 B 公司 5% 有表决权股份。本例中，根据 A 公司持有股份的绝对规模和与其他股东股份的相对规模难易判断 A 公司对 B 公司拥有权力，需要考虑其他事实或情况提供的证据，以判断 A 公司是否拥有对 B 公司的权力。

投资方应考虑的"其他事实或情况"包括但不限于下列事项：

①投资方能否任命或批准被投资方的关键管理人员。

②投资方能否出于其自身利益决定或否决被投资方的重大交易。

③投资方能否掌控被投资方董事会等类似权力机构成员的任命程序，或者从其他表决权持有人手中获得代理权。

④投资方与被投资方的关键管理人员或董事会等类似权力机构中的多数成员是否存在关联方关系。

⑤投资方与被投资方之间存在某种特殊关系。特殊关系通常包括：被投资方的关键管理人员是投资方的现任或前任职工、被投资方的经营依赖于投资方、被投资方活动的重大部分有投资方参与其中或者是以投资方的名义进行、投资方自被投资方承担可变回报的风险或享有可变回报的收益远远超过其持有的表决权或其他类似权利的比例等。在评价投资方是否拥有对被投资方的权力时，应当适当考虑这种特殊关系的影响。

投资方所持有的被投资方表决权比例越低，否决投资方所提关于相关活动的议案所需一致行动的其他投资者数量越少，投资者为了证明其拥有主导被投资方权力的权利，就需要在更大程度上证明存在这些"其他事实或情况"。

在被投资方的相关活动是通过表决权进行决策的情况下，当投资方持有的表决权比例不超过半数时，投资方在考虑了所有相关情况和事实后仍不能确定投资方是否拥有对被投资方的权力的，投资方不控制被投资方。

7. 来自合同安排而非表决权的权力

投资方对被投资方的权力通常来自表决权,但有时,投资方对一些主体的权力不是来自表决权,而是由一项或多项合同安排决定的。例如,证券化产品、资产支持融资工具、部分投资基金等结构化主体。结构化主体是指在确定其控制方时没有将表决权或类似权利作为决定因素而设计的主体。通常情况下,结构化主体在合同约定的范围内开展业务活动,表决权或类似权利仅与行政性管理事务相关。

(二)因参与被投资方的相关活动而享有可变回报

判断投资方是否控制被投资方的第二项基本要素是因参与被投资方的相关活动而享有可变回报。可变回报是不固定并可能随着被投资方业绩而变动的回报。可变回报可能是正数,也可能是负数,或者有正有负,如股利、被投资方经济利益的其他分配(如被投资方发行的债务工具产生的利息)、投资方对被投资方投资的价值变动、因向被投资方的资产或负债提供服务而得到的报酬、因提供信用支持或流动性支持而收取的费用或承担的损失、被投资方清算时在其剩余净资产中所享有的权益、税务利益以及因涉入被投资方而获得的未来流动性。其他利益持有方无法得到的回报也属于可变回报,如投资方将自身资产和被投资方资产合并使用以达到规模效应、为稀缺产品提供资源、获得专有技术或限制某些运营或资产以提高投资方其他资产的价值等。

投资方应当基于合同安排的实质而非回报的法律形式对回报的可变性进行评价。例如,投资方持有固定利率的交易性债券投资时,虽然利率是固定的,但该利率取决于债券违约风险及债券发行方的信用风险,固定利率也可能属于可变回报。

(三)有能力运用对投资方的权力影响其回报金额

判断控制的第三个基本要素是有能力运用对投资方的权力影响其回报金额。只有当投资方不仅拥有对被投资方的权力,通过参与被投资方的相关活动而享有可变回报,并且有能力运用对被投资方的权力来影响其回报的金额时,投资方才控制被投资方。例如,某上市公司 A 的母公司同时拥有 5 家子公司,其中,两家子公司 B 和 C 与 A 业务相同。为避免同业竞争,母公司将 B、C 两家子公司的决策权托管给上市公司 A,A 每年收取托管费 3 000 万元。在例中,A 虽然对 B 和 C 的相关活动拥有决策权,但 A 并不能通过行使权力享有可变回报,且母公司托管的权利仅限于对相关活动的决策权,不包括收益权、处置权等。因此 A 是以代理人的身份行使决策权,并不能控制 B、C 两家公司。

通常情况下母公司应当将其全部子公司(包括母公司所控制的单独主体)纳入合并财务报表的合并范围。

二、纳入合并范围的特殊情况与豁免规定

(一)对被投资方可分割部分的控制

投资方通常应当对是否控制被投资方整体进行判断。但极个别情况下,有确凿证据表明同时满足下列条件并且符合相关法律法规规定的,投资方应当将被投资方的一部分(以下简称"该部分")视为被投资方可分割的部分(单独主体),进而判断是否控制该部分(单独主体)。

被投资方可分割部分必须同时满足两个条件:①该部分的资产是偿付该部分负债

或该部分其他权益的唯一来源,不能用于偿还该部分以外的被投资方的其他负债;②除与该部分相关的各方外,其他方不享有与该部分资产相关的权利,也不享有与该部分资产剩余现金流量相关的权利。

(二)对投资性主体编制合并财务报表的豁免

投资性主体是指同时满足以下三个条件的公司(主体):①该公司是以向投资者提供投资管理服务为目的,从一个或多个投资者处获取资金;②该公司的唯一经营目的,是通过资本增值、投资收益或两者兼而有之让投资者获得回报;③该公司按照公允价值对几乎所有投资的业绩进行考量和评价。

如果母公司是投资性主体,则母公司应当仅将为其投资活动提供相关服务的子公司(如有)纳入合并范围并编制合并财务报表;其他子公司不应当予以合并,母公司对其他子公司的投资应当按照公允价值计量且其变动计入当期损益。如果母公司是投资性主体,且不存在为其投资活动提供相关服务的子公司,则不应当编制合并财务报表,该母公司以公允价值计量其对所有子公司的投资,且公允价值变动计入当期损益。

如果母公司本身不是投资性主体,则应当将其控制的全部主体,包括投资性主体和那些通过投资性主体所间接控制的主体,纳入合并财务报表范围。

三、对控制的持续评估

对控制的评估是持续的,当环境或情况发生变化时,投资方需要评估控制的三项基本要素中的一项或多项是否发生了变化。如果事实或情况表明控制的三项基本要素中的一项或多项发生了变化,投资方应当重新评估对被投资方是否具有控制。

第三节 合并财务报表的编制原则、前期准备和编制程序

一、合并财务报表的编制原则

(一)必须符合财务报表编制的一般原则和要求

合并财务报表作为财务报表,必须符合财务报表编制的一般原则和要求,这些基本要求包括真实可靠、内容完整等。

(二)一体性原则

合并财务报表反映的是由多个主体组成的企业集团的财务状况、经营成果和现金流量。在编制合并财务报表时应当将母公司和所有子公司作为整体来看待,视为一个会计主体,母公司和子公司发生的经营活动都应当从企业集团这一整体的角度进行考虑。

一体性原则要求在编制合并财务报表时,对于母公司和子公司、子公司相互之间发生的经济业务,应当视为同一会计主体的内部业务处理,对合并财务报表的财务状况、

经营成果和现金流量不产生影响。另外,对于某些特殊交易,如果站在企业集团角度的确认和计量与个别财务报表角度的确认和计量不同,还需要站在企业集团角度就同一交易或事项予以调整。

(三)重要性原则

与个别财务报表相比,合并财务报表涉及多个法人主体,涉及的经营活动范围很广,经营活动相差很大,可能跨越不同行业界限。这样合并财务报表要综合反映企业集团会计主体的财务情况,必然特别强调重要性原则的运用。例如,某些项目在企业集团的某一企业具有重要性,但对于整个集团不一定具有重要性,在这种情况下根据重要性原则对财务报表项目进行取舍就具有重要意义。再如,母公司与子公司、子公司相互之间发生的经济业务,对整个企业集团财务状况和经营成果影响不大时,为简化合并手续也可以根据重要性原则进行取舍,在不编制抵销分录的情况下直接编制合并财务报表。

二、合并财务报表的编制前提

合并财务报表的编制涉及多个法人企业实体,为了使编制的合并财务报表准确、全面反映企业集团的真实情况,必须做好一系列前期准备工作。这些前期准备事项主要有如下几项:

(一)统一母子公司的会计政策

会计政策是指企业进行会计核算和编制财务报表时所采用的会计原则、会计程序和具体会计处理方法,是编制财务报表和保证财务报表各项目反映内容一致的基础。因为只有在财务报表各项目反映的内容一致的情况下,才能对其进行加总,编制合并财务报表。为此,在编制财务报表前,应统一母子公司会计政策,要求子公司所采用的会计政策与母公司保持一致。

(二)统一母子公司的资产负债表日及会计期间

财务报表总是反映特定日期的财务状况和一定财务期间的经营成果,母公司和子公司的个别财务报表只有在反映财务状况的日期和反映经营成果的会计期间一致的情况下,才能进行合并。为了编制合并财务报表,必须要求子公司的资产负债表日和会计期间与母公司保持一致,统一企业集团内部各企业的资产负债表日和会计期间,以便于子公司提供相同日期和财务期间的财务报表。对于境外子公司,如果当地法律限制不能与母公司资产负债表日和会计期间一致,可以要求其为编制合并财务报表单独编报与母公司资产负债表日和会计期间一致的个别财务报表。

(三)对于子公司采用外币表示的财务报表进行折算

对母公司和子公司的财务报表进行合并,其前提必须是母子公司个别财务报表所采用的货币计量单位一致。我国允许外币业务比较多的企业采用某一外币作为记账本位币,境外企业一般也是采用其所在国或地区的货币作为其记账本位币。在将这些企业的财务报表纳入合并时,则必须将其折算为母公司所采用的记账本位币表示的财务报表。

(四) 收集编制合并财务报表的相关资料

合并财务报表是以母公司和其全部子公司的财务报表以及其他有关资料为依据，由母公司合并有关项目的数额编制的。在编制合并财务报表时，母公司应当要求子公司提供下列有关资料：①子公司相应期间的个别财务报表；②采用的与母公司不一致的会计政策及其影响金额；③与母公司不一致的会计期间的说明；④与母公司、其他子公司之间发生的所有内部交易的相关资料；⑤所有者权益变动的有关资料；⑥编制合并财务报表所需要的其他资料。

三、合并财务报表的编制程序

合并财务报表编制有其特殊的程序，主要包括以下几个方面：

(一) 编制合并工作底稿

合并工作底稿的作用是为合并财务报表的编制提供基础。在合并工作底稿中，对母公司和子公司的个别财务报表各项目的金额进行汇总和抵销处理，最终计算得出合并财务报表各项目的合并金额。合并工作底稿的格式见表6-10。

(二) 合并工作底稿的处理

将母公司、子公司个别资产负债表、利润表、现金流量表、所有者权益变动表各项目的数据过入合并工作底稿，并在合并工作底稿中对母公司和子公司个别财务报表各项目的数据进行加总，计算得出个别资产负债表、利润表、现金流量表、所有者权益变动表各项目合计金额。

(三) 在合并工作底稿中编制调整分录和抵销分录

进行抵销处理是合并财务报表编制的关键和主要内容，其目的在于将个别财务报表各项目的加总金额中重复的因素予以抵销。但是，对属于非同一控制下企业合并中取得的子公司的个别财务报表进行合并时，还应当首先根据母公司为该子公司设置的备查簿的记录，以记录的该子公司各项可辨认资产、负债及或有负债等在购买日的公允价值为基础，通过编制调整分录，对该子公司提供的个别财务报表进行调整，以使子公司的个别财务报表反映在购买日公允价值基础上确定的可辨认资产、负债及或有负债在本期资产负债表日的金额。子公司所采用的财务政策与母公司不一致的和子公司的财务期间与母公司不一致的，如果母公司自行对子公司的个别财务报表进行调整，也应当在合并工作底稿中通过编制调整分录予以调整。如果合并财务报表的编制是通过将对子公司的长期股权投资调整为权益法进行的，也需要在合并工作底稿中编制调整分录予以调整，而不改变母公司"长期股权投资"账簿记录。

在合并工作底稿中编制的调整分录和抵销分录，借记或贷记的均为财务报表项目（即资产负债表项目、利润表项目、现金流量表项目和所有者权益变动表项目），而不是具体的会计科目。例如，涉及调整或抵销固定资产折旧、固定资产减值准备等的，均通过资产负债表中的"固定资产"项目，而不是"累计折旧""固定资产减值准备"等科目来进行调整和抵销。

(四) 计算合并财务报表各项目的合并金额

在母公司和子公司个别财务报表各项目加总金额的基础上，分别计算出合并财务

报表中各资产项目、负债项目、所有者权益项目、收入项目和费用项目等的合并金额。其计算方法如下:

(1)资产类各项目,其合并金额根据该项目加总金额,加上该项目抵销分录有关的借方发生额,减去该项目抵销分录有关的贷方发生额计算确定。

(2)负债类各项目和所有者权益类各项目,其合并金额根据该项目加总金额,减去该项目抵销分录有关的借方发生额,加上该项目抵销分录有关的贷方发生额计算确定。

(3)有关收入类各项目和有关所有者权益变动各项目,其合并金额根据该项目加总金额,减去该项目抵销分录的借方发生额,加上该项目抵销分录的贷方发生额计算确定。

(4)有关费用类项目,其合并金额根据该项目加总金额,加上该项目抵销分录的借方发生额,减去该项目抵销分录的贷方发生额计算确定。

(五)填列合并财务报表

根据合并工作底稿中计算出的资产、负债、所有者权益、收入、费用类以及现金流量表中各项目的合并金额,填列生成正式的合并财务报表。

本章小结

合并财务报表以控制为基础确定合并范围,以整个企业集团为会计主体,以组成企业集团的母公司和子公司的个别财务报表为基础,抵销内部交易或事项对合并财务报表的影响后由母公司编制而成。合并财务报表的合并理论主要包括所有权论、经济实体论、母公司论。

思考题

1. 什么是合并财务报表?合并财务报表的构成内容有哪些?
2. 合并财务报表的作用有哪些?
3. 简述合并财务报表的合并范围。
4. 什么是控制,如何具体运用控制三要素。
5. 简述合并财务报表的编制程序。

第五章

企业合并与控制权取得日合并财务报表

本章学习目的

本章主要介绍企业合并的类型、会计处理原则及方法。通过本章学习,应掌握同一控制下企业合并会计处理的权益结合法和非同一控制下企业合并会计处理的购买法,熟练掌握合并日(购买日)个别报表层面的确认和计量及合并财务报表的编制。

本章重点与难点

本章重点是掌握同一控制和非同一控制两种企业合并方式下控制权取得日合并财务报表的编制要求和方法。本章难点是权益结合法和购买法的比较分析。

第一节 企业合并及其会计处理原则

一、企业合并及其类型

企业合并是将两个或两个以上单独的企业合并形成一个报告主体的交易或事项。企业合并涉及对业务的判断。业务是指企业内部某些生产经营活动或资产负债的组合,该组合具有投入、加工处理和产出能力,能够独立计算其成本费用或所产生的收入,但一般不构成一个企业,不具有独立的法人资格,如企业的分公司、独立的生产车间、不具有独立法人资格的分部等。

企业合并的结果通常是一个企业取得了对另一个或多个业务的控制权。如果一个企业取得了对另一个企业的控制权,但被购买方(或被合并方)并不构成业务,则该交易或事项不形成企业合并。企业取得了不形成业务的一组资产或净资产时,应将购买成本在基于购买日所取得的各项可辨认资产、负债的相对公允价值进行分配,不按照企业合并进行处理。

实务工作中,除了一个企业对另一个或多个企业的合并以外,一个企业对其他企业某项业务的合并也视同企业合并,按照企业合并原则处理。例如,一个企业对另一个企业某条具有独立生产能力的生产线的合并、一个保险公司对另一个保险公司寿险业务的合并等。企业合并有多种类型。

(一)以合并方式为基础对企业合并的分类

企业合并按合并方式划分,包括控股合并、吸收合并和新设合并。

1. 控股合并

合并方(或购买方,下同)通过企业合并交易或事项取得对被合并方(或被购买方,下同)的控制权,企业合并后能够通过所取得的股权等主导被合并方的生产经营决策并自被合并方的生产经营活动中获益,被合并方在企业合并后仍维持其独立法人资格继续经营的,为控股合并。

该类企业合并中,因合并方通过企业合并交易或事项取得了对被合并方的控制权,被合并方成为其子公司,在企业合并发生后,被合并方应当纳入合并方合并财务报表的编制范围,从合并财务报表角度,形成报告主体的变化。

2. 吸收合并

合并方在企业合并中取得被合并方的全部净资产,并将有关资产、负债并入合并方自身的账簿和报表进行核算。企业合并后,注销被合并方的法人资格,由合并方持有合并中取得的被合并方的资产、负债,在新的基础上继续经营,该类合并为吸收合并。

吸收合并中,因被合并方(或被购买方)在合并发生以后被注销,从合并方(或购买方)的角度需要解决的问题是,其在合并日(或购买日)取得的被合并方有关资产、负债入账价值的确定,以及为了进行企业合并支付的对价与所取得被合并方资产、负债的入账价值之间存在差额的处理。

企业合并继后期间,合并方应将合并中取得的资产、负债作为本企业的资产、负债核算。

3. 新设合并

参与合并的各方在企业合并后法人资格均被注销,重新注册成立一家新的企业,由新注册成立的企业持有参与合并各企业的资产、负债在新的基础上的经营,为新设合并。

(二)以是否在同一控制下进行企业合并为基础对企业合并的分类

我国的企业合并准则中将企业合并按照一定的标准划分为两大基本类型——同一控制下的企业合并与非同一控制下的企业合并。企业合并的类型划分不同,所遵循的会计处理原则也不同。

1. 同一控制下的企业合并

同一控制下的企业合并,是指参与合并的企业在合并前后均受同一方或相同的多方最终控制且该控制并非暂时性的。

(1)能够对参与合并各方在合并前后均实施最终控制的一方通常指企业集团的母公司。同一控制下的企业合并一般发生于企业集团内部,如集团内母子公司之间、子公司与子公司之间等。因为该类合并从本质上是集团内部企业之间的资产或权益的转移,不涉及自集团外购入子公司或是向集团外其他企业出售子公司的情况,能够对参与合并企业在合并前后均实施最终控制的一方为集团的母公司。

(2)能够对参与合并的企业在合并前后均实施最终控制的相同多方,主要是指根据投资者之间的协议约定,为了扩大其中某一投资者对被投资单位的表决权比例,或者巩固某一投资者对被投资单位的控制地位,在对被投资单位的生产经营决策行使表决权时采用相同意思表示的两个或两个以上的法人或其他组织。

实施控制的时间性要求,是指参与合并各方在合并前后较长时间内为最终控制方所控制。具体是指在企业合并之前(即合并日之前),参与合并各方在最终控制方的控制时间一般在1年以上(含1年),企业合并后所形成的报告主体在最终控制方的控制时间也应达到1年以上(含1年)。

企业之间的合并是否属于同一控制下的企业合并,应综合构成企业合并交易的各方面情况,按照实质重于形式的原则进行判断。

2. 非同一控制下的企业合并

非同一控制下的企业合并,是指参与合并各方在合并前后不受同一方或相同的多方最终控制的合并交易,即除判断属于同一控制下企业合并的情况以外其他的企业合并。

二、同一控制下企业合并的会计处理原则

同一控制下的企业合并,是从合并方出发,确定合并方在合并日对于企业合并事项应进行的会计处理。合并方,是指取得对其他参与合并企业控制权的一方;合并日,是

指合并方实际取得对被合并方控制权的日期。

同一控制下企业合并的会计处理遵照权益结合理论,运用的是权益结合法。所谓权益结合,是指参与企业合并的股东联合控制其全部或实际上全部资产和经营,以便继续对联合实体分享利润和分担风险的合并。所谓权益结合法,就是在处理企业合并时按照股权结合的方式来进行企业合并的会计处理。

同一控制下的企业合并,在合并中不涉及自少数股东手中购买股权的情况下,合并方应遵循以下原则进行相关的处理:

(1)合并方在合并中确认取得的被合并方的资产、负债仅限于被合并方账面上原已确认的资产和负债,合并中不产生新的资产和负债。

同一控制下的企业合并,从最终控制方的角度来看,其在企业合并发生前后能够控制的净资产价值量并没有发生变化,因此合并中不产生新的资产,但被合并方在企业合并前账面上原已确认的商誉应作为合并中取得的资产确认。

(2)合并方在合并中取得的被合并方各项资产、负债应维持其在被合并方的原账面价值不变。

合并方在同一控制下企业合并中取得的有关资产和负债不应因该项合并而改记其账面价值,从最终控制方的角度,该项交易或事项仅是其原本已经控制的资产、负债空间位置的转移,原则上不应影响所涉及资产、负债的计价基础变化。

在确定合并中取得各项资产、负债的入账价值时,应予注意的是,被合并方在企业合并前采用的会计政策与合并方不一致的,应基于重要性原则,首先统一会计政策,即合并方应当按照本企业会计政策对被合并方资产、负债的账面价值进行调整,并以调整后的账面价值作为有关资产、负债的入账价值。

(3)合并方在合并中取得的净资产的入账价值相对于为进行企业合并支付的对价账面价值之间的差额,不作为资产的处置损益,不影响合并当期利润表,有关差额应调整所有者权益相关项目。合并方在企业合并中取得的价值量相对于所放弃价值量之间存在差额的,应当调整所有者权益。在根据合并差额调整合并方的所有者权益时,应首先调整资本公积(资本溢价或股本溢价),资本公积(资本溢价或股本溢价)的余额不足冲减的,应冲减留存收益。

(4)对于同一控制下的控股合并,合并方在编制合并财务报表时,应视同合并后形成的报告主体自最终控制方开始实施控制时一直是一体化存续下来的,参与合并各方在合并以前期间实现的留存收益应体现为合并财务报表中的留存收益。合并财务报表中,应以合并方的资本公积(或经调整后的资本公积中的资本溢价部分)为限,在所有者权益内部进行调整,将被合并方在合并日以前实现的留存收益中按照持股比例计算归属于合并方的部分自资本公积转入留存收益。

三、非同一控制下企业合并的会计处理原则

非同一控制下企业合并的会计处理遵照购买理论,运用的是购买法来进行相应的会计处理。所谓购买法,是指将企业合并看成一个企业购买另一个企业的交易行为,并以此为依据进行企业合并的会计处理方法。购买法下主要涉及的会计问题包括以下五

个方面。

(一)确定购买方

采用购买法核算企业合并的首要前提是确定购买方。购买方是指在企业合并中取得对另一方或多方控制权的一方。合并中一方取得了另一方半数以上有表决权的股份,除非有明确的证据表明该股份不能形成控制,一般认为取得控制权的一方为购买方。某些情况下,即使一方没有取得另一方半数以上有表决权股份,但存在以下情况时,一般也可认为其获得了对另一方的控制权,如:

(1)通过与其他投资者签订协议,实质上拥有被购买企业半数以上表决权。例如,A 公司拥有 B 公司 40% 的表决权资本,C 公司拥有 B 公司 30% 的表决权资本。A 公司与 C 公司达成协议,C 公司在 B 公司的权益由 A 公司代表。在这种情况下,A 公司实质上拥有 B 公司 70% 表决权资本的控制权,B 公司的章程等没有特别规定的情况下,表明 A 公司实质上控制 B 公司。

(2)按照协议规定,具有主导被购买企业财务和经营决策的权力。例如,A 公司拥有 B 公司 45% 的表决权资本,同时,根据协议,B 公司的董事长和总经理由 A 公司派出,总经理有权负责 B 公司的经营管理。A 公司可以通过其派出的董事长和总经理对 B 公司进行经营管理,达到对 B 公司的财务和经营政策实施控制的权力。

(3)有权任免被购买企业董事会或类似权力机构绝大多数成员。这种情况是指虽然投资企业拥有被投资单位 50% 或以下表决权资本,但根据章程、协议等有权任免被投资单位董事会或类似机构的绝大多数成员,以达到实质上控制的目的。

(4)在被购买企业董事会或类似权力机构具有绝大多数投票权。这种情况是指虽然投资企业拥有被投资单位 50% 或以下表决权资本,但能够控制被投资单位董事会等类似权力机构的会议,从而能够控制其相关活动,达到对被投资单位的控制。

(二)确定购买日

购买日是购买方获得对被购买方控制权的日期,即企业合并交易进行过程中,发生控制权转移的日期。同时满足以下条件时,一般可认为实现了控制权的转移,形成购买日。有关的条件包括:

(1)企业合并合同或协议已获股东大会等内部权力机构通过,如对于股份有限公司,其内部权力机构一般指股东大会。

(2)按照规定,合并事项需要经过国家有关主管部门审批的,已获得相关部门的批准。

(3)参与合并各方已办理了必要的财产权交接手续。作为购买方,其通过企业合并无论是取得对被购买方的股权还是被购买方的全部净资产,能够形成与取得股权或净资产相关的风险和报酬的转移,一般需办理相关的财产权交接手续,从而从法律上保障有关风险和报酬的转移。

(4)购买方已支付了购买价款的大部分(一般应超过 50%),并且有能力支付剩余款项。

(5)购买方实际上已经控制了被购买方的财务和经营政策,并享有相应的收益和风险。

企业合并涉及一次以上交换交易的,例如,通过逐次取得股份分阶段实现合并,企业应于每一交易日确认对被投资企业的各单项投资。"交易日"是指合并方或购买方在自身的账簿和报表中确认对被投资单位投资的日期。分步实现的企业合并中,购买日是指按照有关标准判断购买方最终取得对被购买企业控制权的日期。例如,A企业于2×11年10月20日取得B公司30%的股权(假定能够对被投资单位施加重大影响),在与取得股权相关的风险和报酬发生转移的情况下,A企业应确认对B公司的长期股权投资。在已经拥有B公司30%股权的基础上,A企业又于2×12年12月8日取得B公司30%的股权。在其持股比例达到60%的情况下,假定于当日开始能够对B公司实施控制。则2×12年12月8日为第二次购买股权的交易日,同时因在当日能够对B公司实施控制,形成企业合并的购买日。

(三)确定企业合并成本

企业合并成本包括购买方为进行企业合并支付的现金或非现金资产、发行或承担的债务、发行的权益性证券等在购买日的公允价值。企业合并中发生的各项直接相关费用直接计入管理费用。

某些情况下,当企业合并合同或协议中包括视未来或有事项的发生而对合并成本进行调整的条款时,符合《企业会计准则——或有事项》规定的确认条件的,应确认的支出也应作为企业合并成本的一部分。例如,参与合并各方可能在企业合并合同或协议中规定,如果被购买方连续两年净利润超过一定水平,购买方需支付额外的对价,在购买日预计被购买方的盈利水平很可能达到合同规定标准的情况下,应将合同或协议约定需支付的金额并入企业合并成本。

非同一控制下企业合并中发生的与企业合并直接相关的费用,包括为进行合并而发生的会计审计费用、法律服务费用、咨询费用等。与同一控制下企业合并进行过程中发生的有关费用相一致,这里所称合并中发生的各项直接相关费用,不包括与为进行企业合并发行的权益性证券或发行的债务相关的手续费、佣金等,该部分费用应比照本章关于同一控制下企业合并中类似费用的原则处理,即应抵减权益性证券的溢价发行收入或是计入所发行债务的初始确认金额。

(四)企业合并成本在取得的可辨认资产和负债之间的分配

非同一控制下的企业合并中,通过企业合并交易,购买方无论是取得对被购买方生产经营决策的控制权还是取得被购买方的全部净资产,从本质上看,取得的均是对被购买方净资产的控制权,视合并方式的不同,控股合并的情况下,购买方在其个别财务报表中应确认所形成的对被购买方的长期股权投资,该长期股权投资所代表的是购买方在合并中取得的对被购买方各项资产、负债中享有的份额,具体体现在合并财务报表中应列示的有关资产、负债的价值;吸收合并的情况下,合并中取得的被购买方各项可辨认资产、负债等直接体现为购买方账簿及个别财务报表中的资产、负债项目。

(1)购买方在企业合并中取得的被购买方各项可辨认资产和负债,要作为本企业的资产、负债(或合并财务报表中的资产、负债)进行确认,在购买日,应当满足资产、负债的确认条件。有关的确认条件包括:

①合并中取得的被购买方的各项资产(无形资产除外),其所带来的未来经济利益预期能够流入企业且公允价值能够可靠计量的,应单独作为资产确认。

②合并中取得的被购买方的各项负债(或有负债除外),履行有关的义务预期会导致经济利益流出企业且公允价值能够可靠计量的,应单独作为负债确认。

(2)企业合并中取得的无形资产在其公允价值能够可靠计量的情况下应单独予以确认。企业合并中取得的需要区别于商誉单独确认的无形资产一般是按照合同或法律产生的权利,某些并非产生于合同或法律规定的无形资产,需要区别于商誉单独确认的条件是能够对其进行区分,即能够区别于被购买企业的其他资产并且能够单独出售、转让、出租等。公允价值能够可靠计量的情况下,应区别于商誉单独确认的无形资产一般包括:商标、版权及与其相关的许可协议,特许权、分销权等类似权利,专利技术、专有技术,商业秘密等。

(3)对于购买方在企业合并时可能需要代被购买方承担的或有负债,在其公允价值能够可靠计量的情况下,应作为合并中取得的负债单独确认。企业合并中对于或有负债的确认条件,与企业在正常经营过程中因或有事项需要确认负债的条件不同,在购买日,可能相关的或有事项导致经济利益流出企业的可能性还比较小,但其公允价值能够合理确定的情况下,即需要作为合并中取得的负债确认。

(4)企业合并中取得的资产、负债在满足确认条件后,应以其公允价值计量。对于被购买方在企业合并之前已经确认的商誉和递延所得税项目,购买方在对企业合并成本进行分配、确认合并中取得可辨认资产和负债时不应予以考虑。在按照规定确定了合并中应予确认的各项可辨认资产、负债的公允价值后,其计税基础与账面价值不同形成暂时性差异的,应当按照所得税会计准则的规定确认相应的递延所得税资产或递延所得税负债。

(五)企业合并成本与合并中取得的被购买方可辨认净资产公允价值份额差额的处理

购买方对于企业合并成本与确认的可辨认净资产公允价值份额的差额,应视情况分别作出处理:

(1)企业合并成本大于合并中取得的被购买方可辨认净资产公允价值份额的差额,应确认为商誉。视企业合并方式的不同,控股合并的情况下,该差额是指在合并财务报表中应予列示的商誉,即长期股权投资的成本与购买日按照持股比例计算确定应享有被购买方可辨认净资产公允价值份额之间的差额;吸收合并的情况下,该差额是购买方在其账簿及个别财务报表中应确认的商誉。

对于非同一控制下的企业合并,存在合并差额的情况下,企业首先应对企业合并成本及合并中取得的可辨认资产、负债的公允价值进行复核,在取得的各项资产和负债均以公允价值计量并且确认了符合条件的无形资产以后,剩余部分才构成商誉。商誉代表的是合并中取得的由于不符合确认条件未予确认的资产以及被购买方有关资产产生的协同效应或合并盈利能力。

商誉在确认以后,持有期间不要求摊销,每一会计年度期末,企业应当按照《企业会计准则第8号——资产减值》的规定对其价值进行测试,按照账面价值与可收回金额孰低的原则计量,对于可收回金额低于账面价值的部分,计提减值准备,有关减值准备在提取以后,不能够转回。

(2)企业合并成本小于合并中取得的被购买方可辨认净资产公允价值份额的部分,应计入合并当期损益。

该种情况下,购买方首先要对合并中取得的资产、负债的公允价值,以及作为合并对价的非现金资产或发行的权益性证券等的公允价值进行复核,如果复核结果表明所确定的各项资产和负债的公允价值确定是恰当的,应将企业合并成本低于取得的被购买方可辨认净资产公允价值份额之间的差额,计入合并当期的营业外收入,并在会计报表附注中予以说明。

与商誉的确认相同,在吸收合并的情况下,上述企业合并成本小于合并中取得的被购买方可辨认净资产公允价值份额的差额,应计入购买方的合并当期的个别利润表;在控股合并的情况下,上述差额应体现在合并当期的合并利润表中,不影响购买方的个别利润表。

第二节 企业合并个别报表层面的确认与计量

一、同一控制下企业合并的会计处理方法

(一)控股合并下长期股权投资的确认和计量

同一控制下的企业合并中,合并方在合并后取得对被合并方生产经营决策的控制权,并且被合并方在企业合并后仍然继续经营的,合并方在合并日涉及两个方面的问题:一是对于因该项企业合并形成的对被合并方的长期股权投资的确认和计量问题;二是合并日合并财务报表的编制问题。

按照《企业会计准则第2号——长期股权投资》的规定,同一控制下企业合并形成的长期股权投资,合并方应以合并日应享有被合并方在最终控制方合并财务报表中账面所有者权益的份额作为长期股权投资的初始投资成本,借记"长期股权投资"科目,按享有被投资单位已宣告但尚未发放的现金股利或利润,借记"应收股利"科目,按支付的合并对价的账面价值,贷记有关资产或借记有关负债科目,以支付现金、非现金资产方式进行的,该初始投资成本与支付的现金、非现金资产的差额,相应调整资本公积(资本溢价或股本溢价),资本公积(资本溢价或股本溢价)的余额不足冲减的,相应调整盈余公积和未分配利润;以发行权益性证券方式进行的,长期股权投资的初始投资成本与所发行股份的面值总额之间的差额,应调整资本公积(资本溢价或股本溢价),资本公积(资本溢价或股本溢价)的余额不足冲减的,相应调整盈余公积和未分配利润。

(二)吸收合并下各项资产、负债的确认和计量

同一控制下的吸收合并中,合并方主要涉及合并日取得被合并方资产、负债入账价值的确定,以及合并中取得有关净资产的入账价值与支付的合并对价账面价值之间差额的处理。

1. 合并中取得资产、负债入账价值的确定

合并方对同一控制下吸收合并中取得的资产、负债,应当按照相关资产、负债在被合并方的原账面价值入账。其中,如果合并方与被合并方在企业合并前采用的会计政策不同,则在将被合并方的相关资产和负债并入合并方的账簿和报表进行核算之前,首先应基于重要性原则,统一被合并方的会计政策,即应当按照合并方的会计政策对被合并方的有关资产、负债的账面价值进行调整后,以调整后的账面价值确认。

2. 合并差额的处理

合并方在确认了合并中取得的被合并方的资产和负债的入账价值后,以发行权益性证券方式进行的该类合并,所确认的净资产入账价值与发行股份面值总额的差额,应记入资本公积(资本溢价或股本溢价),资本公积(资本溢价或股本溢价)的余额不足冲减的,相应冲减盈余公积和未分配利润;以支付现金、非现金资产方式进行的该类合并,所确认的净资产入账价值与支付的现金、非现金资产账面价值的差额,相应调整资本公积(资本溢价或股本溢价),资本公积(资本溢价或股本溢价)的余额不足冲减的,应冲减盈余公积和未分配利润。

【例5-1】2×11年6月30日,P公司向S公司的股东定向增发1 000万股普通股(每股面值为1元)对S公司进行吸收合并,并于当日取得S公司净资产。当日,P公司、S公司资产、负债情况如表5-1所示。

表5-1 资产负债表(简表)

2×11年6月30日　　　　　　　　　　　　　单位:万元

项　目	P公司	S公司	
	账面价值	账面价值	公允价值
资产:			
货币资金	4 312.50	450	450
存货	6 200	255	450
应收票据及应收账款	3 000	2 000	2 000
长期股权投资	5 000	2 150	3 800
固定资产:			
固定资产原价	10 000	4 000	5 500
减:累计折旧	3 000	1 000	0
固定资产净值	7 000	3 000	

续表

项　　目	P公司		S公司	
	账面价值		账面价值	公允价值
无形资产	4 500		500	1 500
商誉	0		0	0
资产总计	30 012.50		8 355	13 700
负债和所有者权益：				
短期借款	2 500		2 250	2 250
应付票据及应付账款	3 750		300	300
其他应付款	375		300	300
负债合计	6 625		2 850	2 850
实收资本（股本）	7 500		2 500	
资本公积	5 000		1 500	
其他综合收益	0		0	0
盈余公积	5 000		500	
未分配利润	5 887.50		1 005	
所有者权益合计	23 387.50		5 505	
负债和所有者权益总计	30 012.50		8 335	10 850

　　本例中假定P公司和S公司为同一集团内两家全资子公司，合并前其共同的母公司为A公司。该项合并中参与合并的企业在合并前及合并后均为A公司最终控制，为同一控制下企业合并。自6月30日开始，P公司能够对S公司净资产实施控制，该日即为合并日。

　　因合并后S公司失去其法人资格，P公司应确认合并中取得的S公司的各项资产和负债，假定P公司与S公司在合并前采用的会计政策相同。P公司对该项合并应进行的会计处理为：

　　借：货币资金　　　　　　　　　　　　　　　　　　　　4 500 000
　　　　库存商品　　　　　　　　　　　　　　　　　　　　2 550 000
　　　　应收账款　　　　　　　　　　　　　　　　　　　　20 000 000
　　　　长期股权投资　　　　　　　　　　　　　　　　　　21 500 000
　　　　固定资产　　　　　　　　　　　　　　　　　　　　30 000 000
　　　　无形资产　　　　　　　　　　　　　　　　　　　　5 000 000
　　　贷：短期借款　　　　　　　　　　　　　　　　　　　22 500 000
　　　　　应付账款　　　　　　　　　　　　　　　　　　　3 000 000
　　　　　其他应付款　　　　　　　　　　　　　　　　　　3 000 000

股本	10 000 000
资本公积	45 050 000

(三)合并方为进行企业合并发生的有关费用的处理

合并方为进行企业合并发生的有关费用,指合并方为进行企业合并发生的各项直接相关费用,如为进行企业合并支付的审计费用、进行资产评估的费用以及有关的法律咨询费用等增量费用。

同一控制下企业合并进行过程中发生的各项直接相关的费用,应于发生时费用化计入当期损益,借记"管理费用"等科目,贷记"银行存款"等科目。但以下两种情况除外:

(1)以发行债券方式进行的企业合并,与发行债券相关的佣金、手续费等应按照《企业会计准则第22号——金融工具确认和计量》的规定进行核算。即该部分费用,虽然与筹集用于企业合并的对价直接相关,但其核算应遵照金融工具准则的原则,有关的费用应计入负债的初始计量金额中。其中,债券为折价发行的,该部分费用应增加折价的金额;债券为溢价发行的,该部分费用应减少溢价的金额。

(2)发行权益性证券作为合并对价的,与所发行权益性证券相关的佣金、手续费等应按照《企业会计准则第37号——金融工具列报》的规定进行核算。即与发行权益性证券相关的费用,不管其是否与企业合并直接相关,均应自所发行权益性证券的发行收入中扣减,在权益性工具发行有溢价的情况下,自溢价收入中扣除,在权益性证券发行无溢价或溢价金额不足以扣减的情况下,应当冲减盈余公积和未分配利润。

二、非同一控制下企业合并的会计处理方法

(一)控股合并下长期股权投资的确认和计量

该合并方式下,购买方所涉及的会计处理问题主要是两个方面:一是购买日因进行企业合并形成的对被购买方的长期股权投资初始投资成本的确定,该成本与作为合并对价支付的有关资产账面价值之间差额的处理;二是购买日合并财务报表的编制。

非同一控制下的企业合并中,购买方取得对被购买方控制权的,在购买日应当以确定的企业合并成本(不包括应自被投资单位收取的现金股利或利润)作为形成对被购买方长期股权投资的初始投资成本,借记"长期股权投资"科目,按享有投资单位已宣告但尚未发放的现金股利或利润,借记"应收股利"科目,按支付合并对价的账面价值,贷记有关资产或借记有关负债科目,按发生的直接相关费用,贷记"银行存款"等科目,按其差额,贷记"营业外收入"或借记"营业外支出"或其他损益类科目。

关于非同一控制下长期股权投资初始投资成本的确定及其举例,参见《中级财务会计》"长期股权投资"一章。

购买方为取得对被购买方的控制权,以支付非货币性资产为对价的,有关非货币性资产在购买日的公允价值与其账面价值的差额,应作为资产的处置损益,计入合并当期的利润表。其中,以库存商品等作为合并对价的,应按库存商品的公允价值,贷记"主营业务收入"科目,并同时结转相关的成本。

【例5-2】承【例5-1】,P公司在该项合并中发行1 000万股普通股(每股面值1

元),市场价格为 8.75 元,取得了 S 公司 70% 的股权。

借:长期股权投资　　　　　　　　　　　　　　　　　8 750
　　贷:股本　　　　　　　　　　　　　　　　　　　　1 000
　　　　资本公积——股本溢价　　　　　　　　　　　　7 750

(二)非同一控制下的吸收合并

非同一控制下的吸收合并,购买方在购买日应当将合并中取得的符合确认条件的各项资产、负债,按其公允价值确认为企业的资产和负债;作为合并对价的有关非货币性资产在购买日的公允价值与其账面价值的差额,应作为资产的处置损益计入合并当期的利润表;确定的企业合并成本与所取得的被购买方可辨认净资产公允价值的差额,视情况分别确认为商誉或是作为企业合并当期的损益计入利润表。其具体处理原则与非同一控制下的控股合并类似,不同点在于在非同一控制下的吸收合并中,合并中取得的可辨认资产和负债是作为个别报表中的项目列示,合并中产生的商誉也是作为购买方账簿及个别财务报表中的资产列示。

第三节　控制权取得日合并财务报表的编制

一、同一控制下企业合并控制权取得日的合并财务报表编制

(一)合并日合并财务报表的内容

同一控制下的企业合并形成母子公司关系的,合并方一般应在合并日编制合并财务报表,反映于合并日形成的报告主体的财务状况、视同该主体一直存在产生的经营成果等。考虑有关因素的影响,编制合并日的合并财务报表存在困难的,下列有关原则同样适用于合并当期期末合并财务报表的编制。

编制合并日的合并财务报表时,一般包括合并资产负债表、合并利润表、合并现金流量表及合并所有者权益变动表。

(二)合并资产负债表

合并资产负债表是反映企业集团在某一特定日期财务状况的财务报表,由合并资产、负债和所有者权益各项目组成。编制合并日的合并财务报表时,被合并方的有关资产、负债应以其账面价值并入合并财务报表(合并方与被合并方采用的会计政策不同的,指按照合并方的会计政策,对被合并方有关资产、负债经调整后的账面价值)。合并方与被合并方在合并日及以前期间发生的交易,应作为内部交易进行抵销。

同一控制下企业合并的基本处理原则是视同合并后形成的报告主体在合并日及以前期间一直存在,在合并资产负债表中,对于被合并方在企业合并前实现的留存收益(盈余公积和未分配利润之和)中归属于合并方的部分,应按以下规定,自合并方的资

本公积转入留存收益。

(1)确认企业合并形成的长期股权投资后,合并方账面资本公积(资本溢价或股本溢价)贷方余额大于被合并方在合并前实现的留存收益中归属于合并方的部分,在合并资产负债表中,应将被合并方在合并前实现的留存收益中归属于合并方的部分自"资本公积"转入"盈余公积"和"未分配利润"。在合并工作底稿中,借记"资本公积"项目,贷记"盈余公积"和"未分配利润"项目。

(2)确认企业合并形成的长期股权投资后,合并方账面资本公积(资本溢价或股本溢价)贷方余额小于被合并方在合并前实现的留存收益中归属于合并方的部分的,在合并资产负债表中,应以合并方资本公积(资本溢价或股本溢价)的贷方余额为限,将被合并方在企业合并前实现的留存收益中归属于合并方的部分自"资本公积"转入"盈余公积"和"未分配利润"。在合并工作底稿中,借记"资本公积"项目,贷记"盈余公积"和"未分配利润"项目。

因合并方的资本公积(资本溢价或股本溢价)余额不足,被合并方在合并前实现的留存收益在合并资产负债表中未予全额恢复的,合并方应当在会计报表附注中对这一情况进行说明。

【例5-3】A、B公司分别为P公司控制下的两家子公司。A公司于2×11年3月10日自母公司P处取得B公司100%的股权,合并后B公司仍维持其独立法人资格继续经营。为进行该项企业合并,A公司发行了1500万股本公司普通股(每股面值1元)作为对价。假定A、B公司采用的会计政策相同。合并日,A公司及B公司的所有者权益构成如表5-2所示。

表5-2 A公司与B公司所有者权益构成

2×11年3月10日 单位:万元

A公司		B公司	
项目	金额	项目	金额
股本	9 000	股本	1 500
资本公积	2 500	资本公积	500
其他综合收益	0	其他综合收益	0
盈余公积	2 000	盈余公积	1 000
未分配利润	5 000	未分配利润	2 000
合计	18 500	合计	5 000

A公司在合并日应进行的会计处理为:

借:长期股权投资　　　　　　　　　　　　　　　　　　50 000 000
　　贷:股本　　　　　　　　　　　　　　　　　　　　15 000 000
　　　　资本公积　　　　　　　　　　　　　　　　　　35 000 000

进行上述处理后,A公司在合并日编制合并资产负债表时,对于企业合并前B公司实现的留存收益中归属于合并方的部分(3 000万元)应自资本公积(资本溢价或股本溢价)转入留存收益。本例中 A 公司在确认对 B 公司的长期股权投资以后,其资本公积的账面余额为 6 000 万元(2 500 + 3 500),假定其中资本溢价或股本溢价的金额为 4 500 万元。在合并工作底稿中,应编制以下调整分录:

  借:资本公积   30 000 000
   贷:盈余公积   10 000 000
    未分配利润   20 000 000

(三)合并利润表

合并方在编制合并日的合并利润表时,应包含合并方及被合并方自合并当期期初至合并日实现的净利润,双方在当期所发生的交易,应当按照合并财务报表的有关原则进行抵销。例如,同一控制下的企业合并发生于 2×11 年 3 月 31 日,合并方当日编制合并利润表时,应包括合并方及被合并方自 2×11 年 1 月 1 日至 2×11 年 3 月 31 日实现的净利润。

为了帮助企业的会计信息使用者了解合并利润表中净利润的构成,发生同一控制下企业合并的当期,合并方在合并利润表中的"净利润"项下应单列"其中:被合并方在合并前实现的净利润"项目,反映遵循同一控制下企业合并规定的编表原则的前提下,因企业合并而自被合并方在合并当期带入的损益情况。

(四)合并现金流量表

合并日合并现金流量表的编制与合并利润表的编制原则相同,应包含合并方及被合并方自合并当期期初至合并日产生的现金流量。涉及双方当期发生内部交易产生的现金流量,应当按照合并财务报表准则规定的有关原则进行抵销。

(五)合并所有者权益变动表

合并日合并所有者权益变动表的编制与合并利润表的编制原则相同,也可以根据合并日合并资产负债表和合并利润表编制。

二、非同一控制下企业合并控制权取得日的合并财务报表编制

(一)合并财务报表的构成

非同一控制下的企业合并中形成母子公司关系的,购买方一般应于购买日编制合并财务报表,包括购买日的合并资产负债表、合并利润表、合并现金流量表及合并所有者权益变动表(或股权变动表)。企业一般只编制合并企业资产负债表。

非同一控制下企业合并中的吸收合并,购买方在购买日也需要编制"合并财务报表",但它本质上是一个个别报表,由四张主表组成。

(二)编制要求

(1)母公司编制购买日资产负债表时,首先应当将取得的子公司财务报表中的资产、负债调整为购买日的公允价值,在此基础上再与母公司的个别财务报表进行合并。资产和负债项目调增或调减部分计入对应的资本公积项目。

(2)母公司长期股权投资与子公司所有者权益项目的抵销。

【例 5-4】承【例 5-2】,P 公司在该项合并中发行 1 000 万股普通股(每股面值 1 元),市场价格为 8.75 元,取得了 S 公司 70% 的股权。编制购买方于购买日的合并资

产负债表。

(1) 编制调整分录：

借：存货	1 950 000
长期股权投资	16 500 000
固定资产	25 000 000
无形资产	10 000 000
贷：资本公积	53 450 000

(2) 编制抵销分录：

借：实收资本	25 000 000
资本公积	68 450 000
盈余公积	5 000 000
未分配利润	10 050 000
商誉	11 550 000
贷：长期股权投资	87 500 000
少数股东权益	32 550 000

(3) 计算确定商誉：

假定 S 公司除已确认资产外，不存在其他需要确认的资产及负债，则 P 公司首先计算合并中应确认的合并商誉：

合并商誉 = 企业合并成本 − 合并中取得被购买方可辨认净资产公允价值份额
　　　　 = 8 750 − 10 850 × 70% = 1 155(万元)

(4) 编制合并资产负债如表 5−3 所示。

表 5−3 合并资产负债表(简表)

2×11 年 6 月 30 日　　　　　　　　　　单位：万元

项目	P公司	S公司	调整/抵销分录 借方	调整/抵销分录 贷方	合并金额
资产：					
货币资金	4 312.50	450			4 762.50
存货	6 200	255	195		6 650
应收票据及应收账款	3 000	2 000			5 000
长期股权投资	13 750	2 150	1 650	8 750	8 800
固定资产：					
固定资产原价	10 000	4 000	2 500		16 500
减：累计折旧	3 000	1 000			4 000
无形资产	4 500	500	1 000		6 000
商誉	0	0	1 155		1 155
资产总计	38 762.50	8 355			44 867.50

续表

项　　目	P公司	S公司	调整/抵消分录		合并金额
			借方	贷方	
负债和所有者权益：					
短期借款	2 500	2 250			4 750
应付票据及应付账款	3 750	300			4 050
其他负债	375	300			675
负债合计	6 625	2 850			9 475
实收资本(股本)	8 500	2 500	2 500		8 500
资本公积	12 750	1 500	6 845	5 345	12 750
其他综合收益	0	0			0
盈余公积	5 000	500	500		5 000
未分配利润	5 887.50	1 005	1 005		5 887.50
少数股东权益				3 255	3 255
所有者权益合计	32 137.50	5 505			35 392.50
负债和所有者权益合计	38 762.50	8 355			44 867.50

(3)非同一控制下吸收合并方式下报表的编制。非同一控制下的吸收合并,购买方在购买日应当将合并中取得的符合确认条件的各项资产、负债,按其公允价值确认为企业的资产和负债;作为合并对价的有关非货币性资产在购买日的公允价值与其账面价值的差额,应作为资产的处置损益计入合并当期的利润表;确定的企业合并成本与所取得的被购买方可辨认净资产公允价值的差额,视情况分别确认为商誉或是作为企业合并当期的损益计入利润表。其具体处理原则与非同一控制下的控股合并类似,不同点在于在非同一控制下的吸收合并中,合并中取得的可辨认资产和负债是作为个别报表中的项目列示的,合并中产生的商誉也是作为购买方账簿及个别财务报表中的资产列示的。

本章小结

企业合并是将两个或两个以上单独的企业合并形成一个报告主体的交易或事项。企业合并的类型包括以合并方式为基础对企业合并的分类和以是否在同一控制下进行企业合并为基础对企业合并的分类。非同一控制下的控股合并方式下,购买方所涉及的会计处理问题主要是两个方面:一是购买日因进行企业合并形成的对被购买方的长期股权投资初始投资成本的确定,该成本与作为合并对价支付的有关资产账面价值之间差额的处理;二是购买日合并财务报表的编制。非同一控制下的吸收合并,购买方在购买日应当将合并中取得的符合确认条件的各项资产、负债,按其公允价值确认为企业的资产和负债;作为合并对价的有关非货币性资产在购买日的公允价值与其账面价值的差额,应作为资产的处置损益计入合并当期的利润表;确定的企业合并成本与所取得的被购买方可辨认净资产公允价值的差额,视情况分别确认为商誉或是作为企业合并当期的损益计入利润表。其具体处理原则与非同一控制下的控股合并类似,不同点在于在非同一控制下的吸收合并中,合并中取得的可辨认资产和负债是作为个别报表中的项目列示,合并中产生的商誉也是作为购买方账簿及个别财务报表中的资产列示。

思考题

1. 什么是企业合并,如何界定企业合并?
2. 企业合并有哪些类型?
3. 简述同一控制下企业合并的会计处理原则。
4. 简述非同一控制下企业合并的会计处理原则。
5. 简述不同合并方式下,合并日的合并财务报表编制要求。
6. 对比同一控制下和非同一控制下企业合并会计处理的区别。

练习题

1.【资料】2×11年6月30日,大海公司向长江公司的股东定向增发1 000万股普通股(每股面值为1元)对长江公司进行合并,并于当日取得对长江公司100%的股权。参与合并企业在2×11年6月30日企业合并前,有关资产、负债情况如表5-4所示。

表5-4 资产负债表(简表)

2×11年6月30日　　　　　　　　　　　　　　　单位:万元

项 目	大海公司	长江公司	
	账面价值	账面价值	公允价值
资产:			
货币资金	3 000	200	200
应收票据及应收账款	8 000	1 800	1 800

续表

项　目	大海公司 账面价值		长江公司 账面价值	公允价值
存货	10 000		4 000	5 000
长期股权投资	6 000		1 000	1 500
固定资产	15 000		8 000	9 500
无形资产	5 000		1 000	2 000
商誉				
资产总计	47 000		16 000	20 000
负债和所有者权益：				
短期借款	5 000		2 000	2 000
应付票据及应付账款	3 000		1 000	1 000
其他应付款	2 000		1 000	1 000
负债合计	10 000		4 000	4 000
实收资本(股本)	20 000		6 000	
资本公积	5 000		2 000	
其他综合收益	2 000		1 000	
盈余公积	1 000		300	
未分配利润	9 000		2 700	
所有者权益合计	37 000		12 000	16 000
负债和所有者权益总计	47 000		16 000	20 000

假定：

(1)大海公司和长江公司为同一集团内两个全资子公司,合并前其共同控制的母公司为天山公司。该项合并中参与合并的企业在合并前及合并后均为天山公司最终控制。

(2)大海公司与天山公司在合并前未发生任何交易。

【要求】

(1)编制大海公司对长江公司控股合并的会计分录。

(2)编制大海公司在合并日编制合并财务报表的抵销分录。

(3)编制合并日的合并资产负债表。

(4)若大海公司发行1 000万股普通股(每股面值为1元,市价为12元)对长江公司进行吸收合并,并于当日取得长江公司净资产,编制大海公司对长江公司吸收合并的会计分录。

2.【资料】2×11年6月30日黄山公司发行1 000万股普通股(每股面值为1元,每股市价10元),取得泰山公司60%的股权。参与合并企业在2×11年6月30日企业合并前,有关资产、负债情况如表5-5所示。

表5-5 资产负债表(简表)

2×11年6月30日　　　　　　　　　　　　　　　　　　单位:万元

项目	黄山公司	泰山公司	
	账面价值	账面价值	公允价值
资产:			
货币资金	2 000	200	200
应收票据及应收账款	8 000	800	800
存货	10 000	4 000	5 000
长期股权投资	6 000	1 000	1 500
固定资产	15 000	8 000	9 500
无形资产	4 000	1 000	2 000
商誉			
资产总计	45 000	15 000	19 000
负债和所有者权益:			
短期借款	5 000	2 000	2 000
应付票据及应付账款	3 000	1 000	1 000
其他应付款	1 200	500	500
负债合计	9 200	3 500	3 500
实收资本(股本)	20 000	6 000	
资本公积	5 000	2 000	
其他综合收益	800	500	
盈余公积	1 000	300	
未分配利润	9 000	2 700	
所有者权益合计	35 800	11 500	15 500
负债和所有者权益总计	45 000	15 000	19 000

假定该项合并为非同一控制下的企业合并。

【要求】

(1)编制合并日黄山公司对泰山公司进行控股合并的会计分录。

(2)编制合并日的调整抵销分录。

(3)编制黄山公司于购买日的合并资产负债表。

(4)若黄山公司发行1 600万股普通股(每股面值为1元,每股市价10元)对泰山公司进行吸收合并,并于当日取得长江公司净资产。编制黄山公司对泰山公司吸收合并的会计分录。

3.【资料】甲公司于2×11年1月1日以1 000万元取得乙公司10%的股份。甲公司和乙公司不属于同一控制下的两个公司。取得投资时乙公司净资产的公允价值为9 500万元。甲公司将持有的投资分类为其他债权投资,按公允价值计量。2×12年1月1日,甲公司另支付5 600万元取得乙公司50%的股份,从而能够对乙公司实施控制。购买日乙公司可辨认净资产公允价值为11 000万元。甲公司之前所取得的10%股权于购买日的公允价值为1 200万元。乙公司2×11年实现的净利润为1 000万元(假定不存在需要对净利润进行调整的因素),未进行利润分配。甲公司和乙公司均按净利润的10%计提盈余公积。

【要求】

(1)编制甲公司2×12年1月1日对乙公司长期股权投资的会计分录。

(2)计算合并日合并财务报表中应确认的商誉。

第六章

控制权取得日后合并财务报表的编制

本章学习目的

本章主要介绍控制权取得日后合并资产负债表、合并利润表、合并现金流量表、合并所有者权益变动表的编制方法。通过本章的学习,要求掌握合并财务报表编制需要抵销的事项、调整及抵销分录的编制,初次编制与连续编制合并财务报表的技术方法。

本章重点与难点

本章重点是合并资产负债表及合并利润表的编制。本章难点是合并财务报表编制时对所得税的考虑以及其他与合并财务报表编制有关的特殊会计问题处理。

第一节 编制合并资产负债表时的调整与抵销

一、编制合并资产负债表时的调整事项

(一)对非同一控制下企业合并取得的子公司的个别财务报表进行调整

对于属于非同一控制下企业合并中取得的子公司,除了存在与母公司会计政策和会计期间不一致的情况,需要对该子公司的个别财务报表进行调整外,还应当以记录的该子公司的各项可辨认资产、负债及或有负债等在购买日的公允价值为基础,通过编制调整分录,对该子公司的个别财务报表进行调整,以使子公司的个别财务报表反映在购买日公允价值基础上确定的可辨认资产、负债及或有负债在本期资产负债表日的金额。

对于同一控制下企业合并取得的子公司,如果此次合并前由原控制方以非同一控制下企业合并的形式取得,则需对该子公司的个别报表按照其在最终控制方合并报表上的金额进行调整。

(二)可以按权益法调整对子公司的长期股权投资

合并财务报表以母公司和其子公司的财务报表为基础,根据其他有关资料,由母公司编制而成。具体编制时,可以按照权益法调整母公司对子公司的长期股权投资,也可以直接在成本法下编制。最终生成的合并财务报表应当符合合并财务报表准则的相关规定。

在将母公司对子公司的长期股权投资调整为权益法时,应按照《企业会计准则第2号——长期股权投资》所规定的权益法进行调整。在合并工作底稿中编制的调整分录为:对于当期该子公司实现净利润,按母公司应享有的份额,借记"长期股权投资"项目,贷记"投资收益"项目;对于当期收到的净利润或现金股利,借记"投资收益"项目,贷记"长期股权投资"等项目;对于当期子公司增加的其他综合收益,按母公司应享有的份额,借记"长期股权投资"项目,贷记"其他综合收益",对于子公司所有者权益的其他增加,按母公司应享有的份额,借记"长期股权投资"项目,贷记"资本公积"项目。如果以上因素导致子公司所有者权益减少,作相反的调整分录。

【例6-1】2×11年1月1日,甲股份有限公司(本题下称"甲公司")以2 300万元购入乙股份有限公司(本题下称"乙公司")70%的股权(不考虑相关税费)。购入当日,乙公司的股东权益总额为2 900万元,其中股本为1 000万元,资本公积为1 900万元。甲公司将购入的乙公司股权作为长期股权投资。甲公司和乙公司均按净利润的10%提取法定盈余公积。假定甲公司和乙公司的企业合并属于非同一控制下的企业合并。

2×11年1月1日,乙公司除一台行政管理部门使用的固定资产的公允价值与其

账面价值不同外,其他资产和负债的公允价值与账面价值相同。2×11年1月1日,该固定资产的公允价值为300万元,账面价值为200万元,采用年限平均法按10年计提折旧,无残值。2×11年1月1日,乙公司可辨认净资产公允价值为3 000万元。

2×11年度,乙公司实现净利润310万元,提取法定盈余公积31万元,向甲公司分配股利70万元,向其他股东分配股利30万元。本题假设:乙公司按公允价值调整的利润在考虑内部交易抵销时与不考虑内部交易抵销时相同,不考虑所得税影响。

2×11年12月31日编制合并财务报表时,相关调整分录如下:

(1)按购买日公允价值调整子公司个别报表:

借:固定资产——原价　　　　　　　　　　　　　　　　　　1 000 000
　　贷:资本公积　　　　　　　　　　　　　　　　　　　　　1 000 000
借:管理费用　　　　　　　　　　　　　　　　　　　　　　　　100 000
　　贷:固定资产——累计折旧　　　　　　　　　　　　　　　　100 000

(2)按权益法调整母公司长期股权投资:

借:长期股权投资——乙公司　　　　　　　　　　　　　　　2 100 000
　　贷:投资收益——乙公司　　　　　　　　　　　　　　　　2 100 000
借:投资收益——乙公司　　　　　　　　　　　　　　　　　　700 000
　　贷:长期股权投资——乙公司　　　　　　　　　　　　　　　700 000

在连续编制合并财务报表的情况下,针对2×11年的调整事项应编制以下连续调整分录:

借:固定资产——原价　　　　　　　　　　　　　　　　　　1 000 000
　　贷:资本公积　　　　　　　　　　　　　　　　　　　　　1 000 000
借:未分配利润——年初　　　　　　　　　　　　　　　　　　100 000
　　贷:固定资产——累计折旧　　　　　　　　　　　　　　　　100 000
借:长期股权投资　　　　　　　　　　　　　　　　　　　　2 100 000
　　贷:未分配利润——年初　　　　　　　　　　　　　　　　2 100 000
借:未分配利润——年初　　　　　　　　　　　　　　　　　　700 000
　　贷:长期股权投资——乙公司　　　　　　　　　　　　　　　700 000

二、编制合并资产负债表时应进行抵销处理的项目

合并资产负债表是以母公司和子公司的个别资产负债表为基础编制的。个别资产负债表则是以单个企业为会计主体进行会计核算的结果,它从母公司本身或从子公司本身的角度对自身的财务状况进行反映。这样,对于内部交易,从发生内部交易的企业来看,发生交易的各方都在其个别资产负债表中进行了反映。例如,企业集团母公司与子公司之间发生的赊购赊销业务,对于赊销企业来说,一方面确认营业收入、结转营业成本、计算营业利润,并在其个别资产负债表中反映为应收账款;而对于赊购企业来说,在内部购入的存货未实现对外销售的情况下,则在其个别资产负债表中反映为存货和应付账款。在这种情况下,作为反映企业集团整体财务状况的合并资产负债表,必须将上述内部交易重复计算的因素予以扣除,对这些重复的因素进行

抵销处理。这些需要扣除的重复因素,就是合并财务报表编制时需要进行抵销处理的项目。

编制合并资产负债表时需要进行抵销处理的,主要有如下项目。

(一)长期股权投资与子公司所有者权益的抵销处理

母公司对子公司进行的长期股权投资,一方面反映为长期股权投资以外的其他资产的减少,另一方面反映为长期股权投资的增加,在母公司个别资产负债表中作为资产类项目中的长期股权投资列示。子公司接受这一投资时,一方面增加资产,另一方面作为实收资本(或股本,下同)等处理,在其个别资产负债表中一方面反映为实收资本等的增加,另一方面反映为相对应的资产的增加。从企业集团整体来看,并不引起整个企业集团的资产、负债和所有者权益的增减变动。因此,编制合并财务报表时,应当在母公司与子公司财务报表数据简单相加的基础上,将母公司对子公司长期股权投资项目与子公司所有者权益项目予以抵销。

子公司所有者权益中不属于母公司的份额,即子公司所有者权益中抵销母公司所享有的份额后的余额,在合并财务报表中作为"少数股东权益"处理。在合并资产负债表中,"少数股东权益"项目应当在"所有者权益"项目下单独列示。

【例6-2】承【例6-1】。2×11年12月31日有关长期股权投资与子公司所有者权益的抵销处理如下:

借:股本 10 000 000
　　资本公积——年初 20 000 000
　　其他综合收益 0
　　盈余公积——本年 310 000
　　未分配利润——本年 1 690 000
　　商誉 2 000 000
　贷:长期股权投资 24 400 000
　　少数股东权益 9 600 000

(二)内部债权与债务的抵销处理

母公司与子公司、子公司相互之间的债权和债务项目,是指母公司与子公司、子公司相互之间因销售商品、提供劳务以及发生结算业务等原因产生的应收账款与应付账款、应收票据与应付票据、预付账款与预收账款、其他应收款与其他应付款、债权投资与应付债券等项目。发生在母公司与子公司、子公司相互之间的这些项目,企业集团内部企业的一方在其个别资产负债表中反映为资产,而另一方则在其个别资产负债表中反映为负债。但从企业集团整体角度来看,它只是内部资金运动,既不能增加企业集团的资产,也不能增加负债。为了消除个别资产负债表直接加总中的重复计算因素,在编制合并财务报表时应当将内部债权债务项目予以抵销。

1. 应收账款与应付账款的抵销处理(不考虑所得税影响)

(1)初次编制合并财务报表时应收账款与应付账款的抵销处理。在应收账款计提坏账准备的情况下,某一会计期间坏账准备的金额是以当期应收账款为基础计提的。在编制合并财务报表时,随着内部应收账款的抵销,也须将内部应收账款计提的坏账准备予以抵销。内部应收账款抵销时,其抵销分录为:借记"应付票据及应付账款"项目,贷记"应收票据及应收账款"项目。内部应收账款计提的坏账准备抵销时,其抵销分录为:借记"应收票据及应收账款——坏账准备"项目,贷记"信用减值损失"项目。

(2)连续编制合并财务报表时内部应收账款坏账准备的抵销处理。从合并财务报表来讲,内部应收账款计提的坏账准备的抵销是与抵销当期资产减值损失相对应的,上期抵销的坏账准备的金额,即上期资产减值损失抵减的金额,最终将影响到本期合并所有者权益变动表中的期初未分配利润金额的增加。由于利润表和所有者权益变动表是反映企业一定会计期间经济成果及其分配情况的财务报表,其上期期末未分配利润就是本期所有者权益变动表期初未分配利润(假定不存在会计政策变更和前期差错更正的情况)。本期编制合并财务报表是以本期母公司和子公司当期的个别财务报表为基础编制的,随着上期编制合并财务报表时内部应收账款计提的坏账准备的抵销,以此个别财务报表为基础加总得出的期初未分配利润与上一会计期间合并所有者权益变动表中的未分配利润金额之间则将产生差额。为此,编制合并财务报表时,必须将上期因抵销内部应收账款计提的坏账准备而相应抵销的资产减值损失对本期期初未分配利润的影响再次抵销,抵销时调整本期期初未分配利润的金额。

在连续编制合并财务报表进行抵销处理时,首先,将内部应收账款与应付账款予以抵销,即按内部应收账款的金额,借记"应付票据及应付账款"项目,贷记"应收票据及应收账款"项目。其次,应将上期资产减值损失中抵销的内部应收账款计提的坏账准备对本期期初未分配利润的影响予以抵销,即按上期资产减值损失项目中抵销的内部应收账款计提的坏账准备的金额,借记"应收票据及应收账款——坏账准备"项目,贷记"未分配利润——年初"项目。再次,对于本期个别财务报表中内部应收账款相对应的坏账准备增减变动的金额也应予以抵销,即按照本期个别资产负债表中期末内部应收账款相对应的坏账准备的增加额,借记"应收票据及应收账款——坏账准备"项目,贷记"信用减值损失"项目,或按照本期个别资产负债表中期末内部应收账款相对应的坏账准备的减少额,借记"信用减值损失"项目,贷记"应收票据及应收账款——坏账准备"项目。

在第三期编制合并财务报表的情况下,必须将第二期内部应收账款期末余额相应的坏账准备予以抵销,以调整期初未分配利润的金额。然后,计算确定本期内部应收账款相对应的坏账准备增减变动的金额,并将其增减变动的金额予以抵销。其抵销分录与第二期编制的抵销分录相同。

【例6-3】假设2×11年年末母公司个别资产负债表中应收账款全部为对子公司内部应收账款,其数额为50 000元,按5‰的比例计提坏账准备250元,在其个别资产负债表中坏账准备项目的数额为250元。2×11年年末编制合并财务报表时,应编制如下抵销分录:

将内部应收账款与应付账款相互抵销时,应编制如下抵销分录:

借:应付票据及应付账款   50 000
  贷:应收票据及应收账款   50 000

将本期内部应收账款计提的坏账准备抵销,应编制如下抵销分录:

借:应收票据及应收账款——坏账准备　　　　　　　　　　　　250
　　贷:信用减值损失　　　　　　　　　　　　　　　　　　　　　　250

【例6-4】承【例6-3】,母公司2×12年年末个别资产负债表中对子公司内部应收账款余额仍为50 000元,坏账准备余额为250元。2×12年年末编制合并财务报表时,应编制如下抵销分录:

将内部应收账款与应付账款相互抵销时,应编制如下抵销分录:

借:应付票据及应付账款　　　　　　　　　　　　　　　　　　50 000
　　贷:应收票据及应收账款　　　　　　　　　　　　　　　　　　50 000

将上期内部应收账款计提的坏账准备抵销,应编制如下抵销分录:

借:应收票据及应收账款——坏账准备　　　　　　　　　　　　250
　　贷:未分配利润——年初　　　　　　　　　　　　　　　　　　250

【例6-5】承【例6-3】,假设母公司2×12年年末个别资产负债表中对子公司内部应收账款为66 000元,坏账准备的数额为330元,本期对子公司内部应收账款增加16 000元,本期内部应收账款补提坏账准备为80元。2×12年年末编制合并财务报表时,应编制如下抵销分录:

将内部应收账款与应付账款相互抵销时,应编制如下抵销分录:

借:应付票据及应付账款　　　　　　　　　　　　　　　　　　66 000
　　贷:应收票据及应收账款　　　　　　　　　　　　　　　　　　66 000

将上期内部应收账款计提的坏账准备抵销,应编制如下抵销分录:

借:应收票据及应收账款——坏账准备　　　　　　　　　　　　250
　　贷:未分配利润——年初　　　　　　　　　　　　　　　　　　250

将本期对子公司内部应收账款净增加16 000元计提的坏账准备予以抵销,应编制如下抵销分录:

借:应收票据及应收账款——坏账准备　　　　　　　　　　　　80
　　贷:信用减值损失　　　　　　　　　　　　　　　　　　　　　　80

【例6-6】承【例6-3】,假设2×12年年末母公司本期个别资产负债表中对子公司内部应收账款为32 000元,坏账准备余额为160元。内部应收账款比上期净减少18 000元,本期冲销内部应收账款计提坏账准备90元。2×12年年末编制合并财务报表时,应编制如下抵销分录:

将内部应收账款与应付账款相互抵销时,应编制如下抵销分录:

借:应付票据及应付账款　　　　　　　　　　　　　　　　　　32 000
　　贷:应收票据及应收账款　　　　　　　　　　　　　　　　　　32 000

将上期内部应收账款计提的坏账准备抵销,应编制如下抵销分录:

借:应收票据及应收账款——坏账准备　　　　　　　　　　　　250
　　贷:未分配利润——年初　　　　　　　　　　　　　　　　　　250

将本期对子公司内部应收账款净减少18 000元计提的坏账准备予以抵销,应编制如下抵销分录:

借:信用减值损失 90
　　贷:应收票据及应收账款——坏账准备 90

2. 其他债权与债务项目的抵销处理

其他债权与债务项目的抵销处理同应收账款与应付账款的抵销处理方法类同。

【例6-7】母公司2×11年个别资产负债表中预收款项150万元为子公司预付款项;应收票据400万元为子公司2×11年向母公司购买商品3 500万元开具的票面金额为400万元的商业承兑汇票;子公司应付债券1 200万元为母公司所持有。对此,2×11年年末在编制合并资产负债表时,应编制如下抵销分录:

将内部预收账款与内部预付账款抵销时,应编制如下抵销分录:

借:预收款项 1 500 000
　　贷:预付款项 1 500 000

将内部应收票据与内部应付票据抵销时,应编制如下抵销分录:

借:应付票据及应付账款 4 000 000
　　贷:应收票据及应收账款 4 000 000

将债权投资中债券投资与应付债券抵销时,应编制如下抵销分录:

借:应付债券 12 000 000
　　贷:债权投资 12 000 000

值得注意的是:在某些情况下,债券投资企业持有的企业集团内部成员企业的债券并不是从发行债券的企业直接购进的,而是在证券市场上从第三方手中购进的。在这种情况下,债权投资中的债券投资与发行债券企业的应付债券抵销时,可能会出现差额,应当计入合并利润表的投资收益或财务费用项目。

【例6-8】2×12年1月1日,甲公司支付价款1 000万元从二级市场购入乙公司5年期债券,面值1 250万元,票面利率4.72%,按年支付利息,本金最后一次支出。实际利率为10%。该债券为乙公司2×11年1月1日按照面值1 250万元发行。假定甲、乙公司是同一集团内的两个子公司。

2×12年12月31日编制合并财务报表时:

$$实际利息 = 1\ 000 \times 10\% = 100(万元)$$
$$应收利息 = 1\ 250 \times 4.72\% = 59(万元)$$
$$利息调整 = 41万元$$
$$年末摊余成本 = 1\ 000 + 41 = 1\ 041(万元)$$

集团在编制合并财务报表时的抵销分录为:

借:应付债券 12 500 000
　　贷:债权投资 10 410 000
　　　　财务费用 2 090 000
借:其他应付款 590 000
　　贷:其他应收款 590 000
借:投资收益 590 000
　　贷:财务费用 590 000

(三)存货价值中包含的未实现内部销售损益的抵销处理(不考虑所得税影响)

存货价值中包含的未实现内部销售损益是由企业集团内部商品购销、劳务提供活动引起的。在内部购销活动中,销售企业将集团内部销售作为收入确认并计算销售利润;而购买企业则是以支付购货的价款作为其成本入账。在本期内未实现对外销售而形成期末存货时,其存货价值中也相应地包括两部分内容:一部分为真正的存货成本(即销售企业销售该商品的成本);另一部分为销售企业的销售毛利(即其销售收入减去销售成本的差额)。对于期末存货价值中包括的这部分销售毛利,从企业集团整体来看,并不是真正实现的利润。因为从整个企业集团来看,集团内部企业之间的商品购销活动实际上相当于企业内部物资调拨活动,既不会实现利润,也不会增加商品的价值。正是从这一意义上来说,将期末存货价值中包括的这部分,即销售企业作为利润确认的部分,称之为未实现内部销售损益。因此,在编制合并资产负债表时,应当将存货价值中包含的未实现内部销售损益予以抵销。

抵销存货价值中包含的未实现内部销售损益时,应当区分顺流和逆流交易。合并报表规定,母公司向子公司出售资产所发生的未实现内部交易损益,应当全额抵销"归属于母公司所有者的净利润"。子公司向母公司出售资产所发生的未实现内部交易损益,应当按照母公司对该子公司的分配比例在"归属于母公司所有者的净利润"和"少数股东损益"之间分配抵销。本节讲述顺流交易的抵销,逆流交易的抵销可见第四节例6-24。

1. 存货购进当期编制合并财务报表时的抵销处理

合并资产负债表日,企业集团内部购进存货全部对外售出时,按企业集团存货的内部销售价格,借记"营业收入"项目,贷记"营业成本"项目。

合并资产负债表日,企业集团内部购进存货全部形成期末存货时,按照集团内部销售企业销售该商品的销售收入,借记"营业收入"项目,按照销售企业销售该商品的销售成本,贷记"营业成本"项目。按照当期期末存货价值中包含的未实现内部销售损益的金额,贷记"存货"项目。

合并资产负债表日,企业集团内部购进存货部分对外销售,部分形成期末存货时,分别比照上述规定进行处理。

【例6-9】2×11年年初A公司投资于B公司,占B公司表决权资本的80%,2×11年A公司向B公司销售甲产品1 000件,每件价款为2万元、成本为1.6万元,至2×11年年末已对外销售甲产品800件。

在2×11年12月31日编制合并财务报表时,应进行如下抵销处理:

借:营业收入	20 000 000
贷:营业成本	20 000 000
借:营业成本	800 000
贷:存货	800 000

2. 连续编制合并财务报表时的抵销处理

如果上期内部购进商品全部实现对外销售,则由于不涉及内部存货价值中包含的未实现内部销售损益的抵销处理,在本期连续编制合并财务报表时不涉及对其进行处理的问题。但在上期内部购进商品并形成期末存货的情况下,在编制合并财务报表进行抵销处理时,存货价值中包含的未实现内部销售损益的抵销,直接影响上期合并财务报表中合并净利润金额的减少,最终影响合并所有者权益变动表中期末未分配利润的金额的减少。由于本期编制合并财务报表是以母公司和子公司本期个别财务报表为基础的,而母公司和子公司个别财务报表中未实现内部销售损益是作为其实现利润的部分包括在其期初未分配利润之中的,以母子公司个别财务报表中期初未分配利润为基础计算得出的合并期初未分配利润的金额就可能与上期合并财务报表中的期末未分配利润的金额不一致。因此,上期编制合并财务报表时抵销的内部购进存货中包含的未实现内部销售损益,也对本期的期初未分配利润产生影响,本期编制合并财务报表时必须在合并母子公司期初未分配利润的基础上,将上期抵销的未实现内部销售损益对本期期初未分配利润的影响予以抵销,调整本期期初未分配利润的金额。

在连续编制合并财务报表的情况下,首先必须将上期抵销的存货价值中包含的未实现内部销售损益对本期期初未分配利润的影响予以抵销,调整本期期初未分配利润的金额;然后再对本期内部购进存货进行抵销处理,其具体抵销处理程序和方法如下:

(1)将上期抵销的存货价值中包含的未实现内部销售损益对本期期初未分配利润的影响进行抵销,即按照上期内部购进存货价值中包含的未实现内部销售损益的金额,借记"未分配利润——年初"项目,贷记"营业成本"项目。

(2)对于本期发生内部购销活动的,将内部销售收入、内部销售成本及内部购进存货中未实现内部销售损益予以抵销,即按照销售企业内部销售收入的金额,借记"营业收入"项目,贷记"营业成本"项目。

(3)将期末内部购进存货价值中包含的未实现内部销售损益予以抵销。对于期末内部购买形成的存货(包括上期结转形成的本期存货),应按照购买企业期末内部购入存货价值中包含的未实现内部销售损益的金额,借记"营业成本"项目,贷记"存货"项目。

【例6-10】承【例6-9】。2×12年,A公司向B公司销售甲产品900件,每件价款为3万元、成本为2万元;2×12年,A公司对外销售甲产品100件。B公司存货采用先进先出法核算。

在2×12年12月31日编制合并财务报表时,应进行以下抵销处理:

借:未分配利润——年初	800 000
贷:营业成本	800 000
借:营业收入	27 000 000
贷:营业成本	27 000 000
借:营业成本	9 400 000
贷:存货	9 400 000

【例6-11】承【例6-9】和【例6-10】。2×13年,A公司向B公司销售甲产品600件,每件价款为3.5万元、成本为2.6万元;至2×13年年末甲产品全部对外销售。

在2×13年12月31日编制合并财务报表时,应进行如下抵销处理:

借:未分配利润——年初	9 400 000

贷：营业成本　　　　　　　　　　　　　　　　　　　9 400 000
　　　借：营业收入　　　　　　　　　　　　　　　　　　　21 000 000
　　　　贷：营业成本　　　　　　　　　　　　　　　　　　21 000 000

(四)内部固定资产交易的抵销处理(不考虑所得税影响)

内部固定资产交易是指企业集团内部发生交易的一方与固定资产有关的购销业务。对于企业集团内部固定资产交易,根据销售企业销售的是产品还是固定资产,可以将其划分为两种类型:第一种类型是企业集团内部企业将自身生产的产品销售给企业集团内的其他企业作为固定资产使用;第二种类型是企业集团内部企业将自身的固定资产出售给企业集团内的其他企业作为固定资产使用。此外,还有另一类型的内部固定资产交易,即企业集团内部企业将自身使用的固定资产出售给企业集团内的其他企业作为普通商品销售。这种类型的固定资产交易在企业集团内部发生得极少,一般情况下发生的金额也不大。第一种类型的内部固定资产交易,即企业集团内部的母公司或子公司将自身生产的产品销售给企业集团内部的其他企业作为固定资产使用,发生得比较多,也比较普遍。以下重点介绍这种类型的内部固定资产交易的抵销处理。

与存货的情况不同,固定资产的使用寿命较长,往往要跨越几个会计年度。对于内部交易形成的固定资产,不仅在该内部固定资产交易发生的当期需要进行抵销处理,而且在以后使用该固定资产的期间也需要进行抵销处理。固定资产在使用过程中是通过折旧的方式将其价值转移到产品价值之中,由于固定资产按原价计提折旧,在固定资产原价中包含未实现内部销售损益的情况下,每期计提的折旧费中也必然包含未实现内部销售损益的金额,由此也需要对该内部交易形成的固定资产每期计提的折旧费进行相应的抵销处理。同样,如果购买企业对该项固定资产计提了固定资产减值准备,由于固定资产减值准备是以原价为基础进行计算确定的,在固定资产原价中包含未实现内部销售损益的情况下,对该项固定资产计提的减值准备中也必然包含未实现内部销售损益的金额,由此也需要对该内部交易形成的固定资产计提的减值准备进行相应的抵销处理。

抵销固定资产交易未实现内部销售损益时也应区分顺流交易与逆流交易。本节介绍顺流交易包含的未实现内部销售损益的抵销,逆流交易的抵销比照存货逆流交易的抵销处理。

1. 内部交易形成的固定资产在购入当期编制合并财务报表时的抵销处理

在这种情况下,购买企业购进的固定资产,在其个别资产负债表中以支付的价款作为该固定资产的原价列示,因此,首先就必须将该固定资产原价中包含的未实现内部销售损益予以抵销。其次,购买企业对该固定资产计提了折旧,折旧费计入相关资产的成本或当期损益。由于购买企业以该固定资产的取得成本作为原价计提折旧,取得成本中包含未实现内部销售损益,在相同的使用寿命下,各期计提的折旧费要大于不包含未实现内部销售损益时计提的折旧费,因此还必须将当期多计提的折旧额从该固定资产当期计提的折旧费中予以抵销。其抵销处理程序如下:

(1)将与内部交易形成的固定资产相关的销售收入、销售成本以及原价中包含的未实现内部销售损益予以抵销。

在第一种类型的内部交易中,通常按集团内部售价,借记"营业收入"项目,按集团内销售方成本价,贷记"营业成本"项目,按未实现内部销售损益,贷记"固定资产"项目。

在第二种类型的内部交易中,通常按未实现内部销售损益,借记"资产处置损益"项目,贷记"固定资产"项目。

(2)将内部交易形成的固定资产当期多计提的折旧费和累计折旧(或少计提的折旧费和累计折旧)予以抵销。从单个企业来说,对计提折旧进行会计处理时,一方面增加当期的费用或计入相关资产的成本,另一方面形成累计折旧。因此,对内部交易形成的固定资产当期多计提的折旧费抵销时,应按当期多计提的折旧额,借记"固定资产——累计折旧"项目,贷记"管理费用"等项目(为便于理解,本节有关内部交易形成的固定资产多计提的折旧费的抵销,均假定该固定资产为购买企业的管理用固定资产,通过"管理费用"项目进行抵销)。

【例6-12】2×10年12月16日母公司以9 000万元的价格将其生产的产品销售给子公司,其销售成本为7 500万元。子公司购买该产品作为管理用固定资产,假设子公司对该固定资产按5年的使用期限计提折旧,预计净残值为零,采用直线法计提折旧。

在2×10年12月31日编制合并财务报表时,应进行如下抵销处理:

借:营业收入　　　　　　　　　　　　　　　　　　　90 000 000
　　贷:营业成本　　　　　　　　　　　　　　　　　　75 000 000
　　　　固定资产——原价　　　　　　　　　　　　　15 000 000

2. 连续编制合并财务报表时内部交易形成的固定资产的抵销处理

(1)固定资产在非清理期间的抵销处理。在以后会计期间,该内部交易形成的固定资产仍然以原价在购买企业的个别资产负债表中列示,因此,必须将原价中包含的未实现内部销售损益的金额予以抵销;相应地销售企业以前会计期间由于该内部交易所实现的销售利润,形成销售当期的净利润的一部分并结转到以后会计期间,在其个别所有者权益变动表中列示,因此必须将期初未分配利润中包含的该未实现内部销售损益予以抵销,以调整期初未分配利润的金额。将内部交易形成的固定资产原价中包含的未实现内部销售损益抵销,并调整期初未分配利润,即按照原价中包含的未实现内部销售损益的金额,借记"未分配利润——年初"项目,贷记"固定资产——原价"项目。

其次,对于该固定资产在以前会计期间计提折旧而形成的期初累计折旧,由于以前会计期间以包含未实现内部销售损益的原价为依据而多计提了折旧,因此,一方面必须按照以前会计期间累计多计提的折旧额抵销期初累计折旧,另一方面由于以前会计期间累计折旧抵销而影响到期初未分配利润,因此还必须调整期初未分配利润的金额。即按以前会计期间抵销该内部交易形成的固定资产多计提的累计折旧额,借记"固定资产——累计折旧"项目,贷记"未分配利润——年初"项目。

最后,该内部交易形成的固定资产在本期仍然计提了折旧,由于多计提折旧导致本期有关资产或费用项目增加并形成累计折旧,为此:一方面必须将本期多计提折旧而计入相关资产的成本或当期损益的金额予以抵销;另一方面将本期多计提折旧而形成的累计折旧额予以抵销。按本期该内部交易形成的固定资产多计提的折旧额,借记"固定资产——累计折旧"项目,贷记"管理费用"等项目。

【例 6-13】承【例 6-12】。

在 2×11 年 12 月 31 日编制合并财务报表时,应进行以下抵销处理:

借:未分配利润——年初		15 000 000
贷:固定资产——原价		15 000 000
借:固定资产——累计折旧	(15 000 000÷5)	3 000 000
贷:管理费用		3 000 000

在编制 2×12 年合并财务报表时,应进行以下抵销处理:

借:未分配利润——年初		15 000 000
贷:固定资产——原价		15 000 000
借:固定资产——累计折旧		3 000 000
贷:未分配利润——年初		3 000 000
借:固定资产——累计折旧		3 000 000
贷:管理费用		3 000 000

在编制 2×13 年合并财务报表时,应进行以下抵销处理:

借:未分配利润——年初		15 000 000
贷:固定资产——原价		15 000 000
借:固定资产——累计折旧		6 000 000
贷:未分配利润——年初	(3 000 000×2)	6 000 000
借:固定资产——累计折旧		3 000 000
贷:管理费用		3 000 000

在编制 2×14 年合并财务报表时,应进行以下抵销处理:

借:未分配利润——年初		15 000 000
贷:固定资产——原价		15 000 000
借:固定资产——累计折旧	(3 000 000×3)	9 000 000
贷:未分配利润——年初		9 000 000
借:固定资产——累计折旧		3 000 000
贷:管理费用		3 000 000

(2)固定资产在清理期间的抵销处理。对于销售企业来说,因该内部交易实现的利润,作为期初未分配利润的一部分结转到以后的会计期间,直到购买企业对该内部交易形成的固定资产进行清理的会计期间为止。从购买企业来说,对内部交易形成的固定资产进行清理的期间,在其个别财务报表中表现为固定资产价值的减少;该固定资产清理收入减去该固定资产账面价值以及有关清理费用后的余额,则在其个别利润表中以资产处置损益(营业外收入或营业外支出)项目列示。

在这种情况下,购买企业内部交易形成的固定资产实体已不复存在,包含未实现内部销售损益在内的该内部交易形成的固定资产的价值已全部转移到用其加工的产品价值或各期损益中去了,因此不存在未实现内部销售损益的抵销问题。从整个企业集团来说,随着该内部交易形成的固定资产的使用寿命届满,其包含的未实现内部销售损益也转化为已实现利润。但是,由于销售企业因该内部交易所实现的利润,作为期初未分配利润的一部分结转到购买企业对该内部交易形成的固定资产进行清理的会计期间为止,为此,必须调整期初未分配利润。在固定资产进行清理的会计期间,如果仍计提了折旧,则本期计提的折旧费中仍然包含多计提的折旧额,因此需要将多计提的折旧额予以抵销。

①固定资产期满清理的抵销处理。固定资产期满清理,编制合并财务报表时,通常对以前内部交易固定资产原价中包含的未实现内部销售损益,借记"未分配利润——年初"项目,贷记"营业外收入"项目;以前会计期间内部交易固定资产多计提的累计折旧,借记"营业外收入"项目,贷记"未分配利润——年初"项目;本期由于该内部固定资产的使用而多计提的折旧费用,借记"营业外收入"项目,贷记"管理费用"项目。

【例6-14】承【例6-12】,假定子公司在2×15年年末该固定资产使用期满时对其报废清理。

在2×15年12月31日编制合并财务报表时,应进行以下抵销处理:

借:未分配利润——年初　　　　　　　　　　　　　　　　　　15 000 000
　　贷:营业外收入　　　　　　　　　　　　　　　　　　　　　15 000 000
借:营业外收入　　　　　　　　　　　　　　　(3 000 000×4)12 000 000
　　贷:未分配利润——年初　　　　　　　　　　　　　　　　　12 000 000
借:营业外收入　　　　　　　　　　　　　　　　　　　　　　　 3 000 000
　　贷:管理费用　　　　　　　　　　　　　　　　　　　　　　　3 000 000

②固定资产提前清理的抵销处理。固定资产提前报废清理,编制合并财务报表时,通常对以前内部交易固定资产原价中包含的未实现内部销售损益,借记"未分配利润——年初"项目,贷记"营业外收入"项目;以前会计期间内部交易固定资产多计提的累计折旧,借记"营业外收入"项目,贷记"未分配利润——年初"项目;本期由于该内部固定资产的使用而多计提的折旧费用,借记"营业外收入"项目,贷记"管理费用"项目。如果固定资产因出售、对外投资等原因提前清理,则通过"资产处置损益"抵消。

【例6-15】承【例6-12】,假定2×14年年末子公司将该设备出售,取得处置收益。

在2×14年12月31日编制合并财务报表时,应进行以下抵销处理:

借:未分配利润——年初　　　　　　　　　　　　　　　　　　15 000 000
　　贷:资产处置损益　　　　　　　　　　　　　　　　　　　　15 000 000
借:资产处置损益　　　　　　　　　　　　　　　(3 000 000×3) 9 000 000
　　贷:未分配利润——年初　　　　　　　　　　　　　　　　　 9 000 000
借:资产处置损益　　　　　　　　　　　　　　　　　　　　　　 3 000 000
　　贷:管理费用　　　　　　　　　　　　　　　　　　　　　　　3 000 000

③固定资产超期清理问题。固定资产期满后清理,编制合并财务报表时,不需要进行抵销处理。

第二节 编制合并利润表和合并所有者权益变动表时的抵销

一、编制合并利润表时应进行抵销处理的项目

合并利润表应当以母公司和子公司的利润表为基础,在抵销母公司与子公司、子公司相互之间发生的内部交易对合并利润表的影响后,由母公司合并编制。

利润表作为以单个企业为会计主体进行会计核算的结果,分别从母公司本身和子公司本身反映其在一定会计期间的经营成果。在以其个别利润表为基础计算的收入和费用等项目的加总金额中,也必然包含有重复计算的因素,因此,编制合并利润表时,也需要将这些重复的因素予以剔除。

编制合并利润表时需要进行抵销处理的,主要有以下项目:

(一)内部营业收入和内部营业成本的抵销处理

内部营业收入是指企业集团内部母公司与子公司、子公司相互之间发生的商品销售(或劳务提供,下同)活动所产生的营业收入。内部营业成本是指企业集团内部母公司与子公司、子公司相互之间发生的销售商品的营业成本。

在企业集团内部母公司与子公司、子公司之间发生内部购销交易的情况下,母公司和子公司都从自身的角度,以自身独立的会计主体进行核算反映其损益情况。从销售企业来说,以其内部销售确认当期销售收入并结转相应的销售成本,计算当期内部销售商品损益。从购买企业来说,其购进的商品可能用于对外销售,也可能是作为固定资产、工程物资、在建工程、无形资产等资产使用。

购买企业购进商品用于固定资产时,期抵销处理参见本章"内部固定资产交易抵销的处理"有关内容。购买企业购进商品用于工程物资、在建工程、无形资产等方面时,其抵销处理与"固定资产内部交易抵销的处理"类似。

在购买企业将内部购进的商品用于对外销售时,可能出现以下三种情况:第一,内部购进的商品全部实现对外销售;第二,内部购进的商品全部未实现销售,形成期末存货;第三,内部购进的商品部分实现对外销售、部分形成期末存货。此时,抵销处理参见本章"存货价值中包含的内部未实现销售损益的抵销处理"有关内容。

【例6-16】2×11年12月31日,乙公司无形资产中包含一项从甲公司购入的专利权。该专利权系2×11年4月1日从甲公司购入,购入价格为1 200万元,乙公司购入该专利权后立即投入使用,预计使用年限为6年,采用直线法摊销。

甲公司该专利权于2×08年4月注册,有效期为10年。该商标权的入账价值为100万元,至出售日已摊销4年,累计摊销40万元。甲公司和乙公司对专利权的摊销均计入管理费用。2×11年12月31日,经减值测试,该专利权的预计可收回金额为910万元。甲与乙为母子公司关系。

2×11年编制合并财务报表时,相关抵销分录如下:

借:资产处置损益　　　　　　　　　　　　[1 200-(100-40)]1 140
　　贷:无形资产　　　　　　　　　　　　　　　　　　　　　　1 140
借:无形资产——累计摊销　　　　　　　　(1 140÷6×9÷12)142.5
　　贷:管理费用　　　　　　　　　　　　　　　　　　　　　　142.5
借:无形资产——无形资产减值准备　　(1 200-1 200÷6÷12×9-910)140
　　贷:资产减值损失　　　　　　　　　　　　　　　　　　　　140

(二)内部应收款项计提的坏账准备等减值准备的抵销处理

编制合并资产负债表时,需要将内部应收账款与应付账款相互抵销,与此相适应需要将内部应收账款计提的坏账准备予以抵销。相关抵销处理参见本章有关"应收账款与应付账款的抵销处理"的内容。

(三)内部投资收益(利息收入)和利息费用的抵销处理

企业集团内部母公司与子公司、子公司相互之间可能发生相互持有对方债券的内部交易。在持有母公司或子公司发行的企业债券(或公司债券,下同)的情况下,发行债券的企业计付的利息费用作为财务费用处理,并在其个别利润表"财务费用"等项目中列示;而持有债券的企业,将购买的债券在其个别资产负债表"债权投资"(本章为简化合并处理,假定购买债券的企业将该债券投资归类为债权投资)项目中列示,当期获得的利息收入则作为投资收益处理,并在其个别利润表"投资收益"项目中列示。在编制合并财务报表时,应当在抵销内部发行的应付债券和债权投资等内部债权债务的同时,将内部应付债券和债权投资相关的利息费用与投资收益(利息收入)相互抵销,即将内部债券投资收益与内部发行债券的利息费用相互抵销。

(四)内部持有对方长期股权投资的投资收益的抵销处理

内部投资收益是指母公司对子公司或子公司对母公司、子公司相互之间的长期股权投资的收益,即母公司对子公司的长期股权投资在合并工作底稿中按权益法调整的投资收益,实际上就是子公司当期营业收入减去营业成本和期间费用、所得税费用等后的余额与其持股比例相乘的结果。

在子公司为全资子公司的情况下,母公司对某一子公司在合并工作底稿中按权益法调整的投资收益,实际上就是该子公司当期实现的净利润。编制合并利润表时,实际上是将子公司的营业收入、营业成本和期间费用视为母公司本身的营业收入、营业成本和期间费用同等看待,与母公司相应的项目进行合并,因此,编制合并利润表时,必须将对子公司长期股权投资收益予以抵销。同时,相应地应当将子公司的个别所有者权益变动表中本年利润分配各项目的金额,包括提取盈余公积、对所有者(或股东)的分配和期末未分配利润的金额都予以抵销。在子公司为全资子公司的情况下,子公司本期净利润就是母公司本期子公司长期股权投资按权益法调整的投资收益。假定子公司期初未分配利润为零,子公司本期净利润就是子公司本期可供分配的利润,是本期子公司利润分配的来源,而子公司本期利润分配[包括提取盈余公积、对所有者(或股东)的分配等]的金额与期末未分配利润的金额则是本期利润分配的结果。母公司对子公司的长期股权投资按权益法调整的投资收益正好与子公司的本年利润分配项目相抵销。在子公司为非全资子公司的情况下,母公司本期对子公司长期股权投资按权益法调整的投资收益与本期少数股东损益之和就是子公司本期净利润,同样假定子公司期初未分配利润为零,母公司本期对子公司长期股权投资按权益法调整的投资收益与本期少数股东损益之和,正好与子公司本年利润分配项目相抵销。

至于子公司个别所有者权益变动表中本年利润分配项目中的"未分配利润——年初"项目,作为子公司以前会计期间净利润的一部分,在全资子公司的情况下已全额包括在母公司以前会计期间按权益法调整的投资收益之中,从而包括在母公司按权益法调整的本期期初未分配利润之中。因此,也应将其予以抵销。从子公司个别所有者权益变动表来看,其期初未分配利润加上本期净利润就是其本期利润分配的来源;而本期利润分配和期末未分配利润则是利润分配的结果。母公司本期对子公司长期股权投资按权益法调整的投资收益和子公司期初未分配利润正好与子公司本年利润分配项目相抵销。在子公司为非全资子公司的情况下,母公司本期对子公司长期股权投资按权益法调整的投资收益、本期少数股东损益和期初未分配利润与子公司本年利润分配项目也正好相抵销。

【例6-17】承【例6-1】。2×11年12月31日有关母子公司持有对方长期股权投资的投资收益的抵销处理如下:

借:投资收益 2 100 000
　　少数股东损益 900 000
　　未分配利润——年初 0
贷:提取盈余公积 310 000
　　对所有者(或股东)的分配 1 000 000
　　未分配利润——年末 1 690 000

二、编制合并所有者权益变动表时需要进行抵销处理的项目

合并所有者权益变动表是反映构成企业集团所有者权益的各组成部分当期的增减变动情况的财务报表。

所有者权益变动表作为以单个企业为会计主体进行会计核算的结果,分别从母公司本身和子公司本身反映其在一定会计期间所有者权益构成及其变动情况。在以其个别所有者权益变动表为基础计算的各所有者权益构成项目的加总金额中,也必然包含重复计算的因素,因此,编制合并所有者权益变动表时,也需要将这些重复的因素予以剔除。

编制合并所有者权益变动表时需要进行抵销处理的项目主要包括:①母公司对子公司的长期股权投资与母公司在子公司所有者权益中所享有的份额相互抵销,其抵销处理参见本章有关"长期股权投资与子公司所有者权益的抵销处理"的内容。②母公司对子公司、子公司相互之间持有对方长期股权投资的投资收益应当抵销等,其抵销处理参见本章有关"母公司与子公司、子公司相互之间持有对方长期股权投资的投资收益的抵销处理"的内容。需要说明的是,从合并财务报表前后一致的理念、原则出发,

将母公司及其全部子公司之间的投资收益和利润分配与其他内部交易一样应当相互抵销。同时,应当关注合并所有者权益变动表"未分配利润"的年末余额,将其中子公司当年提取的盈余公积归属于母公司的金额进行单项附注披露。

还需要说明的是,子公司在"专项储备"项目中反映的按照国家相关规定提取的安全生产费等,专项储备不属于其他综合收益,也与留存收益不同,在长期股权投资与子公司所有者权益相互抵销后,应当按归属于母公司所有者的份额予以恢复,借记"未分配利润"项目,贷记"专项储备"项目。子公司其他所有者权益变动的影响中其他债权投资公允价值变动净额归属于母公司的份额等,在编制合并所有者权益变动表时,也应在合并工作底稿中进行重分类,将其由"权益法下被投资单位其他所有者权益变动的影响"项目反映,调整至由"其他债权投资公允价值变动净额"等项目反映。

第三节 编制合并现金流量表时的抵销

合并现金流量表是综合反映母公司及其所有子公司组成的企业集团在一定会计期间现金和现金等价物①流入和流出的报表。现金流量表作为一张主要报表已经为世界上一些主要国家的会计实务所采用,合并现金流量表的编制也成为各国会计实务的重要内容。

合并现金流量表的编制原理、编制方法和编制程序与合并资产负债表、合并利润表的编制原理、编制方法和编制程序相同。也就是说,首先编制合并工作底稿,将母公司和所有子公司的个别现金流量表各项目的数据全部过入同一合并工作底稿;然后根据当期母公司与子公司、子公司相互之间发生的影响其现金流量增减变动的内部交易,编制相应的抵销分录,通过抵销分录将个别现金流量表中重复反映的现金流入量和现金流出量予以抵销;最后,在此基础上计算合并现金流量表的各项目的合并金额,并填制合并现金流量表。

合并现金流量表的抵销分录中,借记,表示现金流出的减少,贷记,表示现金流入的减少。

合并现金流量表补充资料,既可以以母公司和所有子公司的个别现金流量表为基础,在抵销母公司与子公司、子公司相互之间发生的内部交易对合并现金流量表的影响后进行编制,也可以直接根据合并资产负债表和合并利润表进行编制。

现金流量表作为以单个企业为会计主体进行会计核算的结果,分别从母公司本身和子公司本身反映其在一定会计期间现金流入和现金流出。在以其个别现金流量表为基础计算的现金流入和现金流出项目的加总金额中,也必然包含有重复计算的因素,因此,编制合并现金流量表时,也需要将这些重复的因素予以剔除。

---

① 本节提及现金,除非同时提及现金等价物,均不包括现金等价物。

编制合并现金流量表时需要进行抵销处理的项目主要如下：

一、企业集团内部当期以现金投资或收购股权增加的投资所产生的现金流量的抵销处理

母公司直接以现金对子公司进行的长期股权投资或以现金从子公司的其他所有者（即企业集团内的其他子公司）处收购股权，表现为母公司现金流出，在母公司个别现金流量表作为投资活动现金流出列示。子公司接受这一投资（或处置投资）时，表现为现金流入，在其个别现金流量表中反映为筹资活动的现金流入（或投资活动的现金流入）。从企业集团整体来看，母公司以现金对子公司进行的长期股权投资实际上相当于母公司将资本拨付给下属核算单位，并不引起整个企业集团的现金流量的增减变动。因此，编制合并现金流量表时，应当在母公司与子公司现金流量表数据简单相加的基础上，将母公司当期以现金对子公司长期股权投资所产生的现金流量予以抵销。

【例6-18】2×11年1月1日A公司以银行存款100万元直接对B公司投资，持股比例80%，B公司接受投资作为股本。2×11年12月31日编制合并财务报表时，有关抵销分录如下：

借：取得子公司及其他营业单位支付的现金净额　　　　　1 000 000
　　贷：吸收投资收到的现金　　　　　　　　　　　　　　　　1 000 000

二、企业集团内部当期取得投资收益收到的现金与分配股利、利润或偿付利息支付的现金的抵销处理

母公司对子公司进行的长期股权投资和债权投资，在持有期间收到子公司分派的现金股利（利润）或债券利息，表现为现金流入，在母公司个别现金流量表中作为取得投资收益收到的现金列示。子公司向母公司分派现金股利（利润）或支付债券利息，表现为现金流出，在其个别现金流量表中反映为分配股利、利润或偿付利息支付的现金。从整个企业集团来看，这种投资收益的现金收支，并不引起整个企业集团的现金流量的增减变动。因此，编制合并现金流量表时，应当在母公司与子公司现金流量表数据简单相加的基础上，将母公司当期取得投资收益收到的现金与子公司分配股利、利润或偿付利息支付的现金予以抵销。

【例6-19】承【例6-18】。2×11年A公司收到B公司支付的现金股利24万元。2×11年12月31日编制合并财务报表时，有关抵销分录如下：

借：分配股利、利润或偿付利息支付的现金　　　　　　　　240 000
　　贷：取得投资收益收到的现金　　　　　　　　　　　　　　240 000

三、企业集团内部以现金结算债权与债务所产生的现金流量的抵销处理

母公司与子公司、子公司相互之间当期以现金结算应收账款或应付账款等债权与债务，表现为现金流入或现金流出，在母公司个别现金流量表中作为收到其他与经营活动有关的现金或支付其他与经营活动有关的现金列示，在子公司个别现金流量

表中作为支付其他与经营活动有关的现金或收到其他与经营活动有关的现金列示。从整个企业集团来看,这种现金结算债权与债务,并不引起整个企业集团的现金流量的增减变动。因此,编制合并现金流量表时,应当在母公司与子公司现金流量表数据简单相加的基础上,将母公司当期以现金结算债权与债务所产生的现金流量予以抵销。

【例 6-20】承【例 6-18】。假设 A 公司 2×11 年支付 B 公司 2×10 年商品销货款 10 万元。

由于该销货款系 A 公司与 B 公司 2×10 年的交易,在 2×10 年年末,在 A 公司和 B 公司的账上分别体现为应付账款和应收账款,在 2×11 年 A 公司支付 B 公司该货款时,A 公司和 B 公司在账上体现为应付账款和应收账款的减少,但从整个集团来看,并不引起整个集团债权和债务的变化。

2×11 年 12 月 31 日编制合并财务报表时,有关抵销分录如下:

借:购买商品、接受劳务支付的现金　　　　　　　　　　　　　100 000
　　贷:销售商品、提供劳务收到的现金　　　　　　　　　　　　　100 000

四、企业集团内部当期销售商品所产生的现金流量的抵销处理

母公司向子公司当期销售商品(或子公司向母公司销售商品或子公司相互之间销售商品,下同)所收到的现金,表现为现金流入,在母公司个别现金流量表中作为销售商品、提供劳务收到的现金列示。子公司向母公司支付购货款,表现为现金流出,在其个别现金流量表中反映为购买商品、接受劳务支付的现金。从整个企业集团来看,这种内部商品购销现金收支,并不会引起整个企业集团的现金流量的增减变动。因此,编制合并现金流量表时,应当在母公司与子公司现金流量表数据简单相加的基础上,将母公司与子公司、子公司相互之间当期销售商品所产生的现金流量予以抵销。

【例 6-21】承【例 6-18】。2×11 年 A 公司向 B 公司销售商品的价款为 100 万元,增值税为 17 万元,实际收到 B 公司支付的银行存款 117 万元。B 公司作为存货入账。2×11 年 12 月 31 日编制合并财务报表时,有关抵销分录如下:

借:购买商品、接受劳务支付的现金　　　　　　　　　　　　　1 170 000
　　贷:销售商品、提供劳务收到的现金　　　　　　　　　　　　　1 170 000

【例 6-22】承【例 6-18】。2×11 年 A 公司向 B 公司销售商品的价款为 100 万元,增值税为 17 万元,实际收到 B 公司支付的银行存款 117 万元。2×11 年 12 月 31 日 B 公司将所购入商品作为固定资产入账。编制合并财务报表时,有关抵销分录如下:

借:购建固定资产、无形资产和其他长期资产支付的现金　　　　1 170 000
　　贷:销售商品、提供劳务收到的现金　　　　　　　　　　　　　1 170 000

五、企业集团内部处置固定资产等收回的现金净额与购建固定资产等支付的现金的抵销处理

母公司向子公司处置固定资产等长期资产,表现为现金流入,在母公司个别现金流量表中作为处置固定资产、无形资产和其他长期资产收回的现金净额列示。子公司表

现为现金流出,在其个别现金流量表中反映为购建固定资产、无形资产和其他长期资产支付的现金。从企业集团整体来看,这种固定资产处置与购置的现金收支,并不引起整个企业集团的现金流量的增减变动。编制合并现金流量表时,应当将母公司与子公司、子公司相互之间处置固定资产、无形资产和其他长期资产收回的现金净额与购建固定资产、无形资产和其他长期资产支付的现金相互抵销。

【例6-23】承【例6-18】。2×11年A公司向B公司出售固定资产的价款120万元全部收到。2×11年12月31日编制合并财务报表时,有关抵销分录如下:

借:购建固定资产、无形资产和其他长期资产支付的现金　　　　1 200 000
　　贷:处置固定资产、无形资产和其他长期资产收回的现金净额　　1 200 000

第四节　合并财务报表编制综合举例

一、编制合并财务报表的各项资料

【例6-24】2×11年1月1日,甲公司以银行存款3 000万元购得乙公司80%的股份(假定此合并属于非同一控制下的企业合并,也属于免税合并)。购买日乙公司股东权益总额为3 500万元,其中,股本为2 000万元,资本公积为1 500万元,盈余公积为0,未分配利润为0。甲公司备查簿中记录的乙公司在2×11年1月1日可辨认资产、负债及或有负债的公允价值的资料见表6-1。甲公司和乙公司的会计政策与会计期间相一致,税率均为25%,均按税后利润的10%计提法定盈余公积。

表6-1　甲公司备查簿
2×11年1月1日　　　　　　　　　　　　　　　　　　单位:万元

项　目	账面价值	公允价值	公允价值与账面价值的差额	备　注
乙公司:				
流动资产	3 900	3 900	0	
非流动资产	2 000	2 100	100	
其中:固定资产——A办公室	600	700	100	该办公楼的剩余折旧年限为20年,采用年限平均法计提折旧
资产总计	5 900	6 000	100	
流动负债	1 500	1 500	0	
非流动负债	900	900	0	
负债合计	2 400	2 400	0	
股本	2 000	2 000	0	
资本公积	1 500	1 600	100	A办公楼公允价值与账面价值的差额

续表

项　　目	账面价值	公允价值	公允价值与账面价值的差额	备　　注
其他综合收益	0	0	0	
盈余公积	0	0	0	
未分配利润	0	0	0	
股本权益合计	3 500	3 600	100	
负债和股东权益总计	5 900	6 000	100	

甲公司2×11年12月31日的资产负债表见表6-2,2×11年度的利润表见表6-3,2×11年度的现金流量表见表6-4,2×11年度的所有者权益变动表见表6-5。

表6-2　资产负债表(简表)

会企01表

编制单位:甲公司　　　　　　2×11年12月31日　　　　　　单位:万元

资　　产	期末余额	年初余额	负债和所有者权益（或股东权益）	期末余额	年初余额
流动资产:			流动负债:		
货币资金	1 000	3 000	应付票据及应付账款	4 000	3 000
应收票据及应收账款	3 200	2 300	预收款项	200	300
预付款项	770		应付职工薪酬	1 000	2 100
存货	1 000	3 800	应交税费	800	1 000
流动资产合计	5 970	9 100	流动负债合计	6 000	6 400
非流动资产:			非流动负债:		
其他债权投资			长期借款	2 000	2 000
债权投资	200	200	应付债券	600	600
长期股权投资	4 700	1 700	非流动负债合计	2 600	2 600
固定资产	4 100	3 300	负债合计	8 600	9 000
无形资产	623.75	700	所有者权益(或股东权益):		
递延所得税资产	6.25		实收资本(或股本)	4 000	4 000
非流动资产合计	9 630	5 900	资本公积	800	800
			其他综合收益	0	0
			盈余公积	1 034.5	732
			未分配利润	1 165.5	468
			所有者权益合计	7 000	6 000
资产总计	15 600	15 000	负债和所有者权益总计	15 600	15 000

表6-3 利润表(简表)

编制单位:甲公司　　　　2×11年度　　　　会企02表　单位:万元

项目	本期金额	上期金额(略)
一、营业收入	8 700	
减:营业成本	4 425	
税金及附加	300	
销售费用	15	
管理费用	100	
财务费用	300	
资产减值损失	21	
信用减值损失	4	
加:公允价值变动收益(损失以"-"号填列)		
投资收益(损失以"-"号填列)	500	
二、营业利润(亏损以"-"号填列)	4 035	
加:营业外收入		
减:营业外支出	10	
三、利润总额(亏损总额以"-"号填列)	4 025	
减:所得税费用	1 000	
四、净利润(净亏损以"-"号填列)	3 025	
五、其他综合收益的税后净额	0	
(一)不能重分类进损益的其他综合收益	0	
(二)将重分类进损益的其他综合收益	0	
其中:其他债权投资公允价值变动的利得或损失	0	
六、综合收益总额	3 025	

表6-4 现金流量表(简表)

编制单位:甲公司　　　　2×11年度　　　　会企03表　单位:万元

项目	本期金额	上期金额(略)
一、经营活动产生的现金流量:		
销售商品、提供劳务收到的现金	7 795	
收到的税费返还		
收到其他与经营活动有关的现金		
经营活动现金流入小计	7 795	

续表

项　　目	本期金额	上期金额(略)
购买商品、接受劳务支付的现金	1 420	
支付给职工以及为职工支付的现金	1 100	
支付的各项税费	1 820	
支付其他与经营活动有关的现金	45	
经营活动现金流出小计	4 385	
经营活动产生的现金流量净额	3 410	
二、投资活动产生的现金流量：		
收回投资收到的现金		
取得投资收益收到的现金	500	
处置固定资产、无形资产和其他长期资产收回的现金净额	120	
处置子公司及其他营业单位收到的现金净额		
收到其他与投资活动有关的现金		
投资活动现金流入小计	620	
购建固定资产、无形资产和其他长期资产支付的现金	930	
投资支付的现金		
取得子公司及其他营业单位支付的现金净额	3 000	
支付其他与投资活动有关的现金		
投资活动现金流出小计	3 930	
投资活动产生的现金流量净额	-3 310	
三、筹资活动产生的现金流量：		
吸收投资收到的现金		
取得借款收到的现金		
收到其他与筹资活动有关的现金		
筹资活动现金流入小计		
偿还债务支付的现金		
分配股利、利润或偿付利息支付的现金	2 100	
支付其他与筹资活动有关的现金		
筹资活动现金流出小计	2 100	
筹资活动产生的现金流量净额	-2 100	
四、汇率变动对现金的影响额		
五、现金及现金等价物净增加额	-2 000	
加：年初现金及现金等价物余额	3 000	
六、年末现金及现金等价物余额	1 000	

表 6-5 所有者权益变动表(简表)

会企 04 表

编制单位:甲公司　　　　　　　2×11 年度　　　　　　　单位:万元

项　目	本年金额						上年金额(略)					
	实收资本(或股本)	资本公积	其他综合收益	盈余公积	未分配利润	所有者权益合计	实收资本(或股本)	资本公积	其他综合收益	盈余公积	未分配利润	所有者权益合计
一、上年年末余额	4 000	800		732	468	6 000						
加:会计政策变更												
前期差错更正												
二、本年年初余额	4 000	800		732	468	6 000						
三、本年增减变动金额(减少以"-"号填列)												
(一)综合收益总额					3 025	3 025						
(二)投资者投入和减少资本												
(三)利润分配												
1.提取盈余公积				302.5	-302.5	0						
2.对所有者(或股东)的分配					-2 025	-2 025						
(四)所有者权益内部结转												
四、本年年末余额	4 000	800	0	1 034.5	1 165.5	7 000						

乙公司 2×11 年 12 月 31 日的资产负债表见表 6-6,2×11 年度的利润表见表 6-7,2×11 年度的现金流量表见表 6-8,2×11 年度的所有者权益变动表见表 6-9。2×11 年度乙公司因持有的其他债权投资公允价值上升 100 万元,计入当期其他综合收益 75 万元。2×11 年度分派现金股利 600 万元,其中,向甲公司分派现金股利 480 万元,向其他股东分派现金股利 120 万元。

表6-6　资产负债表(简表)

会企01表

编制单位:乙公司　　　　　2×11年12月31日　　　　　　　单位:万元

资产	期末余额	年初余额	负债和股东权益	期末余额	年初余额
流动资产:			流动负债:		
货币资金	500	300	应付票据及应付账款	900	900
应收票据及应收账款	1 060	700	预收款项		50
预付款项	400		应付职工薪酬	100	350
其中:预付甲公司账款	100		应交税费	60	200
存货	1 100	2 900	流动负债合计	1 060	1 500
流动资产合计	3 060	3 900	非流动负债:		
非流动资产:			长期借款	700	700
其他债权投资	800	700	应付债券	200	200
债权投资			递延所得税负债	25	
长期股权投资			非流动负债合计	925	900
固定资产	2 090	1 200	负债合计	1 985	2 400
无形资产			股东权益:		
递延所得税资产	10	100	股本	2 000	2 000
非流动资产合计	2 900	2 000	资本公积	1 500	1 500
			其他综合收益	75	0
			盈余公积	100	0
			未分配利润	300	0
			股东权益合计	3 975	3 500
资产总计	5 960	5 900	负债和股东权益总计	5 960	5 900

表6-7　利润表(简表)

会企02表

编制单位:乙公司　　　　　2×11年度　　　　　　　单位:万元

项目	本期金额	上期金额(略)
一、营业收入	6 140	
减:营业成本	4 570	
税金及附加	125	
销售费用	10	

续表

项 目	本期金额	上期金额(略)
管理费用	62	
财务费用	40	
资产减值损失		
信用减值损失		
加:公允价值变动收益(损失以"-"号填列)		
投资收益(损失以"-"号填列)		
二、营业利润(亏损以"-"号填列)	1 333	
加:营业外收入		
减:营业外支出		
三、利润总额(亏损总额以"-"号填列)	1 333	
减:所得税费用	333	
四、净利润(净亏损以"-"号填列)	1 000	
五、其他综合收益	75	
(一)不能重分类进损益的其他综合收益		
(二)将重分类进损益的其他综合收益	75	
其中:其他债权投资公允价值变动的利得或损失	75	
六、综合收益总额	1 075	

表6-8 现金流量表(简表)

编制单位:乙公司　　　　　2×11年度　　　　　会企03表　单位:万元

项 目	本期金额	上期金额(略)
一、经营活动产生的现金流量:		
销售商品、提供劳务收到的现金	5 990	
收到的税费返还		
收到其他与经营活动有关的现金		
经营活动现金流入小计	5 990	
购买商品、接受劳务支付的现金	3 270	
支付给职工以及为职工支付现金	250	
支付的各项税费	758	
支付其他与经营活动有关的现金	22	
经营活动现金流出小计	4 300	

续表

项　　目	本期金额	上期金额(略)
经营活动产生的现金流量净额	1 690	
二、投资活动产生的现金流量：		
收回投资收到的现金		
取得投资收益收到的现金		
处置固定资产、无形资产和其他长期资产收回的现金净额		
处置子公司及其他营业单位收到的现金净额		
收到其他与投资活动有关的现金		
投资活动现金流入小计		
购建固定资产、无形资产和其他长期资产支付的现金	800	
投资支付的现金		
取得子公司及其他营业单位支付的现金净额		
支付其他与投资活动有关的现金		
投资活动现金流出小计	800	
投资活动产生的现金流量净额	-800	
三、筹资活动产生的现金流量：		
吸收投资收到的现金		
取得借款收到的现金		
收到其他与筹资活动有关的现金		
筹资活动现金流入小计		
偿还债务支付的现金		
分配股利、利润或偿付利息支付的现金	690	
支付其他与筹资活动有关的现金		
筹资活动现金流出小计	690	
筹资活动产生的现金流量净额	-690	
四、汇率变动对现金的影响额		
五、现金及现金等价物净增加额	200	
加：年初现金及现金等价物余额	300	
六、年末现金及现金等价物余额	500	

表6-9 所有者权益变动表(简表)

会企04表
编制单位:乙公司　　　　　　2×11年度　　　　　　单位:万元

项　目	本年金额						上年金额(略)					
	实收资本(或股本)	资本公积	其他综合收益	盈余公积	未分配利润	所有者权益合计	实收资本(或股本)	资本公积	其他综合收益	盈余公积	未分配利润	所有者权益合计
一、上年年末余额	2 000	1 500	0	0	0	3 500						
加:会计政策变更												
前期差错更正												
二、本年年初余额	2 000	1 500	0	0	0	3 500						
三、本年增减变动金额(减少以"-"号填列)												
(一)综合收益总额			75		1 000	1 075						
(二)投资者投入和减少资本												
(三)利润分配												
1.提取盈余公积				100	-100	0						
2.对所有者(或股东)的分配					-600	-600						
(四)所有者权益内部结转												
四、本年年末余额	2 000	1 500	75	100	300	3 975						

2×11年度甲公司和乙公司之间发生的交易如下:

(1)乙公司2×11年度10月1日从甲公司购入D产品350万元,向甲公司支付银行存款300万元,另50万元形成期末应付账款。乙公司购入的该D产品本期全部未能售出。甲公司向乙公司销售D产品的销售成本为300万元。形成的期末应收账款50万元计提了2万元坏账准备。期末D产品的可变现净值为330万元,乙公司计提了20万元的存货跌价准备。

(2)乙公司2×11年8月1日向甲公司销售C商品1 000万元,销售成本为800万元,货款全部收到。甲公司从乙公司购入的该C商品的40%未实现对外销售而形成期末存货,未发生减值损失。

(3)乙公司2×11年6月29日以120万元的价格从甲公司购入已使用固定资产B,款项已经支付。乙公司以120万元作为该项固定资产的入账成本,作为管理用固定资产。该固定资产 B 采用年限平均法计提折旧,尚可使用年限为 5 年,预计净残值为 0。2×11 年按 6 个月计提折旧。甲公司处置的该管理用固定资产 B 的账面价值为 130 万元,甲公司因此确认处置损失 10 万元。

(4)乙公司 2×11 年 12 月 10 日向甲公司预付货款 100 万元,甲公司收到该款项。

要求根据以上资料编制 2×11 年度甲公司和乙公司的合并财务报表。假设在合并财务报表层面出现暂时性差异均符合递延所得税资产或递延所得税负债的确认条件。

二、将母公司对子公司长期股权投资调整为权益法编制合并财务报表

(一)设置合并工作底稿

合并工作底稿(简表)的格式见表 6-10。

(二)将个别财务报表过入合并工作底稿对应项目

将甲公司和乙公司个别财务报表过入合并工作底稿对应项目的方法已在第四章讲述。

(三)对个别财务报表进行调整

(1)对乙公司的个别报表按购买日公允价值进行调整:

乙公司属于甲公司非同一控制下企业合并取得的子公司,应按照购买日 2×11 年 1 月 1 日各项资产、负债的公允价值进行调整。在合并工作底稿上编制调整分录:

借:固定资产　　　　　　　　　　　　　　　　　　　100(1)
　　贷:资本公积　　　　　　　　　　　　　　　　　　75(1)
　　　　递延所得税负债　　　　　　　　　　　　　　　25(1)

(2)调整子公司当期净利润:

借:管理费用　　　　　　　　　　　　　　　　　　　　5(2)
　　贷:固定资产——累计折旧　　　　　　　　　　　　5(2)

(3)固定资产因折旧暂时性差异的转回:

借:递延所得税负债　　　　　　　　　　　　　　　　1.25(3)
　　贷:所得税费用　　　　　　　　　　　　　　　　1.25(3)

(4)按权益法调整甲公司对乙公司的长期股权投资:

权益法下应以 2×11 年 1 月 1 日乙公司各项可辨认资产、负债等的公允价值为基础,调整乙公司 2×11 年净利润为基础。乙公司 2×11 年净利润调整如下:

$$乙公司 2×11 年净利润 = 1\,000 - 5 + 1.25 = 996.25(万元)$$

在合并工作底稿上甲公司对乙公司的长期股权投资由成本法调整为权益法应编制调整分录:

借:长期股权投资——乙公司　　　　　　　　　　　　797(4)
　　贷:投资收益——乙公司　　　　　　　　　　　　797(4)
借:投资收益——乙公司　　　　　　　　　　　　　　480(5)
　　贷:长期股权投资——乙公司　　　　　　　　　　480(5)
借:长期股权投资——乙公司　　　　　　　　　　　　60(6)
　　贷:其他综合收益——乙公司　　　　　　　　　　60(6)

高级财务会计

表6-10 合并工作底稿(简表)
2×11年

单位:万元

项 目 (利润表项目)	甲公司 报表金额	甲公司 借方	甲公司 贷方	乙公司 报表金额	乙公司 借方	乙公司 贷方	合计金额	抵销分录 借方	抵销分录 贷方	少数股东权益	合并金额
一、营业收入	8 700			6 140			14 840	(12)350 (16)1 000			13 490
减:营业成本	4 425			4 570			8 995		(12)300 (16)920		7 775
税金及附加	300			125			425				425
销售费用	15			10			25				25
管理费用	100			62	(2)5		167				168
财务费用	300			40			340				340
资产减值损失	21						21		(14)20		1
信用减值损失	4						4		9(2)		2
加:投资收益(损失以"-"列示)	500	(5)480	(4)797	1 333			817	(23)797	20(10)		20
资产处置损益(损失以"-"列示)	10						10				0
二、营业利润	4 035	480	797	1 333	5		5 680	2 148	1 242		4 774
加:营业外收入											
减:营业外支出											
三、利润总额	4 025	480	797	1 333	5		5 670	2 148	1 252		4 774
减:所得税费用	1 000			333		(3)1.25	1 331.75	(10)0.5 (15)5 (22)2.25	(13)12.5 (18)20		1 307
四、净利润	3 025	480	797	1 000	5	1.25	4 338.25	2 155.75	1 284.5		3 467

第六章 控制权取得日后合并财务报表的编制

续表

项 目	甲公司 报表金额	甲公司 借方	甲公司 贷方	乙公司 报表金额	乙公司 借方	乙公司 贷方	合计 金额	抵销分录 借方	抵销分录 贷方	少数股东权益	合并 金额
少数股东损益											187.25
归属于母公司所有者的净利润	3 025	480	797	1 000	5	1.25	4 338.25	(19)4 (23)199.25	(17)16 1 300.5		3 279.75
五、其他综合收益的税后净额	0	0	60	75	0	0	135	75		15	75
(一)以后不能重分类进损益的其他综合收益	0	0	0	0	0	0	0				0
(二)以后能重分类进损益的其他综合收益	0	0	60	75	0	0	135	75			75
归属于母公司的其他综合收益	0	0	(6)60	0	0	0	60				60
其中：权益法核算的在被投资单位以后将重分类进损益的其他综合收益中所享有的份额				75			75	(7)75			15
归属于少数股东的其他综合收益净额										(7)15	
六、综合收益总额	3 025	480	857	1 075	5	1.25	4 473.25	2 230.75	1 284.5	15	3 542
归属于母公司的综合收益总额											3 339.75
归属于少数股东的综合收益总额											202.25
(所有者权益变动表项目)											
一、未分配利润——年初	468			0			468				468
未分配利润——本期	697.5			300							952.25

147

续表

项 目	甲公司 报表金额	甲公司 借方	甲公司 贷方	乙公司 报表金额	乙公司 借方	乙公司 贷方	合计 金额	抵销分录 借方	抵销分录 贷方	少数股东权益	合并金额
其中:归属于母公司股东的净利润	3 025		480	1 000	5	1.25	4 338.25	2 359	1 300.5		3 269.75
提取盈余公积	302.5		797	100			402.5		(23)100		−302.5
对所有者(或股东)的分配	2 025			600			2 625		(23)600		−2 025
未分配利润——年末	1 165.5	480	797	300	5	1.25	1 778.75	(7)296.25 2 655.25	(23)296.25 2 296.75		1 420.25
(资产负债表项目)											
流动资产:											
货币资金	1 000			500			1 500				1 500
应收票据及应收账款	3 200			1 060			4 260	(9)2	(8)50		4 212
预付款项	770			400			1 170		(11)100		1 070
存货	1 000			1 100			2 100	(14)20	(12)50 (16)80		1 990
其他流动资产											
流动资产合计	5 970			3 060			9 030	22	280		8 772
非流动资产:											
其他债权投资				800			800				800
债权投资	200						200				200
长期股权投资	10 000 4 700	(4)797 (6)60	−1 096 (5)480				5 077		8 304 (7)3 377		0 1 700

续表

项目	甲公司 报表金额	甲公司 借方	甲公司 贷方	乙公司 报表金额	乙公司 借方	乙公司 贷方	合计 金额	抵销分录 借方	抵销分录 贷方	少数股东权益	合并金额
固定资产	4 100			2 090	(1)100	(2)5	6 285	(20)10	(21)1		6 294
无形资产	623.75						623.75				623.75
商誉								(7)140			140
递延所得税资产	6.25			10			16.25	(13)12.5 (18)20	(10)0.5 (15)5		43.25
非流动资产合计	9 630	857	480	2 900	100	5	13 002	182.5	3 383.5		9 801
资产总计	15 600	857	480	5 960	100	5	22 032	204.5	3 663.5		18 573
流动负债:											
应付票据及应付账款	4 000			900			4 900	(8)50			4 850
预收款项	200						200	(11)100			100
应付职工薪酬	1 000			100			1 100				1 100
应交税费	800			60			860				860
流动负债合计	6 000			1 060			7 060	150			6 910
非流动负债:											
长期借款	2 000			700			2 700				2 700
应付债券	600			200			800				800
递延所得税负债				25	(3)1.25	(1)25	48.75		(22)2.25		51
非流动负债合计	2 600			925	1.25	25	3 548.75		2.25		3 551
负债合计	8 600			1 985	1.25	25	10 608.75	150	2.25		10 461

续表

项目	甲公司 报表金额	甲公司 借方	甲公司 贷方	乙公司 报表金额	乙公司 借方	乙公司 贷方	合计 金额	抵销分录 借方	抵销分录 贷方	少数股东权益	合并金额
所有者权益（或股东权益）：											
实收资本（或股本）	4 000			2 000			6 000	(7)2 000			4 000
资本公积	800			1 500		(1)75	2 375	(7)1 575			800
其他综合收益	0			75			75			15	60
盈余公积	1 034.5			100			1 134.5	(7)100			1 034.5
未分配利润	1 165.5	480	797	300	5	1.25	1 778.75	2 655.25	2 296.75		1 420.25
归属于母公司所有者权益合计											7 314.75
少数股东权益							0	(17)16	(7)809.25 (19)4		797.25
所有者权益合计	7 000	480	797	3 975	5	76.25	11 363.25	6 346.25	3 110		8 112
负债和所有者权益总计	15 600			5 960	1.25	100	21 658.75				18 573
（现金流量表项目）											
经营活动产生的现金流量：											
销售商品、提供劳务收到的现金	7 795			5 990			13 785				12 385
收到其他与经营活动有关的现金											
经营活动现金流入小计	7 795			5 990			13 785		(25)1 400		12 385
购买商品、接受劳务支付的现金	1 420			3 270			4 690		1 400		3 290
支付给职工以及为职工支付的现金	1 100			250			1 350	(25)1 400			1 350
支付的各项税费	1 820			758			2 578				2 578
支付其他与经营活动有关的现金	45			22			67				67

续表

项目	甲公司报表金额	甲公司借方	甲公司贷方	乙公司报表金额	乙公司借方	乙公司贷方	合计金额	抵销分录借方	抵销分录贷方	少数股东权益	合并金额
经营活动现金流出小计	4 385			4 300			8 685	1 400			7 285
经营活动产生的现金流量净额	3 410			1 690			5 100	1 400	1 400		5 100
投资活动产生的现金流量：											
收回投资收到的现金											
取得投资收益收到的现金	500						500		(24)480		20
处置固定资产、无形资产和其他长期资产收回的现金净额	120						120		(26)120		0
处置子公司及其他营业单位收到的现金净额											
收到其他与投资活动有关的现金	620						620		600		20
投资活动现金流入小计	930			800			1 730	(26)120	600		1 610
购建固定资产、无形资产和其他长期资产支付的现金	3 000						3 000	(27)3 000			0
取得子公司及其他营业单位支付的现金净额											
支付其他与投资活动有关的现金											
投资活动现金流出小计	3 930			800			4 730	3 120			1 610
投资活动产生的现金流量净额	−3 310			−800			−4 110	3 120	600		−1 590

续表

项目	甲公司			乙公司			合计金额	抵销分录		少数股东权益	合并金额
	报表金额	借方	贷方	报表金额	借方	贷方		借方	贷方		
筹资活动产生的现金流量:											
吸收投资收到的现金											
取得借款收到的现金											
收到其他与筹资活动有关的现金											
筹资活动现金流入小计											
偿还债务支付的现金											
分配股利、利润或偿付利息支付的现金	2 100			690			2 790	(24)600			2 190
其中:子公司支付给少数股东的股利、利润								(24)120			120
支付其他与筹资活动有关的现金											
筹资活动现金流出小计	2 100			690			2 790	480			2 310
筹资活动产生的现金流量净额	−2 100			−690			−2 790	5 000			−2 310
现金及现金等价物净增加额	−2 000			200			−1 800		2 000		1 200
年初现金及现金等价物余额	3 000			300			3 300		(27)3 000		300
年末现金及现金等价物余额	1 000			500			1 500	5 000	5 000		1 500

(四)编制抵销分录

(1)编制合并资产负债表的抵销分录:

①甲公司长期股权投资与乙公司所有者权益相抵销:

经权益法调整后甲公司对乙公司长期股权投资账面价值 = 3 000 + 797 − 480 + 60 = 3 377(万元)

乙公司经调整后的未分配利润 = 996.25 − 600 − 100 = 296.25(万元)

少数股东权益 = (2 000 + 1 575 + 75 + 100 + 296.25) × 20% = 809.25(万元)

借:股本	2 000(7)
资本公积——年初	1 575(7)
——本年	0(7)
其他综合收益——年初	0
——本年	75(7)
盈余公积——年初	0(7)
——本年	100(7)
未分配利润——年末	296.25(7)
商誉	140(7)
贷:长期股权投资	3 377(7)
少数股东权益	809.25(7)

②甲公司与乙公司间内部债权与债务的抵销:

借:应付票据及应付账款	50(8)
贷:应收票据及应收账款	50(8)
借:应收票据及应收账款——坏账准备	2(9)
贷:信用减值损失	2(9)
借:所得税费用	0.5(10)
贷:递延所得税资产	0.5(10)

此例中,甲公司在个别报表上对其内部应收账款 50 万元计提的坏账准备导致个别报表上应收账款的账面价值小于计税基础 2 万元,确认了可抵扣暂时性差异的所得税影响 0.5 万元。在合并工作底稿上将内部债权债务及坏账准备抵销后,所得税费用和递延所得税资产也应一并抵销。

借:预收款项	100(11)
贷:预付款项	100(11)

③顺流销售存货价值中包含的未实现内部销售损益的抵销:

借:营业收入	350(12)
贷:营业成本	300(12)
存货	50(12)
借:递延所得税资产	12.5(13)
贷:所得税费用	12.5(13)

本例中,甲公司期末库存的内部购入存货通过抵销未实现内部销售损益后在合并资产负债表上的账面价值是 300 万元,但其计税基础是 350 万元,因此合并财务报表上

应确认该存货可抵扣暂时性差异的所得税影响12.5万元。

本例中抵销存货价值中包含的未实现内部销售损益还涉及存货跌价准备的抵销。乙公司对期末库存的350万元D产品进行检查时,发现其可变现净值降至330万元。为此,乙公司个别报表上期末对该存货计提存货跌价准备20万元,并相应确认该存货可抵扣暂时性差异的所得税影响5万元。但相对于合并财务报表中存货账面价值300万元来说,存货并未减值,因此在合并工作底稿上应编制抵销分录:

借:存货——存货跌价准备　　　　　　　　　　　　　　20(14)
　　贷:资产减值损失　　　　　　　　　　　　　　　　　20(14)
借:所得税费用　　　　　　　　　　　　　　　　　　　　5(15)
　　贷:递延所得税资产　　　　　　　　　　　　　　　　5(15)

④逆流销售存货价值中包含的未实现内部销售损益的抵销:

借:营业收入　　　　　　　　　　　　　　　　　　　　1 000(12)
　　贷:营业成本　　　　　　　　　　　　　　　　　　920(16)
　　　　存货　　　　　　　　　　　　　　　　　　　　80(16)
借:少数股东权益　　　　　　　　　　　　　　　　　　16(17)
　　贷:少数股东损益　　　　　　　　　　　　　　　　16 (17)

合并报表规定,母公司向子公司出售资产所发生的未实现内部交易损益,应当全额抵销"归属于母公司所有者的净利润"。子公司向母公司出售资产所发生的未实现内部交易损益,应当按照母公司对该子公司的分配比例在"归属于母公司所有者的净利润"和"少数股东损益"之间分配抵销。本例中逆流交易未实现内部销售损益80万元应分配抵销子公司"少数股东损益"16万元。

借:递延所得税资产　　　　　　　　　　　　　　　　　20 (18)
　　贷:所得税费用　　　　　　　　　　　　　　　　　20(18)
借:少数股东损益　　　　　　　　　　　　　　　　　　4(19)
　　贷:少数股东权益　　　　　　　　　　　　　　　　4 (19)

⑤内部固定资产交易的抵销:

借:固定资产——原价　　　　　　　　　　　　　　　　10(20)
　　贷:资产处置损益　　　　　　　　　　　　　　　　10(20)
借:管理费用　　　　　　　　　　　　　　　　　　　　1(21)
　　贷:固定资产——累计折旧　　　　　　　　　　　　1(21)
借:所得税费用　　　　　　　　　　　　　　　　　　　2.25(22)
　　贷:递延所得税负债　　　　　　　　　　　　　　　2.25(22)

本例中,乙公司固定资产B通过抵销未实现内部销售损益后在合并资产负债表上的账面价值是117万元,但其计税基础是108万元,因此,合并财务报表上应确认该固定资产应纳税暂时性差异的所得税影响2.25万元。

(2)编制合并利润表的抵销分录。编制甲公司和乙公司合并利润表的抵销分录时,除了在编制合并资产负债表时已经抵销的内部营业收入与内部营业成本、内部购销固定资产使用中的折旧费用、内部应收款项计提的坏账准备外,还有其他影响损益的重复因素需要抵销。

借:投资收益　　　　　　　　　　　　　　　　　797(23)
　　少数股东损益　　　　　　　　　　　　　　199.25(23)
　　未分配利润——年初　　　　　　　　　　　　　0(23)
　贷:提取盈余公积　　　　　　　　　　　　　　　100(23)
　　　对所有者(或股东)的分配　　　　　　　　　600(23)
　　　未分配利润——年末　　　　　　　　　　296.25(23)

(3)编制所有者权益变动表的抵销分录。

(4)编制现金流量表的抵销分录:

借:分配股利、利润或偿付利息支付的现金　　　　480(24)
　贷:取得投资收益收到的现金　　　　　　　　　　480(24)
借:购买商品、接受劳务支付的现金　　(100+300+1 000)1 400(25)
　贷:销售商品、提供劳务收到的现金　　　　　　1 400(25)
借:购建固定资产、无形资产和其他长期资产收到的现金　120(26)
　贷:处置固定资产、无形资产和其他长期资产支付的现金　120(26)
借:取得子公司及其他营业单位支付的现金净额　　3 000(27)
　贷:年初现金及现金等价物余额　　　　　　　　3 000(27)

(五)计算工作底稿各项目的合并金额

合并工作底稿各项目合并金额的计算方法已在第四章讲述。

(六)填列合并财务报表

甲公司和乙公司组成的企业集团的合并资产负债表见表6-11。

表6-11　合并资产负债表

会企01表

编制单位:甲公司　　　　2×11年12月31日　　　　单位:万元

资　产	期末余额	年初余额	负债和所有者权益 (或股东权益)	期末余额	年初余额
流动资产:			流动负债:		
货币资金	1 500		短期借款		
交易性金融资产			交易性金融负债		
应收票据及应收账款	4 212		应付票据及应付账款	4 850	
预付款项	1 070		预收款项	100	
其他应收款			应付职工薪酬	1 100	
存货	1 990		应交税费	860	

续表

资产	期末余额	年初余额	负债和所有者权益（或股东权益）	期末余额	年初余额
一年内到期非流动资产			其他应付款		
其他流动资产			一年内到期的非流动负债		
流动资产合计	8 772		其他流动负债		
非流动资产：			流动负债合计	6 910	
其他债权投资	800		非流动负债：		
债权投资	200		长期借款	2 700	
长期应收款			应付债券	800	
长期股权投资	1 700		长期应付款		
投资性房地产			专项应付款		
固定资产	6 294		预计负债		
在建工程			递延所得税负债	51	
生产性生物资产			其他非流动负债		
油气资产			非流动负债合计	3 551	
无形资产	623.75		负债合计	10 461	
开发支出			所有者权益（或股东权益）：		
商誉	140		实收资本（或股本）	4 000	
长期待摊费用			资本公积	800	
递延所得税资产	43.25		减：库存股		
其他非流动资产			其他综合收益	60	
非流动资产合计	9 801		盈余公积	1 034.50	
			未分配利润	1 420.25	
			外币报表折算差额		
			归属于母公司所有者权益合计	7 314.75	
			少数股东权益	797.25	
			所有者权益合计	8 112	
资产总计	18 573		负债和所有者权益总计	18 573	

甲公司和乙公司组成的企业集团的合并利润表见表6-12。

表6-12 合并利润表

编制单位:甲公司　　　　2×11年度　　　　会企02表　单位:万元

项　　目	上年金额	本年金额
一、营业收入		13 490
减:营业成本		7 775
税金及附加		425
销售费用		25
管理费用		168
财务费用		340
资产减值损失		2
信用减值损失		1
加:公允价值变动收益(损失以"-"号填列)		
投资收益(损失以"-"号填列)		20
资产处置损益(损失以"-"号填列)		0
二、营业利润(亏损以"-"号填列)		4 774
加:营业外收入		
减:营业外支出		0
三、利润总额(亏损总额以"-"号填列)		4 774
减:所得税费用		1 307
四、净利润(净亏损以"-"号填列)		3 467
归属于母公司所有者的净利润		3 279.75
少数股东损益		187.25
五、其他综合收益的税后净额		75
归属于母公司所有者的其他综合收益的税后净额		60
将重分类进损益的其他综合收益		60
其中:权益法下转损益的其他综合收益		60
归属于少数股东的其他综合收益的税后净额		15
六、综合收益总额		3 542
归属于母公司所有者的综合收益总额		3 339.75
归属于少数股东的综合收益总额		202.25

甲公司和乙公司组成的企业集团的合并所有者权益变动表见表6－13。

表6－13 合并现金流量表

编制单位：甲公司　　　　2×11年度　　　　　　　　会企03表　单位：万元

项　　目	本年金额	上年金额
一、经营活动产生的现金流量：		
销售商品、提供劳务收到的现金	12 385	
收到的税费返还		
收到其他与经营活动有关的现金		
经营活动现金流入小计	12 385	
购买商品、接受劳务支付的现金	3 290	
支付给职工以及为职工支付的现金	1 350	
支付的各项税费	2 578	
支付其他与经营活动有关的现金	67	
经营活动现金流出小计	7 285	
经营活动产生的现金流量净额	5 100	
二、投资活动产生的现金流量：		
收回投资收到的现金		
取得投资收益收到的现金	20	
处置固定资产、无形资产和其他长期资产收回的现金净额	0	
处置子公司及其他营业单位收到的现金净额		
收到其他与投资活动有关的现金		
投资活动现金流入小计	20	
购建固定资产、无形资产和其他长期资产支付的现金	1 610	
投资支付的现金		
取得子公司及其他营业单位支付的现金净额		
支付其他与投资活动有关的现金		
投资活动现金流出小计	1 610	
投资活动产生的现金流量净额	－1 590	
三、筹资活动产生的现金流量：		
吸收投资收到的现金		
其中：子公司吸收少数股东投资收到的现金		
取得借款收到的现金		
发行债券收到的现金		

续表

项 目	本年金额	上年金额
收到其他与筹资活动有关的现金		
筹资活动现金流入小计		
偿还债务支付的现金		
分配股利、利润或偿付利息支付的现金	2 190	
其中:子公司支付给少数股东的股利、利润	120	
支付其他与筹资活动有关的现金		
筹资活动现金流出小计	2 310	
筹资活动产生的现金流量净额	-2 310	
四、汇率变动对现金的影响		
五、现金及现金等价物净增加额	1 200	
加:年初现金及现金等价物余额	300	
六、年末现金及现金等价物余额	1 500	

甲公司和乙公司组成的企业集团的合并现金流量表见表6-14。

三、成本法下直接编制合并财务报表

成本法下直接编制合并财务报表,其调整和抵销的要求以及合并财务报表的编制程序,与按权益法调整基本一致,本部分只列示成本法下特殊的抵销分录。

(一)对乙公司的个别报表按购买日公允价值进行调整

调整分录同权益法下的调整分录1。

(二)抵销甲公司长期股权投资和乙公司所有者权益

借:股本	2 000
资本公积——年初	1 575
其他综合收益——年初	0
盈余公积——年初	0
未分配利润——年初	0
商誉	140
贷:长期股权投资	3 000
少数股东权益	715

(三)将乙公司当期综合收益总额中归属于少数股东的部分抵销

借:少数股东损益	200
其他综合收益	15
贷:少数股东权益	215

表6-14　合并所有者权益变动表

编制单位：甲公司　　2×11年度　　单位：万元　　会企04表

项　目	本年金额 - 归属于母公司所有者权益 - 实收资本(或股本)	资本公积	其他综合收益	盈余公积	一般风险准备	未分配利润	其他	少数股东权益	所有者权益合计	上年金额 - 归属于母公司所有者权益 - 实收资本(或股本)	资本公积	其他综合收益	盈余公积	一般风险准备	未分配利润	其他	少数股东权益	所有者权益合计
一、上年年末余额	4 000	800		732		468			6 000									
加：会计政策变更																		
前期差错更正																		
二、本年年初余额	4 000	800		732		468			6 000									
三、本年增减变动金额（减少以"-"号填列）			60			3 279.75		202.25	3 542									
（一）综合收益总额								715	715									
（二）所有者投入和减少资本																		
1. 所有者投入的普通股																		
2. 股份支付计入所有者权益的金额																		
3. 其他																		
（三）利润分配				302.5		-302.5												
1. 提取盈余公积																		

续表

项目	本年金额							少数股东权益	所有者权益合计	上年金额							少数股东权益	所有者权益合计
	归属于母公司所有者权益									归属于母公司所有者权益							
	实收资本(或股本)	资本公积	其他综合收益	盈余公积	一般风险准备	未分配利润	其他			实收资本(或股本)	资本公积	其他综合收益	盈余公积	一般风险准备	未分配利润	其他		
2. 提取一般风险准备																		
3. 对所有者(或股东)的分配						−2 025		−120	−2 145									
4. 其他																		
(四)所有者权益内部结转																		
1. 资本公积转增资本(或股本)																		
2. 盈余公积转增资本(或股本)																		
3. 盈余公积弥补亏损																		
4. 其他																		
四、本年年末余额	4 000	800	60	1 034.5		1 420.25		797.25	8 112									

(四)将乙公司个别报表中当期的利润分配抵销

借:少数股东权益　　　　　　　　　　　　　　　　　120
　　贷:向所有者(股东)的利润分配　　　　　　　　　120
借:投资收益　　　　　　　　　　　　　　　　　　　480
　　贷:对所有者(或股东)的利润分配　　　　　　　　480
借:盈余公积　　　　　　　　　　　　　　　　　　　300
　　贷:提取盈余公积　　　　　　　　　　　　　　　300

(五)乙公司固定资产按购买日公允价值调整对少数股东损益和少数股东权益的影响

乙公司固定资产按购买日公允价值调整,将影响乙公司当期净利润,同时影响少数股东权益。对净利润调整分录同权益法下的(2)和(3)。对少数股东权益的调整分录:

借:少数股东权益　　　　　　　　　　[$(5-1.25)\times 20\%$]0.75
　　贷:少数股东损益　　　　　　　　　　　　　　　0.75

(六)抵销内部交易未实现损益对合并现金流量表和利润表的影响

抵销分录同权益法下(8)~(22)。其中抵销分录(17)减少少数股东权益16万元,抵销分录(19)增加少数股东权益4万元。

少数股东权益在 2×11 年12月31日的余额 $=(715+215-120-0.75-16+4)=797.25$(万元)

2×11 年少数股东损益 $=200-16+4-0.75=187.25$(万元)

2×11 年少数股东其他综合收益净额 $=15$(万元)

2×11 年少数股东综合收益总额 $=187.25+15=202.25$(万元)

(七)抵销内部交易对现金流量表的影响

抵销分录同权益法下(24)~(27)。

注:本节中的金额均以"万元"为单位。

第五节　与合并财务报表编制有关的特殊会计问题处理

一、通过多次交易分步实现企业合并的会计处理

(一)通过多次交易分步实现非同一控制下企业合并的会计处理

企业合并涉及一次以上交换交易的,在每一单项交易发生时,确认对被投资企业的投资。投资企业在持有被投资企业的部分股权后又通过增持股份达到对被投资企业形成控制的,购买方需要区分个别财务报表和合并财务报表分别进行处理。

1. 个别财务报表层面

在个别财务报表中,购买方应当以购买日之前所持被购买方的股权投资的账面价值与购买日新增股权投资成本之和,作为该项投资的初始投资成本;购买日之前持有的

被购买方的股权涉及其他综合收益的,应当在处置该项投资时将与其相关的其他综合收益转入当期投资收益。并按以下原则进行会计处理:

(1)购买方于购买日之前持有的被购买方的股权投资,保持其账面价值不变。其中,购买日前持有的股权投资作为长期股权投资并采用权益法核算的,为权益法核算下至购买日应有的账面价值;购买日前持有的股权投资作为金融资产并按公允价值计量的,为至购买日的账面价值。

(2)追加的投资,按照购买日支付对价的公允价值计量,并确认长期股权投资。

(3)购买方对应购买日之前持有的被购买方的股权投资涉及其他综合收益的,如购买方原持有的股权投资按照权益法核算,购买方按持股比例计算应享有的份额并确认为其他综合收益的部分,不予处理,待购买方出售被购买方时,再按出售股权相对应的其他综合收益部分转入出售当期的损益;被购买方持有的其他债权投资公允价值变动确认的其他综合收益,在改按成本法核算时转入当期损益。

2. 合并财务报表

在合并财务报表层面,首先应结合分步交易各个步骤的协议条款,以及各个步骤中所分别取得的股权比例、取得对象、取得方式、取得时点及取得对价等信息来判断分步交易是否属于"一揽子交易"。判断是否属于"一揽子交易"的条件如下:

(1)这些交易是同时或者在考虑了彼此影响的情况下订立的;
(2)这些交易整体才能达成一项完整的商业结果;
(3)一项交易的发生取决于其他至少一项交易的发生;
(4)一项交易单独考虑时是不经济的,但是和其他交易一并考虑时是经济的。

如果分步追加投资直至取得控制权的各项交易属于"一揽子交易",那么,应当将各项交易作为一项取得子公司控制权的交易进行会计处理。如果不属于"一揽子交易",在合并财务报表中,应按照以下原则处理:

(1)购买方对于购买日之前持有的被购买方的股权,按照该股权在购买日的公允价值进行重新计量,公允价值与其账面价值的差额计入当期投资收益。

(2)购买日之前持有的被购买方的股权涉及权益法核算下的其他综合收益以及除净损益、其他综合收益和利润分配外的其他所有者权益变动的,与其相关的其他综合收益、其他所有者权益变动应当转为购买日所属当期的投资收益,准则规定不能重分类进损益的除外。购买日之前持有的被购买方的股权被分类为以公允价值计量且其变动计入其他综合收益的金融资产也按此原则处理。

(3)购买日之前持有的被购买方的股权于购买日的公允价值,与购买日新购入股权所支付对价的公允价值之和,为合并财务报表中的合并成本。

(4)将按上述原则计算的合并成本与购买日被购买方可辨认净资产公允价值的份额相比较,确定购买日应予确认的商誉,或者应计入购买日所属当期损益的金额。

【例6-25】甲公司于2×11年1月1日以5 000万元取得乙公司10%的股份,取得投资时乙公司净资产的公允价值为45 000万元。甲公司将对乙公司的该项投资分类为以公允价值计量且其变动计入其他综合收益的金融资产。至2×11年12月31日该项资产的账面价值为5 000万元。2×12年1月1日,甲公司另支付30 000万元取得乙公司50%的股份,能够对乙公司实施控制。购买日乙公司可辨认净资产公允价值为55 000万元。甲公司之前所取得的10%股权于购买日的公允价值为5 500万元。乙公司自2×12年甲公司取得投资后至2×12年进一步购买股份前实现的留存收益为1 500万元,未进行利润分配,无其他所有者权益项目变动。甲公司购买乙公司10%的股权和后续购买50%的股权不构成"一揽子"交易(不考虑所得税影响)。

(1)甲公司在个别财务报表中的处理:

①2×12年1月1日,甲公司进一步取得乙公司50%股权时,支付价款30 000万元。甲公司在购买日账务处理如下:

借:长期股权投资　　　　　　　　　　　　　　　　　　300 000 000
　　贷:银行存款　　　　　　　　　　　　　　　　　　　300 000 000

②购买日前持有的10%股权,公允价值为5 500万元。

借:长期股权投资　　　　　　　　　　　　　　　　　　55 000 000
　　贷:其他债权投资　　　　　　　　　　　　　　　　　50 000 000
　　　　投资收益　　　　　　　　　　　　　　　　　　　5 000 000

(2)甲公司在合并财务报表中的处理:

①计算合并成本:

$$合并成本 = 5\ 500 + 30\ 000 = 35\ 500(万元)$$

②购买日前持有的股权公允价值变动,在以个别财务报表作为合并财务报表编制基础的情况下,在其个别财务报表中已将公允价值变动转入当期投资收益,在合并财务报表中无需再做处理。

③计算商誉:

$$在合并财务报表中应体现的商誉 = 35\ 500 - 55\ 000 \times 60\% = 2\ 500(万元)$$

借:乙公司所有者权益　　　　　　　　　　　　　　　　550 000 000
　　商誉　　　　　　　　　　　　　　　　　　　　　　 25 000 000
　　贷:长期股权投资　　　　　　　　　　　　　　　　　355 000 000
　　　　少数股东权益　　　　　　　　　　　　　　　　　220 000 000

(二)通过多次交易分步实现同一控制下企业合并的会计处理

对于分步实现的同一控制下企业合并,在编制合并财务报表时,应视同参与合并的各方在最终控制方开始控制时即以目前的状态存在进行调整。在编制比较报表时,以不早于合并方和被合并方同处于最终控制方的控制之下的时点开始,将被合并方的有关资产、负债并入合并方合并财务报表的比较报表中,并根据合并增加的净资产在比较报表中调整所有者权益项下的相关项目。

为避免对被合并方净资产的价值进行重复计算,合并方在取得被合并方控制权之前持有的股权投资,在取得原股权之日与合并方和被合并方同处于同一方最终控制之日孰晚日起至合并日之间已确认的有关损益、其他综合收益以及其他净资产变动,应分别冲减比较报表期间的期初留存收益或当期损益。

【例6-26】S公司为P公司的全资子公司。2×11年1月1日,S公司与非关联方甲公司各出资600万元、1 400万元设立乙公司,并各持有乙公司30%、70%的股权。

2×12年1月1日,P公司向甲公司收购其持有的乙公司70%的股权,乙公司成为P公司的全资子公司,当日乙公司净资产的账面价值与其公允价值相等。

2×13年3月1日,S公司向P公司购买其持有的乙公司70%的股权,乙公司成为S公司的全资子公司。

S公司与甲公司不存在关联关系,S公司购买乙公司70%股权的交易和原取得乙公司30%股权的交易不属于"一揽子交易",S公司在可预见的未来打算一直持有乙公司股权。

乙公司自2×11年1月1日至2×12年1月1日实现净利润800万元,自2×12年1月1日至2×13年1月1日实现净利润600万元,自2×13年1月1日至2×13年3月1日实现净利润100万元(不考虑所得税等影响)。

(1)S公司在个别财务报表中的处理:

S公司在2×11年1月1日应按照非企业合并取得长期股权投资进行确认计量;在2×11年12月31日和2×12年12月31日按照权益法进行后续计量;在2×13年3月1日按照同一控制下企业合并取得长期股权投资进行确认计量。

(2)S公司在合并日合并财务报表中的处理:

①重溯2×12年1月1日的报表项目:2×13年3月1日,S公司从P公司手中购买乙公司70%股权的交易属于同一控制下企业合并。并且S公司自2×12年1月1日起与乙公司同受P公司最终控制,S公司合并财务报表应自取得原股权之日(2×11年1月1日)和双方同处于同一方最终控制之日(2×12年1月1日)孰晚日(2×12年1月1日)起,将乙公司纳入合并范围。

在S公司合并财务报表中,视同自2×12年1月1日起,S公司即持有乙公司100%的股权,重溯2×12年1月1日的报表项目,2×11年1月1日至2×12年1月1日的合并报表无需重溯。

2×12年1月1日,乙公司净资产的账面价值为2 800万元(2 000+800)。此前,甲公司持有对乙公司的长期股权投资的账面价值为840万元(600+800×30%)。因此,甲公司在编制合并财务报表时,并入乙公司2×12年(比较期间)年初各项资产、负债后,因合并而增加净资产2 800万元,冲减长期股权投资账面价值840万元,两者之间的差额增加资本公积1960万元(2800-840)。

借:资产或负债　　　　　　　　　　　　　　　　28 000 000
　　贷:长期股权投资　　　　　　　　　　　　　　　8 400 000
　　　　资本公积　　　　　　　　　　　　　　　　19 600 000

②合并日各报表项目的调整:

S公司对于合并日(2×13年3月1日)各报表项目,除按照合并报表编制的一般规定编制合并分录外,还应冲减2×12年1月1日至2×13年1月1日对乙公司30%的长期股权投资的权益法核算结果,冲减乙公司2×13年1月1日至2×13年3月1日实现的净利润中按照权益法核算归属于S公司的份额。即冲减期初留存收益180万元(600×30%),冲减投资收益30万元(100×30%)

借:期初留存收益　　　　　　　　　　　　　　　　1 800 000

	投资收益		300 000
	贷:长期股权投资		2 100 000

二、购买子公司少数股权的会计处理

企业在取得对子公司的控制权,形成企业合并后,自子公司的少数股东处取得少数股东拥有的对该子公司全部或部分少数股权,该类交易或事项发生以后,应当遵循以下原则分别按母公司个别财务报表和合并财务报表两个报表进行处理:

从母公司个别财务报表方面,其自子公司少数股东处新取得的长期股权投资应当按照《企业会计准则第2号——长期股权投资》第四条的规定确定入账价值。

在合并财务报表中,子公司的资产、负债应以购买日(或合并日)开始持续计算的金额反映。

因购买少数股权新增加的长期股权投资成本与按照新取得的股权比例计算确定应享有子公司自购买日(或合并日)开始持续计算的可辨认净资产份额之间的差额,应当调整合并资产负债表中归属于母公司的资本公积(资本溢价或股本溢价),资本公积(资本溢价或股本溢价)的余额不足冲减的,首先冲减归属于母公司的盈余公积,盈余公积不足冲减的,冲减归属于母公司的未分配利润。

【例6-27】甲公司于2×11年12月29日以20 000万元取得对乙公司70%的股权,能够对乙公司实施控制,形成非同一控制下的企业合并。2×12年12月25日,甲公司又出资7 500万元自乙公司的其他股东处取得乙公司20%的股权。本例中甲公司、乙公司及乙公司的少数股东在交易前不存在任何关联方关系。

(1)2×11年12月29日,甲公司在取得乙公司70%股权时,乙公司可辨认净资产公允价值总额为25 000万元。

(2)2×12年12月25日,乙公司有关资产、负债的账面价值、以购买日开始持续计算的金额(对母公司的价值)如表6-15所示。

表6-15 乙公司有关资产、负债的账面价值及其对母公司的价值

2×12年12月25日   单位:万元

项 目	乙公司的账面价值	乙公司资产、负债对母公司的价值
存货	1 250	1 250
应收款项	6 250	6 250
固定资产	10 000	11 500
无形资产	2 000	3 000
其他资产	5 500	8 000
应付款项	1 500	1 500
其他负债	1 000	1 000
净资产	22 500	27 500

分析：

(1) 确定甲公司对乙公司长期股权投资的成本：

2×11年12月29日为该非同一控制下企业合并的购买日，甲公司取得对乙公司长期股权投资的成本为20 000万元。

2×12年12月25日，甲公司在进一步取得乙公司20%的少数股权时，支付价款7 500万元。

该项长期股权投资在2×12年12月25日的账面余额为27 500万元。

(2) 编制合并财务报表时的处理：

①商誉的计算：

　　甲公司取得对乙公司70%股权时产生的商誉 = 20 000 − 25 000 × 70% = 2 500(万元)

在合并财务报表中应体现的商誉总额为2 500万元。

②所有者权益的调整：

合并财务报表中，乙公司的有关资产、负债应以其对母公司甲的价值进行合并，即与新取得的20%股权相对应的被投资单位可辨认资产、负债的金额 = 27 500 × 20% = 5 500万元。

因购买少数股权新增加的长期股权投资成本7 500万元与按照新取得的股权比例(20%)计算确定应享有子公司自购买日开始持续计算的可辨认净资产份额5 500万元之间的差额2 000万元，在合并资产负债表中调整所有者权益相关项目，首先调整归属于甲公司的资本公积(资本溢价或股本溢价)，在资本公积(资本溢价或股本溢价)的金额不足冲减的情况下，依次调整归属于甲公司的留存收益(盈余公积和未分配利润)。

三、母公司因处置对子公司的部分投资而丧失控制权

(一) 一次交易处置股权

母公司因处置部分股权投资等原因丧失了对被投资方的控制权的，在编制合并财务报表时，对于剩余股权，应当按照其在丧失控制权日的公允价值进行重新计量。处置股权取得的对价与剩余股权公允价值之和，减去按原持股比例计算应享有原有子公司自购买日或合并日开始持续计算的净资产的份额之间的差额，计入丧失控制权当期的投资收益，同时冲减商誉。与原有子公司股权投资相关的其他综合收益等，应当在丧失控制权时转为当期投资收益，其他综合收益不能重分类进损益的除外。

【例6−28】2×10年6月30日，A公司以现金9 000万元取得了B公司60%的股权，并自该日起控制B公司。当日，B公司可辨认净资产账面价值为9 500万元，公允价值为10 000万元。由于收购B公司产生商誉3 000万元。

2×12年6月30日，A公司以8 000万元的对价将其持有的B公司40%的股权出售给第三方公司，处置后对B公司的剩余持股比例降为20%。剩余20%股权的公允价值为4 000万元。当日，B公司可辨认净资产账面价值为10 200万元，自购买日开始持续计算的可辨认净资产账面价值为10 700万元。

B公司在2×10年7月1日至2×12年6月30日之间实现的净利润为600万元，其他综合收益为100万元。其他综合收益源自B公司的联营公司的其他综合收益的变

动,A 公司商誉未减值(不考虑所得税等影响)。

本例中,A 公司在合并财务报表中进行如下会计处理:

(1)终止确认长期股权投资、商誉等的账面价值,并终止确认少数股东权益(包括属于少数股东的其他综合收益)的账面价值。

(2)按照 2×12 年 6 月 30 日的公允价值重新计量剩余 20% 股权价值,为 4 000 万元,按照 20% 股权对 B 公司的影响程度,将 4 000 万元作为长期股权投资或金融工具列示于合并财务报表中。

(3)处置股权取得的对价 8 000 万元与剩余股权公允价值 4 000 万元之和,减去按原持股比例 60% 计算应享有 B 公司自购买之日起持续计算的可辨认净资产账面价值份额与商誉之和(10 700×60% +3 000 =9 420)之间的差额,计入丧失控制权当期的投资收益,为 2 580 万元。

(4)B 公司其他综合收益和其他所有者权益中归属于 A 公司的部分 60 万元(100×60%)转为当期投资收益。

(二)多次交易处置股权

企业通过多次交易分步处置对子公司的股权投资直至丧失控制权的,如果处置对子公司的股权投资直至丧失控制权的各项交易属于"一揽子交易",应当将各项交易作为一项处置子公司并丧失控制权的交易进行会计处理;但是,在丧失控制权之前每一次处置价款与处置投资对应的享有该子公司净资产份额的差额,在合并财务报表中应当确认为其他综合收益,在丧失控制权时一并转入丧失控制权当期的损益。

【例 6-29】A 公司主要从事机械产品的生产和销售,B 公司为 A 公司的全资子公司,主要从事化工产品的生产与销售。A 公司计划整合集团业务、剥离辅业,集中发展机械产品等主营业务。2×11 年 11 月 30 日,A 公司与 C 公司签订不可撤销的转让协议,对价总额为 5 000 万元。考虑到 C 公司的资金压力以及股权平稳过渡,双方在协议中约定,C 公司应在 2×11 年 12 月 31 日之前支付 2 000 万元,以先取得 B 公司 20% 股权;C 公司应在 2×12 年 12 月 31 日之前支付 3 000 万元,以先取得 B 公司 80% 股权。2×11 年 12 月 31 日至 2×12 年 12 月 31 日期间,B 公司的相关活动仍然由 A 公司单方面主导,若 B 公司在此期间向股东进行利润分配,则后续 80% 股权的购买对价按 C 公司已分得的金额进行相应调整。

2×11 年 12 月 31 日,按照协议约定,C 公司向 A 公司支付 2 000 万元,A 公司将其持有的 B 公司 20% 股权转让给 C 公司并已办理股权变更手续;当日,B 公司自购买日持续计算的净资产账面价值为 3 500 万元。

2×12 年 6 月 30 日,C 公司向 A 公司支付 3 000 万元,A 公司将其持有的 B 公司 80% 股权转让给 C 公司并已办理股权变更手续,自此 C 公司取得 B 公司控制权;当日,B 公司自购买日持续计算的净资产账面价值为 4 000 万元。

2×12 年 1 月 1 日至 2×12 年 6 月 30 日,B 公司实现净利润 500 万元,无其他净资产变动事项(不考虑所得税影响)。

本例需要进行的分析与处理如下:

(1)判断两次交易是否属于"一揽子交易"。

①从A公司处置股权的商业目的来看,两次处置交易结合起来才能达到商业目的,即剥离辅业,转让B公司100%股权;

②两次交易在同一份不可撤销的转让协议中同时约定;

③在第一次交易中,20%股权的对价为2 000万元,相对于100%股权对价总额5 000万元来说是不经济的,和第二次交易一并考虑才能反映真正的经济影响。此外,如果在两次交易期间B公司进行了利润分配,也将据此调整对价,说明两次交易是在考虑了彼此影响的情况下达成的。

综上所述,A公司多次交易处置对B公司的投资属于"一揽子交易"。

(2)2×11年12月31日合并财务报表层面的会计处理:

①因A公司仍持有B公司80%股权,B公司仍在A公司的合并范围之内。A公司应将处置价款2 000万元与处置20%股权相对应的B公司净资产账面价值的份额700万元(3 500×20%)之间的差额1 300万元,在合并财务报表中计入其他综合收益:

借:银行存款　　　　　　　　　　　　　　　　　　20 000 000
　　贷:少数股东权益　　　　　　　　　　　　　　　　7 000 000
　　　　其他综合收益　　　　　　　　　　　　　　　13 000 000

②由于A公司已经签订不可撤销的股权出售协议且预计处置将在1年内完成,A公司还应根据《企业会计准则第30号——财务报表列报》有关持有待售资产和终止经营的有关规定进行相应的会计处理和列报。

(3)A公司编制2×12年1月1日至6月30日的合并财务报表时:

2×12年1月1日至2×12年6月30日,B公司作为A公司持有80%股权的非全资子公司,B公司实现的净利润500万元中归属C公司的份额100万元(500×20%),在A公司2×12年编制的合并财务报表中确认为少数股东权益,并调整少数股东损益。

如果处置对子公司的股权投资直至丧失控制权的各项交易不属于"一揽子交易",应按照"不丧失控制权的情况下部分处置对子公司的投资的规定,进行会计处理。

(4)2×12年6月30日的会计处理:

A公司转让B公司剩余80%股权,丧失对B公司的控制,不再将B公司纳入合并范围。A公司应终止确认对B公司的长期股权投资及少数股东权益等,并将处置价款3 000万元与享有的B公司净资产账面价值份额3 200万元(4 000×80%)之间的差额200万元,计入当期损益,同时将第一次交易计入其他综合收益的1 300万元转入当期损益。

四、不丧失控制权的情况下部分处置对子公司的投资

母公司在不丧失控制权的情况下部分处置对子公司的长期股权投资,在合并财务报表中,处置价款与处置长期股权投资相对应享有的子公司自购买日或合并日开始持续计算的净资产份额之间的差额,应当调整资本公积(资本溢价或股本溢价),资本公积不足冲减的,调整留存收益。

五、因子公司少数股东增资导致母公司股权稀释

如果由于子公司的少数股东对子公司进行增资,导致母公司股权稀释,母公司应当按照增资前的股权比例计算其在增资前子公司账面净资产中的份额,该份额与增资后按母公司持股比例计算的子公司账面净资产份额之间的差额计入资本公积,资本公积不足冲减的,调整留存收益。

【例6-30】2×11年1月1日,A公司和B公司分别出资800万元和200万元设立S公司,A公司、B公司的持股比例分别为80%和20%。S公司为A公司的子公司。2×12年1月1日,B公司对S公司增资400万元,增资后占S公司股权比例为30%。增资完成后,A公司仍控制S公司。S公司自成立之日至增资前实现净利润1 000万元,除此以外,不存在其他影响S公司净资产变动的事项(不考虑所得税等影响)。

本例中,A公司持股比例原为80%,由于少数股东B公司增资而变为70%。增资前,A公司按照80%的持股比例享有的S公司净资产账面价值为1 600万元(2 000×80%);增资后,A公司按照70%持股比例享有的净资产账面价值为1 680万元(2 400×70%)两者之间的差额为80万元,在A公司合并资产负债表中应调增资本公积。

借:S公司所有者权益　　　　　　　　　　　　　　24 000 000
　　贷:长期股权投资　　　　　　　　　　　　　　16 000 000
　　　　少数股东权益　　　　　　　　　　　　　　 7 200 000
　　　　资本公积　　　　　　　　　　　　　　　　　 800 000

六、交叉持股的合并处理

交叉持股是指在由母公司和子公司组成的企业集团中,母公司持有子公司一定比例股份,能够对子公司实施控制,同时子公司也持有母公司一定比例股份,即相互持有对方的股份。

母子公司有交互持股情形的,在编制合并财务报表时,应分情况进行处理。

(一)对于母公司持有的子公司股权

对于母公司持有的子公司股权,与通常情况下母公司长期股权投资与子公司所有者权益的合并抵销处理相同。

(二)对于子公司持有的母公司股权

(1)子公司个别财务报表中将持有的母公司股权确认为长期股权投资的,应当按照子公司取得母公司股权日所确认的长期股权投资的初始投资成本,将其转为合并财务报表中的库存股,作为所有者权益的减项,在合并资产负债表中所有者权益项目下以"减:库存股"项目列示;对于子公司持有母公司股权所确认的投资收益(如利润分配或现金股利),应当进行抵销处理。

(2)子公司将所持有的母公司股权分类为以公允价值计量且其变动计入其他综合收益的金融资产,按照公允价值计量的,同时冲销子公司累计确认的公允价值变动。

(三)对于子公司相互之间持有的长期股权投资

对于子公司相互之间持有的长期股权投资,应当比照母公司对子公司的股权投资的抵销方法,将长期股权投资与其对应的子公司所有者权益中所享有的份额相互抵销。

七、报告期内增减子公司以及业务的会计处理

(一)报告期内增加子公司以及业务

1.因同一控制下企业合并增加子公司以及业务

母公司在报告期内因同一控制下企业合并增加的子公司以及业务,编制合并资产负债表时,应当调整合并资产负债表的期初数,同时应当对比较财务报表的相关项目进行调整,视同合并后的报告主体自最终控制方开始控制时点起一直存在。编制合并利润表时,应当将该子公司以及业务合并当期期初至报告期期末的收入、费用、利润纳入合并利润表,同时应当对比较报表的相关项目进行调整。编制合并现金流量表时,应当将该子公司以及业务合并当期期初至报告期期末的现金流量纳入合并现金流量表,同时应当对比较财务报表的相关项目进行调整。

2.因非同一控制下企业合并或其他方式增加的子公司以及业务

母公司因非同一控制下企业合并或其他方式增加的子公司以及业务,编制合并资产负债表时,不应当调整合并资产负债表的期初数。编制合并利润表时,应当将该子公司以及业务购买日至报告期期末的收入、费用、利润纳入合并利润表。编制现金流量表时,应当将该子公司购买日至报告期期末的现金流量纳入合并现金流量表。

(二)报告期内减少子公司以及业务

母公司在报告期内处置子公司以及业务,编制合并资产负债表时,不应当调整合并资产负债表的期初数。编制合并利润表时,应当将该子公司以及业务期初至处置日的收入、费用、利润纳入合并利润表。编制现金流量表时,应当将该子公司以及业务期初至处置日的现金流量纳入合并现金流量表。

本章小结

本章重点阐述控制权取得日后合并财务报表的编制。合并财务报表包括合并资产负债表、合并利润表、合并现金流量表、合并所有者权益变动表和报表附注。

合并财务报表编制的重点和难点是对个别报表的调整和对集团内部重复因素的抵销。编制合并财务报表时对个别报表的调整主要是:①统一会计政策、统一会计期间、统一计量币种;②对非同一控制下企业合并取得的子公司按照控制权取得日各项资产、负债的公允价值进行调整;③母公司对子公司的长期股权投资可以选择由个别报表上的成本法调整为权益法。编制合并财务报表时抵销的内部重复因素主要是:①母公司对子公司的长期股权投资和子公司的所有者权益项目抵销;②集团内部债权债务的抵销;③集团内部交易及未实现损益的抵销。具体来说,在编制合并资产负债表时需要抵

销的事项主要是：①长期股权投资与子公司所有者权益的抵销；②内部债权与债务的抵销；③存货价值中包含的未实现内部销售损益的抵销；④内部固定资产交易的抵销。编制利润表时的抵销事项主要是：①内部营业收入和内部营业成本的抵销；②内部应收款项计提的坏账准备等减值准备的抵销；③内部投资收益（利息收入）和利息费用的抵销；④内部持有对方长期股权投资的投资收益的抵销。编制合并所有者权益变动表时需要进行抵销处理的项目主要是：①母公司对子公司的长期股权投资与母公司在子公司所有者权益中所享有的份额相互抵销；②母公司对子公司、子公司相互之间持有对方长期股权投资的投资收益的抵销。编制现金流量表时需要抵销的事项主要是：①内部当期以现金投资或收购股权增加的投资所产生的现金流量的抵销；②内部当期取得投资收益收到的现金与分配股利、利润或偿付利息支付的现金的抵销；③利润或偿付利息支付的现金的抵销；④企业集团内部以现金结算债权与债务所产生的现金流量的抵销；⑤企业集团内部当期销售商品所产生的现金流量的抵销；⑥企业集团内部处置固定资产等收回的现金净额与购建固定资产等支付的现金的抵销。

　　合并报表编制时还可能涉及其他特殊问题，如通过多次交易分步实现企业合并、母公司购买子公司少数股权、母公司处置对子公司的投资，因少数股东增资导致母公司股权稀释以及交叉持股等情况。

思考题

1. 编制合并资产负债表时应抵销的项目有哪些？
2. 母公司在报告期内增减子公司在合并资产负债表上如何反映？
3. 编制合并利润表应进行抵销处理的项目有哪些？
4. 编制合并现金流量表应进行抵销处理的项目有哪些？
5. 个别财务报表和合并财务报表的报表项目有哪些差异？

练习题

1.【资料】远洋公司于2×11年1月1日合并了甲公司，为非同一控制下的企业合并，通过合并持有甲公司80%的股权，合并对价为4 500万元。远洋公司在2×11年1月1日备查簿中记录的甲公司的可辨认净资产、负债的公允价值与账面价值相同。有关资料如下：

（1）甲公司2×11年1月1日的所有者权益为5 250万元，其中，实收资本为3 000万元，资本公积为2 250万元，盈余公积为0，未分配利润为0。

（2）甲公司2×11年度实现净利润为1 500万元，按照净利润的10%计提盈余公积。甲公司持有其他债权投资,2×11年公允价值变动计入其他综合收益的金额为150万元(已扣除所得税影响)。甲公司2×11年度宣告发放2×11年现金股利600万元。

【要求】

(1)2×11年按照权益法对子公司的长期股权投资进行调整,编制相应调整分录。

(2)编制2×11年母公司对子公司股权投资项目与子公司所有者权益项目的抵销分录。

(3)编制2×11年母公司对子公司持有的长期股权投资的投资收益的抵销分录。

2.【资料】甲企业2×10年1月1日购入乙企业80%的股份,此前甲乙之间无内部交易。甲企业2×10年年末应收账款余额中包含当年发生的应向乙企业收取的账款500万元。甲企业年末按照应收账款余额的10%计提坏账准备。2×11年年末甲企业对乙企业内部应收账款为300万元。

【要求】编制2×10年、2×11年甲企业与上述业务有关的合并抵销分录。

3.【资料】大海公司和长江公司为同一母公司的子公司,大海公司持有长江公司60%表决权股份,能对长江公司实施控制。两公司存货期末计价均采用成本与可变现净值孰低法。2×11年长江公司出售库存商品给大海公司,售价(不含增值税)2 000万元,成本1 500万元。至2×11年12月31日大海公司从长江公司购买的上述存货中尚有40%未出售给集团外部单位。大海公司2×11年从长江公司购入存货所剩余的部分,至2×12年12月31日仍未出售给集团外部单位。2×12年大海公司出售库存商品给长江公司,售价(不含增值税)3 000万元,成本2 000万元。长江公司2×12年从大海公司购入的存货至2×12年12月31日全部未出售给集团外部单位。

【要求】编制2×11年、2×12年大海公司编制合并财务报表时的抵销分录。

4.【资料】荣华股份有限公司(以下简称"荣华公司")2×11年1月1日与另一投资者共同组建昌盛有限责任公司(以下简称"昌盛公司")。荣华公司拥有昌盛公司75%的股份,从2×11年开始将昌盛公司纳入合并范围编制合并财务报表。

(1)荣华公司2×11年6月15日将不需安装的设备一台出售给昌盛公司,用于公司行政管理,设备价款192万元(含增值税)以银行存款支付,增值税税率为17%。设备于7月20日投入使用。该设备系荣华公司生产,生产成本为144万元。

昌盛公司对该设备采用直线法计提折旧,预计使用年限为4年,预计净残值为零。

(2)昌盛公司2×13年8月15日变卖该设备,收到变卖价款160万元,款项已收存银行。变卖该设备时支付清理费用3万元。

【要求】(答案中的金额以万元为单位)

(1)代荣华公司编制2×11年度该设备相关的合并抵销分录;

(2)代荣华公司编制2×12年度该设备相关的合并抵销分录;

(3)代荣华公司编制2×13年度该设备相关的合并抵销分录。

5.【资料】2×09年1月20日,A公司与B公司签订购买B公司持有的C公司80%股权的合同。合同规定:以C公司2×09年5月30日评估的可辨认净资产价值为基础,A公司定向增发本公司普通股股票给B公司,B公司以其所持有C公司80%的股权作为支付对价。合同经双方股东大会批准后生效。购买C公司80%股权时,A公司与B公司不存在关联方关系。该合并采用应税合并,各个公司适用的所得税率为25%,在合并财务报表层面出现的暂时性差异均符合递延所得税资产或递延所得税负债的确认条件。

(1) 购买C公司80%股权的合同执行情况如下:

①2×09年4月15日,A公司和B公司分别召开股东大会,批准通过了该购买股权的合同。

②A公司于2×09年6月30日向B公司定向增发1 000万股普通股股票(每股面值1元),并于当日办理了股权登记手续。2×09年6月30日,A公司普通股收盘价为每股18元。2×09年6月30日,A公司以银行存款支付对C公司资产评估而发生的评估费用200万元。为定向增发普通股股票,支付佣金和手续费100万元。

③A公司于2×09年6月30日对C公司董事会进行改组,并取得控制权。

④C公司可辨认净资产的账面价值为20 000万元,其中:股本为12 000万元,资本公积为2 000万元,盈余公积为600万元,未分配利润为5 400万元。

⑤C公司可辨认资产、负债的公允价值与其账面价值仅有2项资产存在差异,如表6-16所示。

表6-16 C公司资产、负债账面价值与公允价值差异

2×09年6月30日   单位:万元

项目	账面价值	公允价值
固定资产	500	900
无形资产	8 000	9 000

C公司固定资产未来仍可使用20年,预计净残值为零,采用年限平均法计提折旧。无形资产未来仍可使用10年,预计净残值为零,采用直接法摊销。C公司的固定资产、无形资产均为管理使用;固定资产、无形资产的折旧(或摊销)年限、折旧(或摊销)方法及预计净残值均与税法规定一致。

(2) C公司2×09年度实现净利润3 000万元,其中,2×09年7月1日至12月31日实现净利润2 000万元,2×09年7月1日至12月31提取盈余公积200万元;2×09年宣告分派2×08年度现金股利1 000万元,C公司其他债权投资公允价值变动增加100万元。

(3) A公司2×09年7月销售100件甲产品给C公司,每件售价6万元,增值税税率为17%,每件成本5万元,C公司2×09年对外销售80件。C公司2×09年6月30日投资后向A公司出售固定资产,价款100万元,账面价值75万元,A公司取得后作为管理用固定资产使用,预计尚可使用年限为2.5年,采用直线法计提折旧。

(4) C公司2×10年度实现净利润5 000万元,2×10年提取盈余公积500万元;2×10年宣告分派现金股利2 000万元,C公司其他债权投资公允价值变动减少200万元。

(5) A公司2×10年对外销售2×09年剩余20件甲产品中的10件。

【要求】
(1) 编制 A 公司 2×09 年与长期股权投资业务有关的会计分录。
(2) 编制 2×09 年购买日合并财务报表有关调整抵销分录。
(3) 在工作底稿上编制 2×09 年、2×10 年与合并财务报表有关的调整抵销分录。
(4) 编制合并财务报表。

第七章

租 赁

本章学习目的

租赁是现代企业的一项重要融资活动。通过本章的学习,需明确租赁的意义,掌握租赁类型的判断,融资租赁、经营租赁的会计处理,了解售后租回的会计处理。

本章重点与难点

本章重点是租赁类型的判断、融资租赁的会计处理。本章难点在于承租人未确认融资费用摊销和出租人未实现融资收益摊销的会计处理、出租人未担保余值减值的会计处理及售后租回形成经营租赁下的会计处理。

第一节 租赁概述

一、租赁的含义和特征

租赁,是指在约定的期间内,出租人将资产使用权让与承租人,以获取租金的协议。私有制是租赁产生的基础,私有制产生了人们对不同物品的不同所有权,人们根据所有权暂时出让使用权,收取一定的使用费用,从而产生了租赁。租赁业是一种古老又新兴的行业,已经有几千年的历史,发展到今天,已经成为当代发展最快的融资方式。

租赁的主要特征是,在租赁期内转移资产的使用权,而不是转移资产的所有权,这种转移是有偿的,取得使用权以支付租金为代价。

本章介绍适用于《企业会计准则第21号租赁》的租赁业务的核算,其他租赁业务,适用于其他相关会计准则。

下列各项适用于其他相关会计准则:

(1)出租人以经营租赁方式租出的土地使用权和建筑物,适用《企业会计准则第3号——投资性房地产》。

(2)电影、录像、剧本、文稿、专利和版权等项目的许可使用协议,适用《企业会计准则第6号——无形资产》。

(3)出租人因融资租赁形成的长期债权的减值,适用《企业会计准则第22号——金融工具确认和计量》。

二、租赁的分类

以与租赁资产所有权有关的风险和报酬归属于出租人或承租人的程度为依据,租赁分为融资租赁和经营租赁两类。也就是说,承租人应视租赁的经济实质而不是其法律形式对租赁进行分类。

(一)融资租赁

融资租赁是指实质上转移了与资产所有权有关的绝大部分风险和报酬的租赁。所有权最终可能转移,也可能不转移。

所谓与资产所有权有关的风险,是指由于资产闲置或技术陈旧而发生损失以及由于经营情况变化致使有关收益发生的变动。所谓与资产所有权有关的报酬,是指在资产有效使用年限内直接使用它而获得的利益、资产本身的增值及处置所实现的收益。一项租赁只有在实质上转移了与资产所有权有关的风险和报酬,才能认定为融资租赁。但在租赁业务中,风险和报酬的转移和所有权的转移并不一定是同时的,租赁期届满后,如果承租人购买了租赁资产,则租赁资产所有权转移给承租人,否则,租赁资产所有权一般不会转移给承租人。在判断租赁类型时,不应以租赁资产所有权是否转移给承租人为标准。

（二）经营租赁

一项租赁是否应认定为融资租赁，不在于租赁合同的形式，而应视出租人是否将资产的风险和报酬转移给了承租人而作出判断。如果一项租赁实质上转移了与资产所有权有关的绝大部分风险和报酬，那么无论租赁合同采用什么样的形式，均应将该项租赁认定为融资租赁。如果一项租赁实质上并没有转移与资产所有权有关的绝大部分风险和报酬，那么应将该项租赁认定为经营租赁。

三、租赁类型判断的时点及具体标准

（一）分类时点

在租赁开始日，承租人和出租人应当将租赁认定为融资租赁或经营租赁。

租赁开始日，是指租赁协议日与租赁各方就主要条款作出承诺日中的较早者。

（二）融资租赁判断的具体标准

承租人和出租人在对租赁分类时，应全面考虑租赁期届满时租赁资产所有权是否转移给承租人、承租人是否有购买租赁资产的选择权、租赁期占租赁资产尚可使用年限的比例等各种因素。满足以下一条或数条标准的租赁，应确认为融资租赁：

（1）在租赁期届满时，租赁资产的所有权转移给承租人。也就是说，如果在租赁协议中已经约定，或者根据其他条件在租赁开始日就可以合理地判断，租赁期届满时出租人会将资产的所有权转移给承租人，那么该项租赁应当认定为融资租赁。

租赁期又称还租期限，指租赁合同所规定的不可撤销的租赁期间，即承租人可以使用租入资产的时间。租赁期的长短一般在租赁合同中有明确规定。对于租赁开始日就可以合理确定承租人将会行使优惠购买选择权的，租赁期最长不超过租赁开始日起至优惠购买选择权行使之日的时间。如果承租人有优惠续租权，即可以有低于市场的价格继续租赁资产的权利，并且在租赁开始日就可以合理确定承租人将会续租资产，续租期应当包括在租赁期内。

【例7-1】出租人和承租人2×09年1月1日签订了一项租赁协议，租赁期限为10年，租赁期届满时（也可提前）承租人有权以10 000元的优惠购买价格购买租赁资产，双方可以合理确定承租人会行使该优惠购买选择权，行使该优惠购买选择权的日期可能会提前到2×18年6月末，而合同约定为2×18年12月31日到期，则租赁期为2×09年1月1日至2×18年6月末，共9年6个月。

【例7-2】出租人和承租人2×10年1月1日签订了一项租赁协议，租赁期限为10年，租赁期届满时承租人有权以远低于市场正常租金的优惠价格继续租赁该资产5年。双方可以合理确定承租人会行使该优惠续租权，则租赁期为2×10年1月1日至2×24年12月31日，共15年。

（2）承租人有购买租赁资产的选择权，所订立的购买价款预计将远低于行使选择权时租赁资产的公允价值，因而在租赁开始日就可合理地确定承租人将会行使这种选择权。

这条标准有两层含义：①拥有购买选择权，即承租人拥有在租赁期届满时或某一特定的日期选择购买租赁资产的权利。②廉价，即在租赁期届满时或某一特定的日期，当承租人行使购买租赁资产的选择权时,在租赁合同中订立的购价远低于行使这种选择权日的租赁资产的公允价值,因此在租赁开始日就可合理地确定承租人一定会购买该项资产。

【例7-3】出租人和承租人签订了一项租赁协议,租赁期限为20年,租赁期届满时承租人有权以10 000元的价格购买租赁资产,在签订租赁协议时估计该租赁资产租赁期届满时的公允价值为40 000元,由于购买价格仅为公允价值的25%(远低于公允价值40 000元),如果没有特别的情况,承租人在租赁期届满时将会购买该项资产。在这种情况下,在租赁开始日即可判断该项租赁应当认定为融资租赁。

(3)租赁期占租赁资产尚可使用年限的大部分。但是,如果租赁资产在开始租赁前已使用年限超过该资产全新时可使用年限的大部分,则该条标准不适用。这是一条时间标准,它强调的是租赁期占租赁开始日租赁资产尚可使用年限的比例,而非租赁期占该项资产全部可使用年限的比例。这里的"大部分"通常为租赁期占租赁开始日租赁资产尚可使用年限的75%(含75%)以上。也就是说,租赁资产尚可使用寿命的绝大部分都由承租方支配和享用时,属于融资租赁。

【例7-4】某项租赁设备全新时可使用年限为10年,已经使用了3年,从第4年开始出租,租赁期为6年。请判断租赁类型。

租赁开始时,该设备尚可使用年限为7年,租赁期占尚可使用年限的比例为:6/7 = 85.7% > 75%,则该租赁为融资租赁。

应注意的是,如果租赁资产是一项旧资产,在开始此次租赁前其已使用年限超过该资产全新时可使用年限的75%,即使租赁期占租赁资产尚可使用年限的75%及以上,也不适用该条判断标准。

【例7-5】承【例7-4】,假如设备已经使用了8年,从第9年开始租出,租赁期为2年,此时,该项设备尚可使用年限为2年。请用该条标准判断租赁类型。

虽然租赁期为租赁设备尚可使用年限的100%(2/2),但由于在开始此次租赁前该项设备的已使用年限超过了全新时可使用年限(10年)的75%(8/10 = 80% > 75%),因此,不能使用该条标准来判断租赁的类型。

(4)就承租人而言,租赁开始日最低租赁付款额的现值几乎相当于租赁开始日租赁资产的公允价值;就出租人而言,租赁开始日最低租赁收款额的现值几乎相当于租赁开始日租赁资产的公允价值。这里的"几乎相当于",通常掌握在90%(含90%)以上。需要说明的是,这里的量化标准只是指导性标准,企业在具体运用时,必须以准则规定的相关条件进行判断。

最低租赁付款额,是指在租赁期内,承租人应支付或可能被要求支付的款项(不包括或有租金和履约成本),加上由承租人或与其有关的第三方担保的资产余值。

这是从承租人角度规定的一个概念,其中"最低"一词是相对或有租金、履约成本而言的,因为或有租金和履约成本具有结果不确定性。

或有租金,是指金额不固定、以时间长短以外的其他因素(如销售百分比、使用量、物价指数等)为依据计算的租金。履约成本,是指在租赁期内为租赁资产支付的各种成本,如技术咨询和服务费、人员培训费、维修费、保险费等。

资产余值,是指租赁开始日估计的融资租赁期届满时资产的公允价值。资产余值按有无担保分类,分为担保余值和未担保余值。担保余值分为承租人的担保余值和出租人的担保余值。承租人的担保余值是指由承租人或与其有关的第三方担保的资产余值。其中,与其有关的第三方是指在业务经营或财务上与承租人有关的各方,如母子公司、联营企业、合营企业、主要原材料供应商、主要产品销售商。出租人的担保余值,是指承租人的担保余值加上独立于承租人和出租人但在财务上有能力担保的第三方(如担保公司)担保的资产余值。未担保余值,是指租赁资产余值中扣除就出租人而言的担保余值后的资产余值。

【例 7-6】某融资租赁资产原价 100 万,租赁期满还有剩余使用年限,租赁期满资产余值应有 10 万元。设租赁期满经评估后剩余价值 2 万元。租赁期满出租人收回该资产。该题中,无担保人对资产余值担保,则租赁期满资产余值 10 万元与期满评估后剩余价值 2 万元之间的差额由出租人自行承担,与承租人无关。

【例 7-7】承【例 7-6】,设承租人担保 9 万。则承租人担保余值为 9 万,出租人担保余值也是 9 万,未担保余值为 1 万。则租赁期满资产余值 10 万元与期满经评估后剩余价值 2 万元之间的差额虽然是 8 万,但仅需承租人向出租人赔付 7 万元,剩余 1 万元由出租人自行承担。

【例 7-8】承【例 7-6】,设承租人担保 9 万,独立于承租人和出租人的第三方担保 1 万,则承租人担保余值为 9 万,出租人担保余值是 10 万。则租赁期满资产余值 10 万元与期满经评估后剩余价值 2 万元之间的差额由承租人赔付给出租人,独立于承租人和出租人的第三方负连带赔付责任。

【例 7-9】甲企业采用融资租赁方式租入设备一台。租赁合同主要内容:①该设备租赁期为 5 年,每年支付租金 5 万元;②或有租金 4 万元;③履约成本 3 万元;④与承租人有关的第三方担保的资产余值 2 万元。确定甲企业该设备的最低租赁付款额。

$$甲企业该设备的最低租赁付款额 = 5 \times 5 + 2 = 27(万元)$$

最低租赁收款额,是指最低租赁付款额加上与承租人和出租人均无关,但在财务上有能力担保的第三方对出租人担保的资产余值。

与承租人的最低租赁付款额相对应,最低租赁收款额是从出租人角度规定的一个概念。其中,"最低"一词也是相对或有租金、履约成本等而言的,因为或有租金和履约成本具有结果不确定性。出租人除了根据租赁合同规定要求承租人支付最低租赁付款额外,如果还存在与承租人和出租人均无关,但在财务上有能力担保的第三方对出租人的资产余值提供担保,则表明租赁期届满时能够保证出租人实现这一确定的金额,所以这一担保的资产余值也应包括在出租人的最低租赁收款额之中。

【例 7-10】A 租赁公司将一台大型设备以融资租赁方式租赁给 B 企业。双方签订合同,该设备租赁期 4 年,租赁期届满 B 企业归还给 A 公司设备。每 6 个月月末支付租金 525 万元,B 企业担保的资产余值为 300 万元,B 企业的母公司担保的资产余值为 450 万元,另外担保公司担保金额为 450 万元,未担保余值为 150 万元。确定最低租赁收款额。

$$最低租赁收款额 = 最低租赁付款额 + 无关第三方对出租人担保的资产余值$$
$$= (525 \times 8 + 300 + 450) + 450 = 5\,400(万元)$$

本条标准实际上是价值补偿性标准。在租赁开始日,如果承租人计算得出的最低租赁付款额现值几乎相当于租赁资产的公允价值(通常为最低租赁付款额现值占租赁资产公允价值的90%以上,含90%),则从承租人角度来看,该项租赁应被认定为融资租赁;如果出租人计算得出的最低租赁收款额现值几乎相当于租赁资产的公允价值(通常为最低租赁收款额现值占租赁资产的公允价值的90%以上,含90%),则从出租人角度来看,该项租赁应被认定为融资租赁。

【例7-11】某租赁业务中,最低租赁收款额的现值为715万元,租赁开始日租赁资产公允价值700万元。最低租赁收款额的现值为715万元,大于租赁资产公允价值的90%即630万元(700×90%),符合第四条判断标准。所以这项租赁出租人应当认定为融资租赁。但对承租人,应根据"就承租人而言,租赁开始日最低租赁付款额的现值几乎相当于租赁开始日租赁资产的公允价值"标准另行判断。

(5)租赁资产性质特殊,如果不作较大修整,只有承租人才能使用。这条标准是指租赁资产是根据承租人对资产型号、规格等方面的特殊要求专门购买或建造的,具有专购、专用性质。这些租赁资产如果不作较大的重新改制,其他企业通常难以使用。这种情况下,该项租赁也应当认定为融资租赁。

(三)租赁类型判断时应注意的其他问题

原则上,承租人和出租人对同一项租赁所划归的类型应当一致。由于承租人和出租人的权利和义务是以一项双方签订的租赁合同为基础确定的,因此,承租人和出租人对同一项租赁所认定的类型应当一致。即一项租赁,如果承租人将其认定为融资租赁,原则上,出租人也应将其认定为融资租赁,而不应认定为经营租赁,从而避免同一项资产在承租人和出租人双方作重复反映,或同一项资产在租赁双方都不作反映。但是,如果存在独立于承租人和出租人,但在财务上有能力担保的第三方对出租人的资产余值提供了担保,则可能导致一项租赁在租赁双方归为不同的类型。例如,若最低租赁付款额的现值小于或等于租赁开始日租赁资产公允价值的90%,则承租人可能将该租赁判断为经营租赁,但最低租赁收款的现值却可能大于或等于租赁开始日租赁资产公允价值的90%,则出租人会将该租赁判断为融资租赁。这种情况下,出租人和承租人对该租赁资产都未在各自账上进行反映。

第二节 经营租赁的会计处理

一、承租人的会计处理

在经营租赁下,与租赁资产有关的风险和报酬并没有实质上转移给承租方,承租人不须将所取得的租入资产的所有权资本化,履约成本一般由出租人负担。承租人对经营租赁的会计处理比较简单,主要包括租金的会计处理、初始直接费用等会计处理。为了保证租赁资产的安全和有效使用,承租人应设置"租赁资产"备查簿作备查登记,以反映和监督租赁资产的使用、归还和结存情况。

(一)租金的会计处理

承租人在经营租赁下发生的租金应当在租赁期内的各个期间按直线法或其他方法,合理地确认为费用。一般情况下,采用直线法将承租人支付的经营租赁租金确认为费用较为合理,但在某些特殊情况下,则应采用比直线法更系统合理的方法,如根据租赁资产的使用量来确认租金费用。例如,某企业租入一台起重机,根据起重机的工作小时量来确认当期应分摊的租金费用就比按直线法确认更为合理。

某些情况下,出租人可能对经营租赁提供激励措施,如免租期、承担承租人某些费用等。在出租人提供免租期的情况下,免租期内也应确认租金费用,即应将租金总额在整个租赁期内,而不是在租赁期扣除免租期后的期间内按直线法或其他合理的方法分摊,在出租人承担了承租人某些费用的情况下,应将该费用从租金总额中扣除,并将租金余额在租赁期内进行分摊。

【例7-12】A公司将一台固定资产以经营租赁方式租赁给乙企业,租赁期为14个月(包括免租期2个月),租金总额为67 500元。此外,A公司还承担了乙方的费用4 500元。确定乙企业每月应分摊的租金。

乙企业每月应分摊的租金 = (67 500 - 4 500) ÷ 14 = 4 500(元)

租金的会计处理分三种情况:当期租金当期支付;预付租金;每期租金延期支付。

当期租金当期支付时,每期给付租金时,借记"制造费用""销售费用""管理费用"等科目,贷记"银行存款"等科目。

采用预付租金形式租赁时,在预付租金时,借记"长期待摊费用"等科目,贷记"银行存款"等科目。每期摊销租金时,借记"制造费用""销售费用""管理费用"等科目,贷记"长期待摊费用"等科目。

每期租金延期支付时,在每期末,按本期应摊销的租金,借记"制造费用""销售费用""管理费用"等科目,贷记"其他应付款"科目,以后支付时,借记"其他应付款"科目,贷记"银行存款"等科目。

对于承租人在经营租赁中发生的或有租金,由于其金额不固定,无法采用系统合理的方法对其进行分摊,因此或有租金在实际发生时,借记"制造费用""销售费用"等科目,贷记"银行存款"等科目。

(二)初始直接费用的会计处理

初始直接费用,是指在租赁谈判和签订租赁合同过程中承租人发生的、可直接归属于租赁项目的费用,通常有印花税、佣金、律师费、差旅费、谈判费等。承租人发生的初始直接费用,应在实际发生时计入当期损益。其会计处理为:借记"管理费用"等科目,贷记"银行存款"等科目。

(三)相关信息的披露

承租人应在财务报告中披露与经营租赁有关的下列事项:

(1)资产负债表日后连续三个会计年度每年将支付的不可撤销经营租赁的最低租赁付款额。

(2)以后年度将支付的不可撤销经营租赁最低租赁付款额总额。

二、出租人的会计处理

在经营租赁下,与租赁资产所有权有关的风险和报酬并没有实质上转移给承租人,租赁资产的所有权始终归出租人所有,因此出租人仍应按自有资产的处理方法,将租赁资产反映在账上。出租人对经营租赁的会计处理也比较简单,主要包括租金的会计处理、初始直接费用和折旧的会计处理。

(一)租金的会计处理

出租人在经营租赁下收取的租金应当在租赁期内的各个期间按直线法或其他方法合理地确认为收入。一般情况下,出租人应采用直线法将收到的租金在租赁期内确认为收益,但在某些特殊情况下,则应采用比直线法更系统合理的方法,比如根据租赁资产的使用量来确认租赁收益的方法。例如,出租一台起重机,根据起重机的工作小时来确认当期租赁收益就比按直线法确认更为合理。

某些情况下,出租人可能对经营租赁提供激励措施,如免租期、承担承租人某些费用等。在出租人提供了免租期的情况下,免租期内应确认租金收入,即应将租金总额在整个租赁期内,而不是在租赁期扣除免租期后的期间内按直线法或其他合理的方法进行分配,在出租人承担了承租人的某些费用的情况下,应将该费用从租金总额中扣除,并将租金余额在租赁期内进行分配。

【例 7-13】甲公司将一台固定资产以经营租赁方式租赁给乙企业,租赁期为 12 个月,租金总额为 76 500 元,免租期为 2 个月,此外,甲公司还承担了乙方的费用 4 500 元。确定甲公司每月应确认的租金收入:

$$甲公司每月应确认的租金收入 = (76\ 500 - 4\ 500) \div 12 = 6\ 000(元)$$

租金的会计处理分三种情况:当期租金当期收取;预收租金;每期租金延期收取。

当期租金当期收取时,每期收租金时,借记"银行存款"等科目,贷记"租赁收入""其他业务收入"科目。

采用预收租金形式租赁时,在预收租金时,借记"银行存款"等科目,贷记"预收账款"等科目。以后确认租金收入时,借记"预收账款"等科目,贷记"租赁收入""其他业务收入"科目。

每期租金延期收取时,在每期末,按本期应确认的租金收入,借记"应收账款""其他应收款"科目,贷记"租赁收入""其他业务收入"科目,以后收取时,借记"银行存款"科目,贷记"应收账款""其他应收款"科目。

在经营租赁下,出租人对或有租金的处理与融资租赁下相同,即在实际发生时计入当期收益。

(二)初始直接费用的会计处理

对于出租人在经营租赁中发生的初始直接费用,应确认为当期费用。其会计处理为:借记"管理费用"等科目,贷记"银行存款"等科目。

(三)折旧的会计处理

在经营租赁下,如果经营租赁资产属于固定资产,应当采用出租人对类似应提折旧资产通常所采用的折旧政策计提折旧,对于其他资产应当采用合理的方法进行摊销。

(四)相关信息的披露

出租人应在财务会计报告中披露每类租出资产在资产负债表日的账面价值。

第三节 融资租赁的会计处理

一、承租人的会计处理

承租人融资租赁的会计处理主要包括:租赁期开始日的会计处理、未确认融资费用确认的摊销、租赁资产折旧的计提、履约成本的会计处理、租金的会计处理和租赁期届满的会计处理。

(一)租赁期开始日的会计处理

租赁期开始日,是指承租人有权行使其使用租赁资产权利的日期,表明租赁行为的开始。

融资租入的固定资产,在租赁期开始日,按应计入租赁资产成本的金额(租赁开始日租赁资产公允价值与最低租赁付款额现值两者中较低者,加上初始直接费用),借记"固定资产"科目或"在建工程"等科目,按最低租赁付款额,贷记"长期应付款"科目,按发生的初始直接费用,贷记"银行存款"等科目,按其差额,借记"未确认融资费用"科目。

承租人在租赁期内支付的最低租赁付款额由两部分组成:一部分是购买资产时支付的价款,属于资本性支出;另一部分是由于占用出租人资金而支付的利息,属于各期的收益性支出。最低租赁付款额的现值就是购买资产时支付的价款,最低租赁付款额与最低租赁付款额现值之差,就是租赁期间应支付的利息费用。

承租人在计算最低租赁付款额的现值时,必须合理选择折现率。折现率的确定,有以下几种方法,企业依次选用。

首先,如果知悉出租人的租赁内含利率,承租人应首选出租人的租赁内含利率作为折现率。因为出租人的租赁内含利率通常能反映承租人实际支付的筹资成本。其中,租赁内含利率,是指在租赁开始日,使最低租赁收款额的现值与未担保余值的现值之和等于租赁资产公允价值与初始直接费用之和的折现率。

其次,如果不知悉出租人的租赁内含利率,采用租赁合同规定的利率作为折现率。合同利率是双方都能接受的利率,也能反映承租人实际负担的筹资成本。

最后,如果出租人的租赁内含利率和合同规定的利率均无法取得,那么承租人应当采用同期银行贷款利率作为折现率。

【例7-14】某融资租入资产,每年年末支付租金150 000元,共6年,期满购买所有权需要1 000元,合同利率7%,出租方该资产的公允价值为700 000元。$P/A(6,7\%)$为4.766 5(年金现值系数),$P/F(6,7\%)$为0.666 3(复利现值系数)。

要求:确定最低租赁付款额及固定资产入账价值,并作出租入时的会计分录。

分析：

$$最低租赁付款额 = 150\,000 \times 6 + 1\,000 = 901\,000(元)$$

$$最低租赁付款额的现值 = 150\,000 \times 4.766\,5 + 1\,000 \times 0.666\,3 = 715\,641.3 > 700\,000$$

会计分录：

借：固定资产——融资租入固定资产　　　　　　　　　　　　　700 000
　　未确认融资费用　　　　　　　　　　　　　　　　　　　　201 000
　贷：长期应付款——应付融资租赁款　　　　　　　　　　　　901 000

（二）未确认融资费用的摊销和租金的处理

在融资租赁下，承租人向出租人支付的租金中，包含本金和利息两部分。承租人支付租金时，一方面应减少长期应付款，另一方面应同时将未确认的融资费用按一定的方法确认为当期融资费用。

在分摊未确认的融资费用时，按照租赁准则的规定，承租人应当采用实际利率法。在采用实际利率法的情况下，根据租赁期开始日租赁资产和负债的入账价值基础不同，融资费用分摊率的选择也不同。未确认融资费用的分摊率的确定具体分为下列几种情况：

（1）以出租人的租赁内含利率为折现率将最低租赁付款额折现，且以该现值作为租赁资产入账价值的，应当以租赁内含利率作为未确认融资费用的分摊率。

（2）以合同规定利率为折现率将最低租赁付款额折现，且以该现值作为租赁资产入账价值的，应当将合同规定利率作为未确认融资费用的分摊率。

（3）以银行同期贷款利率为折现率将最低租赁付款额折现，且以该现值作为租赁资产入账价值的，应当将银行同期贷款利率作为未确认融资费用的分摊率。

（4）以租赁资产公允价值为入账价值的，应当重新计算分摊率。该分摊率是使最低租赁付款额的现值等于租赁资产公允价值的折现率。

存在优惠购买选择权的，在租赁期届满时，未确认融资费用应全部摊销完毕，并且租赁负债也应当减少为优惠购买金额。在承租人或与其有关的第三方对租赁资产提供了担保或因租赁期届满没有续租而支付违约金的情况下，在租赁期届满时，未确认融资费用应当全部摊销完毕，租赁负债还应减少至担保余值。

承租人应按每期支付的租金金额，借记"长期应付款——应付融资租赁款"科目，贷记"银行存款"科目。每期分摊未确认融资费用时，按当期应分摊的未确认融资费用金额，借记"财务费用"等科目，贷记"未确认融资费用"科目。

【例7-15】承**【例7-14】**。要求：作出前两年分摊未确认融资费用的会计分录。

分析：该项融资租赁以租赁资产公允价值入账，应当重新计算分摊率。

$$150\,000 \times P/A(6, i) + 1\,000 \times P/F(6, i) = 700\,000$$

经计算，该分摊率 i 为 7.724 9%。

（1）第一年：

年初本金为700 000 元，则：

$$本期确认费用 = 700\,000 \times 7.724\,9\% = 54\,074(元)$$

借：财务费用　　　　　　　　　　　　　　　　　　　　　　　54 074

　　　　贷：未确认融资费用　　　　　　　　　　　　　　　　　　54 074
　　借：长期应付款　　　　　　　　　　　　　　　　　　　　150 000
　　　　贷：银行存款　　　　　　　　　　　　　　　　　　　　150 000
（2）第二年：
$$利息费用 = 604\ 074 \times 7.724\ 9\% = 46\ 664(元)$$
　　借：财务费用　　　　　　　　　　　　　　　　　　　　　46 664
　　　　贷：未确认融资费用　　　　　　　　　　　　　　　　　46 664
　　借：长期应付款　　　　　　　　　　　　　　　　　　　　150 000
　　　　贷：银行存款　　　　　　　　　　　　　　　　　　　　150 000

（三）租赁资产折旧的计提

承租人应对融资租入的固定资产计提折旧,涉及折旧政策和折旧期间两项内容。

1. 折旧政策

计提租赁资产折旧时,承租人应采用与自有应折旧资产相一致的折旧政策。同自有应折旧资产一样,租赁资产的折旧方法一般有年限平均法、工作量法、年数总和法、双倍余额递减法等。

2. 应计折旧额

如果承租人或与其有关的第三方对租赁资产提供了担保,则应提的折旧总额为融资租入固定资产的入账价值减去担保余值后的余额;如果承租人或与其有关的第三方未对租赁资产余值提供担保,则应提的折旧总额为融资租入固定资产的入账价值。

3. 折旧期间

企业应根据租赁合同规定来确定租赁资产的折旧期间。如果能够合理确定租赁期满时承租人将会取得租赁资产所有权,即可认为承租人拥有该项资产的全部使用年限,因此应以租赁开始日租赁资产的尚可使用年限作为折旧期间。如果无法合理确定租赁期届满时承租人能够取得租赁资产的所有权,则应以租赁期与租赁资产尚可使用年限两者中较短者作为折旧期间。

【例7-16】某项融资租赁,起租日为2×12年6月30日,最低租赁付款额现值为700万元,公允价值750万元。承租人另发生安装费20万元,承租人担保余值为60万元,未担保余值为30万元,租赁期为6年,设备尚可使用年限为8年,无法合理确定租赁期届满时承租人能取得资产的所有权。承租人对租入的设备采用年限平均法计提折旧。计算该设备在2×12年应计提的折旧额。

分析：
　　　　该设备在2×12年应计提的折旧额 = (700 + 20 - 60) ÷ 6 ÷ 2 = 55(万元)

（四）履约成本的会计处理

承租人发生的履约成本通常应计入当期损益,借记"管理费用"等科目,贷记"银行存款"等科目。

（五）或有租金的会计处理

应付的或有租金是指根据承租方营业收入、实现利润等支付的租金。因金额不固定,无法采用系统合理的方法对其进行分摊。因此,或有租金应在实际发生时确认为当期损益。同物价指数有关的或有租金,借记"财务费用"科目;和销售有关的或有租金,借记"销售费用"科目,贷记"其他应付款"。

(六)租赁期满的会计处理

租赁期届满时,承租人通常对租赁资产有三种选择权:返还、优惠续租和留购。

1. 返还

租赁期届满,承租人向出租人返还租赁资产时,通常借记"长期应付款——应付融资租赁款""累计折旧"科目,贷记"固定资产——融资租入固定资产"科目。没有承租人担保余值时,仅需借记"累计折旧"科目,贷记"固定资产——融资租入固定资产"科目。

2. 优惠续租

如果承租人行使优惠续租选择权,则应视同该项租赁一直存在而作出相应的账务处理。如果租赁期满时没有续租,根据租赁协议规定须向出租人支付违约金时,借记"营业外支出"科目,贷记"银行存款"等科目。

3. 留购

在承租人享有优惠购买选择权的情况下,支付购买价款时,借记"长期应付款——应付融资租赁款"科目,贷记"银行存款"等科目;同时,将固定资产从"融资租入固定资产"明细科目转入有关明细科目。

【例7-17】假设2×09年12月1日,北方公司与中华公司签订了一份租赁合同。合同主要条款如下:

(1)租赁标的物:塑钢机。

(2)起租日:2×10年1月1日。

(3)租赁期:2×10年1月1日—2×12年12月31日,共36个月。

(4)租金支付:自租赁期开始日每隔6个月于月末支付租金150 000元。

(5)该机器的保险维护等费用均由北方公司负担,估计每年约10 000元。

(6)该机器在2×10年1月1日的公允价值为700 000元。

(7)租赁合同规定的利率为7%(6个月利率)。

(8)该机器的估计使用年限为8年,已使用3年,期满无残值。承租人采用年限平均法计提折旧。

(9)租赁期届满时,北方公司享有优惠购买该机器的选择权,购买价为100元,估计该日租赁资产的公允价值为80 000元。

(10)2×11年和2×12年两年,北方公司每年按该机器所生产的产品——塑钢窗户的年销售收入中的5%向中华公司支付经营分享收入。

承租人(北方公司)的会计处理如下:

(1)租赁开始日判断租赁类型:本例中存在优惠购买权,优惠购买价100元远低于行使选择权日租赁资产的公允价值80 000元(100/80 000 = 0.125% < 5%),所以在2×09年12月1日就可合理确定北方公司将会行使这种选择权,符合第二条判断标准;另外,最低租赁付款额的现值为715 116.6元(计算过程略),大于租赁资产的公允价值的90%即630 000元(700 000×90%),符合第四条判断标准。所以这项租赁应当认定

为融资租赁。

(2)租赁期开始日会计处理:根据租赁准则规定的孰低原则,最低租赁付款额的现值为 715 116.6 元,大于租赁资产在租赁开始日的公允价值 700 000 元,租赁资产的入账价值应为 700 000 元。

$$未确认融资费用 = 最低租赁付款额 - 租赁开始日租赁资产的入账价值$$
$$= 900\ 100 - 700\ 000 = 200\ 100(元)$$

2×10 年 1 月 1 日会计处理为:

借:固定资产——融资租入固定资产　　　　　　　　　700 000
　　未确认融资费用　　　　　　　　　　　　　　　　200 100
　　贷:长期应付款——应付融资租赁款　　　　　　　　　　900 100

(3)未确认融资费用的分摊和租金支付:

第一步,确定融资费用分摊率。由于租赁资产的入账价值为其公允价值,因此应重新计算融资费用分摊率。

$$150\ 000 \times P/A(6,r) + 100 \times P/F(6,r) = 700\ 000(元)$$

经计算,融资费用分摊率 r 为 7.70%。

第二步,在租赁期内采用实际利率法分摊未确认融资费用(见表 7-1)。

表 7-1　未确认融资费用分摊表(实际利率法)

2×10 年 1 月 1 日　　　　　　　　　　　　　　　　单位:元

日期	租金	确认的融资费用	应付本金减少额	应付本金余额
1	2	3 = 期初 5 × 7.7%	4 = 2 - 3	期末 5 = 期初 5 - 4
2×10 年 1 月 1 日				700 000
2×10 年 6 月 30 日	150 000	53 900	96 100	603 900
2×10 年 12 月 31 日	150 000	46 500.3	103 499.7	500 400.3
2×11 年 6 月 30 日	150 000	38 530.82	111 469.18	388 931.12
2×11 年 12 月 31 日	150 000	29 947.70	120 052.30	268 878.82
2×12 年 6 月 30 日	150 000	20 703.67	129 296.33	139 582.49
2×12 年 12 月 31 日	150 000	10 517.51	139 482.49	100
2×13 年 1 月 1 日	100		100	0
合计	900 100	200 100	700 000	

第三步,编制各期支付租金与摊销融资费用的会计分录。

2×10 年 6 月 30 日,支付第一期租金:

借:长期应付款——应付融资租赁款　　　　　　　　　150 000
　　贷:银行存款　　　　　　　　　　　　　　　　　　　　150 000

同时:

借：财务费用 53 900
  贷：未确认融资费用 53 900

2×10年12月31日，支付第二期租金：
借：长期应付款——应付融资租赁款 150 000
  贷：银行存款 150 000

同时：
借：财务费用 46 500.3
  贷：未确认融资费用 46 500.3

其他各期会计分录略。

(4) 计提融资租入固定资产折旧：

第一步，确定应提折旧额和折旧年限。

根据本准则第七条规定的第(2)条标准，在租赁期开始日(2×10年1月1日)可以合理地确定在租赁期届满时承租人能够取得租赁资产的所有权，因此在采用年限平均法计提折旧时，应按租赁开始日租赁资产尚可使用年限5年(估计使用年限8年－已使用年限3年)计提折旧。折旧期间为2×10年2月1日—2×15年1月31日。租赁资产不存在担保余值，应全额计提折旧70万元。

第二步，融资租入固定资产折旧的计算(见表7-2)。

表7-2 融资租入固定资产折旧计算表(年限平均法)

2×10年1月1日 单位：元

日 期	固定资产原价	估计余值	当年折旧费	累计折旧	固定资产净值
2×10年1月1日	700 000	0			700 000
2×10年12月31日			128 333	128 333	571 667
2×11年12月31日			140 000	268 333	431 667
2×12年12月31日			140 000	408 333	291 667
2×13年12月31日			140 000	548 333	151 667
2×14年12月31日			140 000	688 333	11 667
2×15年1月31日			11 667	700 000	0
合 计	700 000	0	700 000	700 000	

第三步，编制计提折旧的会计分录。

2×10年12月31日，计提本年折旧：
借：制造费用 128 333
  贷：累计折旧 128 333

2×11年12月31日，计提本年折旧：
借：制造费用 140 000
  贷：累计折旧 140 000

2×12—2×14年,计提折旧分录同2×11年。
2×15年1月31日,计提本年折旧:
借:制造费用　　　　　　　　　　　　　　　　　　　　　　11 667
　　贷:累计折旧　　　　　　　　　　　　　　　　　　　　　　11 667

(5)或有租金的会计处理:

假设2×11年、2×12年北方公司分别实现塑钢窗户销售收入为100 000和150 000元,根据合同规定,这两年应支付给中华公司经营分享收入分别为5 000元和7 500元。

相应的会计分录为:
2×11年12月31日:
借:销售费用　　　　　　　　　　　　　　　　　　　　　　5 000
　　贷:其他应付款——中华公司　　　　　　　　　　　　　　5 000
2×12年12月31日:
借:销售费用　　　　　　　　　　　　　　　　　　　　　　7 500
　　贷:其他应付款——中华公司　　　　　　　　　　　　　　7 500

(6)租赁期届满时的会计处理:

假定2×13年1月1日,北方公司向中华公司支付购买价款100元。
借:长期应付款——应付融资租赁款　　　　　　　　　　　　100
　　贷:银行存款　　　　　　　　　　　　　　　　　　　　　100
同时:
借:固定资产——××××　　　　　　　　　　　　　　　　700 000
　　贷:固定资产——融资租入固定资产　　　　　　　　　　　700 000

(七)相关会计信息的披露

承租人应在资产负债表中,将与融资租赁相关的长期应付款减去未确认融资费的余额,分别在长期负债和一年内即将到期的长期负债列示。

承租人应在附注中披露与融资租赁有关的下列信息:

(1)各类租入固定资产的期初和期末原价、累计折旧额。

(2)资产负债表日后连续三个会计年度每年将支付的最低租赁付款额,以及以后年度将支付的最低租赁付款额总额。

(3)未确认融资费用的余额,以及分摊未确认融资费用所采用的方法。

二、出租人的会计处理

出租人融资租赁的会计处理主要包括:租赁期开始日的会计处理、未实现融资收益的会计处理、租金的会计处理、应收融资租赁款坏账准备的计提、未担保余值发生变动的会计处理和租赁期届满的会计处理。

(一)租赁期开始日的会计处理

由于在融资租赁下,出租人将与租赁资产所有权有关的风险和报酬实质上转移给承租人,将租赁资产使用权长期转让给承租人,并以此获取租金,因此,出租人的租赁资产在租赁期开始日实际上就变成了收取租金的债权。

在租赁期开始日，出租人应按最低租赁收款额与初始直接费用之和，借记"长期应收款——应收融资租赁款"科目，按未担保余值，借记"未担保余值"科目，按租赁资产的原账面价值，贷记"融资租赁资产"科目，融资租赁资产的公允价值与其账面价值有差额的，还应借记"营业外支出"科目或贷记"营业外收入"科目，按支付的初始直接费用，贷记"银行存款"科目，然后贷记"未实现融资收益"科目。

在计算内含报酬率时已考虑了初始直接费用的因素，为了避免未实现融资收益高估，在初始确认时应对未实现融资收益进行调整，借记"未实现融资收益"科目，贷记"长期应收款——应收融资租赁款"科目。

最低租赁收款额中含有的担保余值分为两部分：一部分是指对承租人而言的担保余值，包括承租人担保或其有关第三方担保余值，含在最低租赁付款额中；另一部分是指独立于承租人和出租人，但在财务上有能力担保的第三方担保的资产余值，如保险公司担保，不含在最低租赁付款额中，但包括在最低租赁收款额中。资产余值是指在租赁开始日估计的租赁期届满时租赁资产的公允价值。资产余值中的担保部分，是租赁届满时能够保证出租人实现的金额，故计入长期应收款中。

未担保余值，因没有人担保，到期是否收回，没有可靠保证。因此，在租赁期开始日不能作为应收租赁款的一部分，但未担保余值应包括在出租人投资总额中，因为它是出租人对外投资所付出的代价，只不过这一部分投资是否能收回没有可靠保证。租赁投资总额，是指出租人对租赁资产的投资总额，等于最低租赁收款额加未担保余值。

未实现融资收益为租赁投资总额与租赁投资总额的现值（租赁投资净额）之间的差额，是出租人按现值计量的投资成本与将来可收回的投资总额之间的差额，是出租人投资所获取的收益。

【例7-18】甲公司（出租人）和乙公司（承租人）于2×11年1月1日签订了一项租赁协议，该协议于同日生效。该租赁协议有关条款如下：

(1) 租赁期5年，不可撤销，承租人每年年初等额支付23 981.62元的租金。

(2) 租赁开始日，租赁资产的公允价值为100 000元，该设备估计经济寿命5年。租赁期满租赁资产的公允价值为10 000元，承租人担保6 000元。租赁开始日租赁资产公允价值与账面价值一致。

(3) 使用成本均由承租人直接支付。

(4) 租赁期届满，设备归还出租人。

(5) 承租人对自有固定资产采用直线法计提折旧。

(6) 租赁协议披露的出租人的内含利率为10%。

作出甲公司在租赁期开始日的会计处理。

分析：

最低租赁收款额 = 23 981.62 × 5 + 6 000 = 125 908.10（元）

2×11年1月1日：

借：长期应收款　　　　　　　　　　　　　　　　　　125 908.10

未担保余值　　　　　　　　　　　　　　　　　　　4 000
　　　贷:融资租赁资产　　　　　　　　　　　　　　　　　　100 000
　　　　未实现融资收益　　　　　　　　　　　　　　　　　29 908.10
　2×11年1月1日收到租金:
　　借:银行存款　　　　　　　　　　　　　　　　　　　　23 981.62
　　　贷:长期应收款　　　　　　　　　　　　　　　　　　23 981.62

(二)未实现融资收益的会计处理

　　在分配未实现融资收益时,出租人应当采用实际利率法计算当期应确认的融资收入。每期采用合理的方法分配未实现融资收益时,按当期应确认的融资收入金额,借记"未实现融资收益"科目,贷记"租赁收入"科目。

(三)或有租金的会计处理

　　应收的或有租金是根据承租方营业收入、实现利润而支付的租金,因金额不固定,无法采用系统合理的方法对其进行分摊。因此,或有租金应在实际发生时确认为当期损益,借记"银行存款"等科目,贷记"租赁收入"科目。

(四)租赁期届满时的会计处理

　　租赁期届满时,出租人应区别以下情况进行会计处理:

　1.收回租赁资产

　(1)存在担保余值,不存在未担保余值。出租人收到承租人返还的租赁资产时,借记"融资租赁资产"科目,贷记"长期应收款——应收融资租赁款"科目。如果收回租赁资产的价值低于担保余值,则应向承租人收取价值损失补偿金,借记"其他应收款"科目,贷记"营业外收入"科目。

　(2)存在担保余值,同时存在未担保余值。出租人收到承租人返还的租赁资产时,借记"融资租赁资产"科目,贷记"长期应收款——应收融资租赁款""未担保余值"等科目。如果收回租赁资产的价值扣除未担保余值后的余额低于担保余值,则应向承租人收取价值损失补偿金,借记"其他应收款"科目,贷记"营业外收入"科目。

　(3)存在未担保余值,不存在担保余值。出租人收到承租人返还的租赁资产时,借记"融资租赁资产"科目,贷记"未担保余值"科目。

　(4)担保余值和未担保余值均不存在。此时,出租人无须作会计处理,只需作相应的备查登记。

　2.承租人优惠续租租赁资产

　(1)如果承租人行使优惠续租选择权,则出租人应视同该项租赁一直存在而作出相应的会计处理。例如,可能继续分配未实现融资收益等。

　(2)如果租赁期届满时承租人没有续租,承租人向出租人返还租赁资产时,其会计处理同上述收回租赁资产的会计处理。

　3.承租人留购租赁资产

　　租赁期届满时,承租人行使了优惠购买选择权。出租人按收到的承租人支付的购买资产的价款,借记"银行存款"等科目,贷记"长期应收款——应收融资租赁款"科目。如果还存在未担保余值,还应借记"营业外支出——处置固定资产净损失"科目,贷记

"未担保余值"科目。

【例7-19】承【例7-17】。以下说明出租人(中华公司)的会计处理。

(1)租赁开始日,判断租赁类型。

这项租赁应当认定为融资租赁。理由同例7-17。

(2)租赁期开始日的会计处理:

最低租赁收款额 = 最低租赁付款额 = 150 000 × 6 + 100 = 900 100(元)

最低租赁收款额的现值 = 租赁开始日租赁资产公允价值 = 700 000(元)

未实现融资收益 = 900 100 - 700 000 = 200 100(元)

借:长期应收款——应收融资租赁款　　　　　　　　　　　　900 100
　　贷:融资租赁资产　　　　　　　　　　　　　　　　　　　　700 000
　　　　未实现融资收益　　　　　　　　　　　　　　　　　　　200 100

(3)未实现融资收益及租金的会计处理:

第一步,计算租赁内含利率。

$$150\,000 \times P/A(6,r) + 100 \times P/F(6,r) = 700\,000$$

经计算租赁内含利率 r 为7.70%。

第二步,计算租赁期内各期应分摊的未实现融资收益(见表7-3)。

表7-3　未实现融资收益分配表(实际利率法)

2×10年1月1日　　　　　　　　　　　　　　　　　　　　　　　　单位:元

日期	租金	确认的融资收入	租赁投资净额减少额	租赁投资净额余额
1	2	3 = 期初5×7.7%	4 = 2 - 3	期末5 = 期初5 - 4
2×10年1月1日				700 000
2×10年6月30日	150 000	53 900	96 100	603 900
2×10年12月31日	150 000	46 500.3	103 499.7	500 400.3
2×11年6月30日	150 000	38 530.82	111 469.18	388 931.12
2×11年12月31日	150 000	29 947.70	120 052.30	268 878.82
2×12年6月30日	150 000	20 703.67	129 296.33	139 582.49
2×12年12月31日	150 000	10 517.51	139 482.49	100
合计	900 000	200 100		

第二步,编制收取租金和确认融资收益的会计分录。

2×10年6月30日收到第一期租金:

借:银行存款　　　　　　　　　　　　　　　　　　　　　　　　150 000
　　贷:长期应收款——应收融资租赁款　　　　　　　　　　　　　150 000

同时:

借:未实现融资收益　　　　　　　　　　　　　　　　　　　　　　53 900
　　贷:租赁收入　　　　　　　　　　　　　　　　　　　　　　　　53 900

2×10年12月31日，收到第二期租金：
借：银行存款　　　　　　　　　　　　　　　　　　　　　150 000
　　贷：长期应收款——应收融资租赁款　　　　　　　　　　　　150 000
同时：
借：未实现融资收益　　　　　　　　　　　　　　　　　　46 500.3
　　贷：租赁收入　　　　　　　　　　　　　　　　　　　　　46 500.3
其他各期分录（略）。

(4) 或有租金的会计处理：

假设2×11年、2×12年北方公司分别实现塑钢窗户销售收入为100 000和150 000元，根据合同规定，这两年应支付给中华公司经营分享收入分别为5 000元和7 500元。

相应的会计分录为：
2×11年12月31日：
借：应收账款——中华公司　　　　　　　　　　　　　　　　5 000
　　贷：租赁收入　　　　　　　　　　　　　　　　　　　　　　5 000
2×12年12月31日：
借：应收账款——中华公司　　　　　　　　　　　　　　　　7 500
　　贷：租赁收入　　　　　　　　　　　　　　　　　　　　　　7 500

(5) 租赁期届满时的会计处理：

2×12年12月31日，北方公司将该生产线从中华公司买走。中华公司收取优惠购买价款：
借：银行存款　　　　　　　　　　　　　　　　　　　　　　　100
　　贷：长期应收款　　　　　　　　　　　　　　　　　　　　　　100
另外，中华公司要在备查簿上进行登记。

（五）相关会计信息的披露

出租人应在财务报告中披露与融资租赁有关的下列事项：

(1) 资产负债表日后连续三个会计年度每年将收到的最低租赁收款额及以后年度将收到的最低租赁收款额总额。

(2) 未实现融资收益的余额。

(3) 分配未实现融资收益所采用的方法。

第四节　售后租回交易的会计处理

一、售后租回的含义

售后租回又称回租，是一种特殊形式的租赁业务，是指卖主（即承租人）将一项自制或外购的资产出售后,又将该项资产从买主(即出租人)租回的交易。

通过售后租回交易,资产的原所有者(即承租人)在保留对资产的使用权和控制权的前提下,出售资产取得价款,再分期支付租金,从而获得了所需的资金;资产的新所有者(即出租人)通过售后租回交易,投资风险小、回报有保障。售后回租是企业缺乏资金时,为改善其财务状况而采用的一种筹资方式。

由于在售后租回交易中资产的售价和租金相互关联,以一揽子方式谈判的,是一并计算的,因此,资产的出售和租回实质上是同一项交易。

二、售后租回的会计处理

对于售后租回交易,无论是承租人还是出租人,均应按照租赁的分类标准,将售后租回交易认定为融资租赁或经营租赁。对于出租人来讲,售后租回交易(无论是融资租赁还是经营租赁的售后租回交易)同其他租赁业务的会计处理没有什么区别。而对于承租人来讲,由于其既是资产的承租人同时又是资产的出售者,因此,售后租回交易同其他租赁业务的会计处理有所不同。

售后租回交易,根据类型可按融资租赁和经营租赁分别进行会计处理。

(一)售后租回交易形成融资租赁

如果售后租回交易被认定为融资租赁,那么,这种交易实质上转移了买主(即出租人)所保留的与该项租赁资产的所有权有关的绝大部分风险和报酬,由出租人提供资金给承租人并以该项资产作为担保,因此,售价与资产账面价值之间的差额(无论是售价高于资产账面价值还是低于资产账面价值)在会计上均未实现,卖主(即承租人)应将售价与资产账面价值的差额予以递延,并按该项租赁资产的折旧进度进行分摊,作为折旧费用的调整。按折旧进度进行分摊是指在对该项租赁资产计提折旧时,按与该资产计提折旧所采用的折旧率相同的比例对未实现售后租回损益进行分摊。

(1)出售资产时,按资产账面净值,借记"固定资产清理"科目,按固定资产已提旧,借记"累计折旧"科目,按固定资产的原价,贷记"固定资产"科目;如果出售资产已计提减值准备,还应结转已计提的减值准备。

(2)收到出售资产的价款时,借记"银行存款"科目,贷记"固定资产清理"科目,借记或贷记"递延收益——未实现售后租回损益(融资租赁)"科目。

(3)租回资产时,按租赁资产的公允价值与最低租赁付款额的现值中较低者,借记"固定资产"科目(假设不需安装),按最低租赁付款额,贷记"长期应付款——应付融资租赁款"科目,按其差额,借记"未确认融资费用"科目。

(4)各期根据该项租赁资产的折旧进度分摊未实现售后租回损益时,借记或贷记"递延收益——未实现售后租回损益(融资租赁)"科目,贷记或借记"制造费用""销售费用""管理费用"等科目。

【例7-20】承【例7-17】。假设2×10年1月1日,北方公司将一台塑钢机按700 000元的价格销售给中华公司。该机器的账面原价为1 000 000元,已提折旧400 000元。同时又签订了一份租赁合同将机器租回,该合同主要条款与例7-17的合同条款相同。

(1)卖主即承租人(北方公司)的会计处理:

第一步,判断租赁类型。

根据【例7-17】,可知该项租赁属于融资租赁。租赁开始日最低租赁付款额的现值及融资费用率的计算过程与结果同例7-17。

第二步,计算未实现售后损益。

$$未实现售后租回损益 = 售价 - 资产的账面价值$$
$$= 售价 - (资产的账面原价 - 累计折旧)$$
$$= 700\,000 - (1\,000\,000 - 400\,000)$$
$$= 700\,000 - 600\,000$$
$$= 100\,000(元)$$

第三步,在租赁期内采用实际利率法分摊未确认融资费用,同例7-17。

第四步,在折旧期内按折旧进度(在本例中即年限平均法)分摊未实现售后租回损益(见表7-4)。

第五步,作会计分录。

2×10年1月1日,向中华公司出售塑钢机:

借:银行存款　　　　　　　　　　　　　　　　　　　　　　700 000
　　贷:固定资产清理　　　　　　　　　　　　　　　　　　　　600 000
　　　　递延收益——未实现售后租回损益(融资租赁)　　　　　100 000

表7-4　未实现售后租回收益分摊表

2×10年1月1日　　　　　　　　　　　　　　　　　　　　单位:元

日　期	售价	固定资产账面价值	收益摊销期	收益摊销额	未实现售后租回损益余额
2×10年1月1日	700 000	600 000	5年		100 000
2×10年12月31日				18 333	81 667
2×11年12月31日				20 000	61 667
2×12年12月31日				20 000	41 667
2×13年12月31日				20 000	21 667
2×14年12月31日				20 000	1 667
2×15年1月31日				1 667	0
合　计	700 000	600 000			

2×10年1月1日,结转出售固定资产的成本:

借:固定资产清理　　　　　　　　　　　　　　　　　　　　600 000
　　累计折旧　　　　　　　　　　　　　　　　　　　　　　400 000
　　贷:固定资产——塑钢机　　　　　　　　　　　　　　　1 000 000

2×10年12月31日,确认本年度应分摊的未实现售后租回损益:

借:递延收益——未实现售后租回损益(融资租赁)　　　　　18 333

贷:制造费用——折旧费　　　　　　　　　　　　　　　　　　　　18 333
　(2)买主即出租人(中华公司)的会计处理:
　中华公司在2×10年1月1日购买时:
　　借:融资租赁资产　　　　　　　　　　　　　　　　　　　　　　700 000
　　　贷:银行存款　　　　　　　　　　　　　　　　　　　　　　　　700 000
　其他相关会计处理与一般融资租赁业务的会计处理相同,此略。

(二)售后租回交易形成经营租赁

　　企业售后租回交易认定为经营租赁的,应当区别情况处理:有确凿证据表明售后租回交易是按照公允价值达成的,售价与资产账面价值的差额应当计入当期损益。如果售后租回交易不是按照公允价值达成的,有关损益应于当期确认;但若该损失将由低于市价的未来租赁付款额补偿的,应将其递延,并按与确认租金费用相一致的方法分摊于预计的资产使用期限内;售价高于公允价值的,其高于公允价值的部分应予递延,并在预计的资产使用期限内摊销。

　　(1)出售资产时,按固定资产账面净值,借记"固定资产清理"科目,按固定资产已提折旧,借记"累计折旧"科目,按固定资产的账面原价,贷记"固定资产"科目;如果出售资产已计提减值准备,还应结转已计提的减值准备。

　　(2)收到出售资产的价款时,借记"银行存款"科目,贷记"固定资产清理"科目,借记或贷记"递延收益——未实现售后租回损益(经营租赁)"科目或"营业外收入""营业外支出"科目。

　　(3)各期分摊未实现售后租回损益时,借记或贷记"递延收益——未实现售后租回损益(经营租赁)"科目,贷记或借记"制造费用""销售费用""管理费用"等科目。

　【例7-21】假设2×10年1月1日,甲公司将全新办公用房一套,按照31 000 000元的价值售给乙公司,并立即签订了一份租赁合同。办公用房原值50 000 000,已提折旧20 000 000,办公用房公允价值为30 000 000元。租赁合同规定,租赁期开始日甲公司向乙公司一次性预付租金1 200 000元,第一年年末支付租金100 000元,第二年年末支付租金100 000元,第三年年末支付租金250 000元。租赁期满后预付租金不退回,乙公司收回办公用房使用权。

　(1)卖主即承租人(甲公司)的会计处理:
　第一步,判断租赁类型。
　该项租赁不符合融资租赁的任何一条标准,应作为经营租赁处理。
　第二步,计算未实现售后租回损益。

$$未实现售后租回损益 = 售价 - 资产的账面价值$$
$$= 31\,000\,000 - 30\,000\,000$$
$$= 1\,000\,000(元)$$

　第三步,在租赁期内按租金支付比例分摊未实现售后租回损益(见表7-5)。
　确认租金费用时,不能依据各期实际支付租金的金额确定,而应采用直线法平均分摊各期的租金费用。此项租赁租金总额为1 650 000元,按直线法计算,每年应分摊的租金为550 000元。

表 7-5 未实现售后租回收益分摊表

2×10 年 1 月 1 日   单位:元

日期	售价	固定资产账面价值	确认的租金费用	收益分摊率	收益摊销额	未实现售后租回收益余额
2×10 年 1 月 1 日	31 000 000	30 000 000				1 000 000
2×10 年 12 月 31 日			550 000	33.33%	333 333	666 667
2×11 年 12 月 31 日			550 000	33.33%	333 333	333 334
2×12 年 12 月 31 日			550 000	33.33%	333 334	0
合　计	31 000 000	30 000 000	1 650 000	100%	1 000 000	

第四步,作会计分录。

2×10 年 1 月 1 日,向乙公司出售办公用房:

借:银行存款　　　　　　　　　　　　　　　　　　　　　　　　31 000 000
　　贷:固定资产清理　　　　　　　　　　　　　　　　　　　　　30 000 000
　　　　递延收益——未实现售后租回损益(经营租赁)　　　　　　1 000 000

2×10 年 1 月 1 日,结转出售固定资产的成本:

借:固定资产清理　　　　　　　　　　　　　　　　　　　　　　30 000 000
　　累计折旧　　　　　　　　　　　　　　　　　　　　　　　　20 000 000
　　贷:固定资产——办公用房　　　　　　　　　　　　　　　　50 000 000

2×10 年 12 月 31 日,分摊未实现售后租回损益:

借:递延收益——未实现售后租回损益(经营租赁)　　　　　　　　333 333
　　贷:管理费用——租赁费　　　　　　　　　　　　　　　　　　333 333

其他会计分录略。

(2)买主即出租人(乙公司)的会计处理:

2×10 年 1 月 1 日,乙公司购买设备:

借:固定资产　　　　　　　　　　　　　　　　　　　　　　　　31 000 000
　　贷:银行存款　　　　　　　　　　　　　　　　　　　　　　31 000 000

其他会计处理与一般经营租赁业务的会计处理相同,此略。

(三)售后租回交易的披露

承租人和出租人除应当按照有关规定披露售后租回交易外,还应对售后租回合同中的特殊条款(指售后租回合同中规定的区别于一般租赁交易的条款,如租赁标的物的售价等)作出披露。

本章小结

租赁,是指在约定的期间内,出租人将资产使用权让与承租人,以获取租金的协议。本章介绍适用于《租赁》会计准则的具体业务,其他租赁业务,参考相关会计准则。以与租赁资产所有权有关的风险和报酬归属于出租人或承租人的程度为依据,租赁分为融资租赁和经营租赁两类,承租人应视租赁的经济实质而不是其法律形式对租赁进行分类。在租赁开始日,承租人和出租人应当将租赁认定为融资租赁或经营租赁。原则上,承租人和出租人对同一项租赁所划归的类型应当一致。对经营租赁的会计处理主要包括租金的会计处理、初始直接费用等会计处理。承租人融资租赁的会计处理主要包括:租赁期开始日的会计处理、未确认融资费用确认的摊销、租赁资产折旧的计提、履约成本的会计处理、租金的会计处理和租赁期届满的会计处理。出租人融资租赁的会计处理主要包括:租赁期开始日的会计处理、未实现融资收益的会计处理、租金的会计处理和租赁期届满的会计处理。售后租回是指卖主(即承租人)将一项自制或外购资产出售后,又将该项资产从买主(即出租人)租回的交易。售后租回应视租回后形成融资租赁或经营租赁进行相应会计处理。

思考题

1. 何为租赁?其特点是什么?
2. 租赁分类的原则有哪些?
3. 说明融资租赁与经营租赁的区别。
4. 融资租赁的判断标准是什么?
5. 何为最低租赁付款额?如何构成?
6. 何为最低租赁收款额?
7. 说明资产担保余值的概念及构成。
8. 说明售后租回交易会计处理的特点。

练习题

1. 【资料】2×11年1月1日,A公司向B公司(专门从事租赁业务)租入一台办公设备,租期为4年,设备价值为2 000 000元,预计可使用年限为10年。租赁合同规定,租赁开始日A公司向B公司一次性预付租金150 000元,第一年年末支付租金200 000元,第二年年末支付年金250 000元,第三年年末支付租金300 000元,第四年年末支付租金300 000元。租赁期届满后B公司收回设备,4年的租金总额为1200 000元。(假定A公司和B公司均在年末确认租金费用和租金收入,并且不存在租金逾期支付的情况)

【要求】对A、B公司发生的上述事项进行会计处理。

2.【资料】甲公司(出租人)和乙公司(承租人)于2×11年1月1日签订了一项租赁协议,该协议于同日生效。该租赁协议有关条款如下:

(1)租赁期4年,不可撤销,承租人每年年末等额支付25 000元的租金。

(2)租赁开始日,租赁资产的公允价值为80 000元,该设备估计经济寿命5年,无余值。

(3)使用成本均由承租人直接支付。

(4)租赁期届满,设备归还出租人。

(5)租赁协议披露的出租人的内含利率为10%。

【要求】作出甲公司和乙公司有关业务会计分录。

3.【资料】长江公司于2×10年12月1日与乙公司签订了一份租赁合同租入设备,设备于2×10年12月31日达到可使用状态并投入使用,合同主要条款和其他有关条件如下:

(1)租赁标的物:A生产设备。

(2)租赁期开始日:2×10年12月31日。

(3)租赁期:2×10年12月31日—2×14年12月31日。

(4)租金支付:2×11年至2×14年每年年末支付租金800万元。

(5)A生产设备在2×10年12月31日的公允价值为3 100万元,已使用3年,预计还可使用5年。

(6)租赁合同规定的年利率为6%。

(7)租赁期届满时,长江公司享有优惠购买该设备的选择权,购买价款为100万元,估计该日租赁资产的公允价值为600万元。租赁期届满时,长江公司预计将购买该资产。

(8)2×14年长江公司根据该设备所生产甲产品的年销售收入的1%向乙公司支付经营分享收入。

(9)长江公司在租赁谈判和签订租赁合同过程中发生可归属于租赁项目的手续费、差旅费7 100元。

其他资料:长江公司对该设备采用年限平均法计提折旧,预计设备寿命期满后预计净残值为0。2×14年度长江公司甲产品的销售收入为2 000万元。

已知:利率为6%、期数为4期的普通年金现值系数为3.465 1,利率为6%、期数为4期的复利现值系数为0.792 1。

【要求】

(1)判断租赁类型,并说明理由。

(2)计算租赁资产入账价值和未确认融资费用。
(3)编制长江公司、乙公司在租赁期开始日的有关会计分录。
(4)编制长江公司、乙公司2×11年至2×15年与该项租赁业务相关的会计分录。

4.【资料】假设2×11年1月1日,甲公司将公允价值为全新办公用房一套,按照30 000 000元的价格售给乙公司,并立即签订了一份租赁合同,从乙公司租回该办公用房,租期为4年。办公用房原账面价值为29 000 000元,预计使用年限为25年。租赁合同规定,在租期的每年年末支付租金600 000元。租赁期满后预付租金不退回,乙公司收回办公用房使用权(假设甲公司和乙公司均在年末确认租金费用和经营租赁收入并且不存在租金逾期支付的情况)。

【要求】为甲公司作出以下各种情况的会计处理:
(1)假定有确凿证据表明该办公房产目前公允价值为29 000 000元。
(2)假定有确凿证据表明该办公房产目前公允价值为30 000 000元。
(3)假定该办公房产目前公允价值为310 000元,如果在市场上租用同等的办公用房需每年年末支付租金850 000元。

第八章

会计调整

本章学习目的

通过本章学习,要求把握会计政策变更、会计估计变更、前期差错的概念,掌握其相应的会计处理要求,理解会计政策、会计估计和前期会计差错的区别;熟悉资产负债表日后事项的概念,了解日后事项分类的依据,掌握调整事项和非调整事项的具体会计处理方法。

本章重点与难点

本章重点是会计政策变更、会计估计变更、前期差错更正的会计处理,资产负债表日后事项的分类及其会计处理。本章难点是追溯调整法与追溯重述法的运用,以及日后调整事项的会计处理。

第一节 会计政策变更、会计估计变更和差错更正

《企业会计准则第28号——会计政策、会计估计变更和差错更正》(以下简称"会计政策、会计估计变更和差错更正准则")规范了企业会计政策的应用,会计政策、会计估计变更和前期差错更正的确认、计量和相关信息的披露要求,以提高企业财务报表的相关性和可靠性,以及同一企业不同期间和同一期间不同企业的财务报表可比性。

一、会计政策及其变更

(一)会计政策的概念及特点

1. 会计政策的概念

会计政策,是指企业在会计确认、计量和报告中所采用的原则、基础和会计处理方法。

(1)原则,是指按照企业会计准则规定的、适合于企业会计要素确认过程中所采用的具体会计原则。例如,《企业会计准则第13号——或有事项》规定的以该义务是企业承担的现实义务、履行该义务很可能导致经济利益流出企业、该义务的金额能够可靠计量作为预计负债确认的标准,就属于预计负债确认的具体会计原则。

(2)基础,是指为了将会计原则应用于交易或者事项而采用的基础,主要是计量基础(即计量属性),包括历史成本、重置成本、可变现净值、现值和公允价值等。例如,《企业会计准则第3号——投资性房地产》中涉及成本模式和公允价值模式,成本(历史成本)和公允价值就是计量基础。

(3)会计处理方法,是指按照会计原则和计量基础的要求,由企业在会计核算中采用或者选择的、适合本企业的具体会计处理方法。例如,企业按照《企业会计准则第15号——建造合同》规定采用的完工百分比法就是会计处理方法。

2. 会计政策的特点

一方面,由于经济业务的复杂性和多样化,企业采用的会计政策可以在允许的会计原则、计量基础和会计处理方法中作出指定或具体选择,具有选择性;另一方面,在我国,会计准则和会计制度属于行政法规,会计政策所包括的具体会计原则、计量基础和具体会计处理方法由会计准则或会计制度规定,具有一定的强制性。例如,确定发出存货的实际成本时,企业根据本单位存货流转情况可以在先进先出法、加权平均法或者个别计价法中进行合理选择,但不得采用后进先出法。

此外,会计政策具有层次性,包括会计原则、计量基础和会计处理方法三个层次,三者是一个具有逻辑性的、密不可分的整体,通过这个整体,会计政策才能得以应用和落实。

3. 重要的会计政策

原则、基础和会计处理方法构成了会计政策相互关联的有机整体,对会计政策的判断通常应当考虑从会计要素角度出发,根据各项资产、负债、所有者权益、收入、费用等会计确认条件、计量属性以及两者相关的处理方法、列报要求等确定相应的会计政策。企业应当披露重要的会计政策,不具有重要性的会计政策可以不予披露。判断会计政策是否重要,应当考虑与会计政策相关项目的性质和金额。企业应当披露的重要会计政策包括以下几种:

(1)资产要素的会计政策。存货的取得、发出和期末计价的处理方法,长期投资的后续计量中的成本法和权益法,投资性房地产的确认及后续计量模式,固定资产、无形资产的确认条件及其减值政策,金融资产的分类等,属于资产要素的会计政策。

(2)负债要素的会计政策。借款费用资本化的条件,债务重组的确认和计量,预计负债的确认条件,应付职工薪酬和股份支付的确认和计量,金融负债的分类等,属于负债要素的会计政策。

(3)所有者权益要素的会计政策。权益工具的确认和计量、混合金融工具的分拆等,属于所有者权益要素的会计政策。

(4)收入要素的会计政策。商品销售收入和提供劳务收入的确认条件、建造合同、租赁合同、保险合同、贷款合同等合同收入的确认与计量方法,属于收入要素的会计政策。

(5)费用要素的会计政策。商品销售成本及劳务成本的结转、期间费用的划分等,属于费用要素的会计政策。

(6)其他会计政策。除会计要素相关会计政策外,财务报表列报方面所设计的编制现金流量表的直接法和间接法,合并财务报表合并范围的判断,分部报告中报告分部的确定,也属于会计政策。

(二)会计政策变更的概念与处理原则

1. 会计政策变更的概念

会计政策变更,是指企业对相同的交易或事项由原来采用的会计政策改用另一会计政策的行为。也就是说,在不同的会计期间执行不同的会计政策。为保证会计信息的可比性,使财务报告使用者在比较企业一个以上期间的财务报表时,能够正确判断企业的财务状况、经营成果和现金流量的趋势,一般情况下,企业采用的会计政策,在每一会计期间和前后各期应当保持一致,不得随意变更。否则,势必削弱会计信息的可比性,使财务报告使用者在比较企业的财务状况、经营成果时发生困难。

企业不能随意变更会计政策并不意味着企业的会计政策在任何情况下均不能变更。若存在确实需要变更会计政策的情况,应当按照准则规定将变更的情况、变更的原因及其对财务状况和经营成果的影响,在报表附注中说明。

2. 会计政策变更的条件

会计政策变更,并不意味着以前期间的会计政策是错误的,只是由于情况发生了变化,或者掌握了新的信息、积累了更多的经验,使得变更会计政策能够更好地反映企业的财务状况、经营成果和现金流量。如果以前期间会计政策的运用是错误的,则属于前期差错,应按前期差错更正的会计处理方法进行处理。

《企业会计准则第 28 号——会计政策、会计估计变更和差错更正》第四条规定：满足下列条件之一的，可以变更会计政策：

(1)法律、行政法规或者国家统一的会计制度等要求变更。按照法律、行政法规以及国家统一的会计制度的规定，要求企业采用新的会计政策，则企业应当按照法律、行政法规以及国家统一的会计制度的规定改变原会计政策，按变更后新的会计政策进行会计处理。例如，《企业会计准则第 2 号——长期股权投资》对长期股权投资后续计量的会计处理方法适用范围进行了调整，这就要求执行企业会计准则体系的企业按照新规定，对子公司的长期股权投资由原来的权益法核算变更为准则规定的成本法核算。

(2)会计政策变更能够提供更可靠、更相关的会计信息。经济环境、客观情况改变，使企业采用原来的会计政策所提供的会计信息，已不能恰当地反映企业的财务状况、经营成果和现金流量，在这种情况下，企业自愿改变原有会计政策，采用新的会计政策进行核算，以对外提供更可靠、更相关的会计信息。例如，某企业一直采用成本模式对投资性房地产进行后续计量，如果该企业能够从房地产交易市场上持续地取得同类或类似房地产的市场价格及其他信息，从而能够对投资性房地产的公允价值作出合理的估计，此时采用公允价值模式对投资性房地产进行后续计量可以更好地反映其价值。这种情况下，该企业可以将投资性房地产的后续计量方法由成本模式变更为公允价值模式。

自愿性会计政策变更的注意事项：

第一，必须有充分、合理的证据表明其变更的合理性，并说明变更会计政策后，能够提供关于企业财务状况、经营成果和现金流量等更可靠、更相关的会计信息的理由。对会计政策的变更，应经股东大会或董事会、经理(厂长)会议或类似机构批准，并按照法律、行政法规等的规定报送各方备案。无充分、合理的证据表明会计政策变更的合理性，或者未经股东大会或董事会、经理(厂长)会议或类似机构批准擅自变更会计政策的，或者连续、反复地自行变更会计政策的，视为滥用会计政策，按照前期差错更正的方法进行处理。

第二，上市公司的会计政策目录及变更会计政策后重新制定的会计政策目录，除应当按照信息披露的要求对外公布外，还应当报公司上市地交易所备案。未报公司上市地交易所备案的，视为滥用会计政策，按照前期差错更正的方法进行处理。

3. 不属于会计政策变更的情形

对会计政策变更的认定，直接影响到会计处理方法的选择。实务中，企业应当分清哪些属于会计政策变更，哪些不属于会计政策变更。下面两种情况不属于会计政策变更：

(1)本期发生的交易或者事项与以前相比具有本质差别而采用新的会计政策。会计政策总是针对特定类型的交易或事项，如果发生的交易或事项与其他交易或事项有本质区别，那么，实际上企业是为新的交易或事项选择适当的会计政策，并没有改变原有的会计政策。

例如，企业以往租入设备都是为了满足临时经营需要，按合同条款将其确认为经营租赁，并采用了经营租赁会计处理方法；但当年租入新设备满足融资租赁的条件，因而采用了融资租赁会计处理方法核算。由于新的租赁合同与以前的合同相比，已经发生了本质变化，从经营租赁变为融资租赁，在这种情况下改变会计处理方法，则不属于会计政策变更。

又如，甲企业本期对乙企业的长期股权投资持股比例从原来的5%追加至30%，即从原来的无控制、共同控制、重大影响转变为具有重大影响，因此甲企业对该项长期股权投资的核算方式由原来的成本法改权益法。甲企业对乙企业的投资在本期追加投资后与之前相比具有本质差别，因此这种核算方法的改变不属于会计政策变更。

(2)对初次发生的或不重要的交易或者事项采用新的会计政策。初次发生某类交易或事项，采用适当的会计政策，并没有改变原有的会计政策，因而不属于会计政策变更。

例如，某企业第一次签订一项建造合同，为另一企业建造三栋厂房，该企业对该项建造合同采用完工百分比法确认收入。由于企业初次发生该项交易，所以采用完工百分比法确认该项交易的收入，不属于会计政策变更。

又如，某企业原在生产经营过程中使用少量的低值易耗品，并且价值较低，故企业于领用低值易耗品时一次计入费用；该企业于近期转产，生产新产品，所需低值易耗品比较多，且价值较高，企业对领用低值易耗品的处理方法改为五五摊销法，且据此计入费用。该企业改变低值易耗品处理方法后，对损益的影响并不大，并且低值易耗品通常在企业生产经营中所占比例并不大，属于不重要的事项，因而改变低值易耗品会计政策不属于会计政策变更。

4.会计政策变更会计处理方法的选择

企业在符合条件变更会计政策时，有两种会计处理方法即追溯调整法和未来适用法，这两种方法适用于不同情形。

(1)法律、行政法规或者国家统一的会计制度等要求变更会计政策。如果国家发布相关的会计处理方法，则按照国家发布的相关会计处理规定进行处理。例如，2007年1月1日我国上市公司执行新企业会计准则，会计准则发生了较大的变动，财政部制定了《企业会计准则第38号——首次执行企业会计准则》，规定在首次执行《企业会计准则(2006)》时，企业应当对所有资产、负债和所有者权益按照企业会计准则的规定进行重新分类、确认和计量，并编制期初资产负债表。

如果国家没有发布相关的会计处理方法，但会计政策变更的累计影响数能够合理确定，则采用追溯调整法进行会计处理。

(2)企业自行变更会计政策应采用追溯调整法进行会计处理。由于经济环境、客观情况改变，企业为了提供更可靠、更相关的会计信息而变更会计政策，应采用追溯调整法进行会计处理。

(3)确定会计政策变更对列报前期影响数不切实可行的，应当从可追溯调整的最早期间期初开始应用变更后的会计政策；在当期期初确定会计政策变更对以前各期累积影响数不切实可行的[①]，应采用未来适用法处理。

[①] 不切实可行，是指企业在采取所有合理的方法后，仍然不能获得采用某项规定所必需的相关信息，而导致无法采用该方法，则该项规定在此时是不切实可行的。

例如，企业因账簿、凭证超过法定保存期限而被销毁，或因不可抗力而毁坏、遗失，如火灾、水灾等，或因人为因素，如盗窃、故意毁坏等，可能使当期期初确定会计政策变更对以前各期累积影响数无法计算，即不切实可行。在这种情况下，会计政策变更应当采用未来适用法处理。

（三）会计政策变更的会计处理

1. 追溯调整法具体运用

追溯调整法，是指对某项交易或事项变更会计政策时，视同该项交易或事项初次发生时就采用了变更后的会计政策，并以此对财务报表相关项目进行调整的方法。

在追溯调整法下，应当计算会计政策变更的累积影响数，并相应调整变更年度的期初留存收益以及财务报表其他相关项目。如果提供比较财务报表，对于比较财务报表期间的会计政策变更，应调整比较期间净损益各项目和财务报表其他相关项目，视同该政策在比较财务报表期间一直采用。对于比较财务报表期间以前的会计政策变更的累积影响数，应调整比较财务报表最早期间的期初留存收益，财务报表其他相关项目的数字也作相应调整。

(1)追溯调整法的运用步骤：

①计算会计政策变更的累积影响数；

②编制相关项目的调整分录；

③调整列报前期最早期初财务报表相关项目及其金额；

④报表附注说明。

(2)会计政策变更累积影响数的计算。

①会计政策变更累积影响数的含义。会计政策变更累积影响数，是指按照变更后的会计政策对以前各期追溯计算的列报前期最早期初留存收益应有金额与现有金额之间的差额。

根据上述定义的表述，会计政策变更的累积影响数可以分解为以下两个金额之间的差额：在变更会计政策当期，按变更后的会计政策对以前各期追溯计算，所得到列报前期最早期初留存收益金额；在变更会计政策当期，列报前期最早期初留存收益金额。

上述留存收益金额，包括法定盈余公积、任意盈余公积以及未分配利润各项目，不考虑由于损益的变化而应当补分的利润或股利。例如，某企业由于会计政策变化，增加了以前期间可供分配的利润，该企业通常按净利润的20%分派股利。但在计算调整会计政策变更当期期初的留存收益时，不应当考虑由于以前期间净利润的变化而需要分派的股利。

②会计政策变更的累积影响数的计算步骤：

第一步，根据新的会计政策重新计算受影响的前期交易或事项。会计政策变更涉及损益调整的事项通过"利润分配——未分配利润"科目进行处理。

第二步，计算两种会计政策下的差异（税前差异）。

第三步，计算差异的所得税影响金额。

需要注意的是，一般来说，会计政策变更的追溯调整不会引起以前年度应交所得税的变动，也就是说不会涉及应交所得税的调整；但追溯调整时如果涉及暂时性差异，则应考虑递延所得税的调整,这种情况应考虑前期所得税费用的调整。

第四步,确定前期中每一期的税后差异。

第五步,计算会计政策变更的累积影响数。

需要注意的是,对以前年度损益进行追溯调整的,应当重新计算各列报期间的每股收益。

【例8-1】华天公司2×09年1月1日以8 000万元的价格购入一栋写字楼用于出租,作为投资性房地产进行管理,写字楼的预计使用年限为20年,预计净残值为0。虽然写字楼所在地有活跃的房地产市场、写字楼的公允价值信息能够可靠地确定,但华天公司拟采用成本模式对该投资性房地产进行后续计量,采用年限平均法计提折旧。假定华天公司计提折旧的方法、预计使用年限及预计净残值符合税法规定,假定2×09年、2×10年、2×11年该写字楼没有发生减值。

公司从2×12年1月1日起对该投资性房地产的后续计量方法由成本模式改为公允价值模式。公司保存的会计资料比较齐备,可以通过会计资料追溯计算。2×09年12月31日、2×10年12月31日、2×11年12月31日该写字楼的公允价值分别为9 000万元、9 600万元、10 100万元。假定按年确认公允价值变动损益。

公司所得税采用资产负债表债务法核算,适用的所得税税率为25%。公司按净利润的10%提取法定盈余公积,按净利润的5%提取任意盈余公积。公司发行普通股10 000万股,未发行任何稀释性潜在普通股。按两种模式计量的投资性房地产的账面价值如表8-1所示。

要求:(1)填列2×12年1月1日华天公司会计政策变更累积影响数计算表;

(2)编制有关项目的调整分录;

(3)对财务报表相关项目进行调整和重述。

表8-1 两种模式计量的投资性房地产账面价值　　　　单位:元

时间	成本	公允价值
2×09年年初	80 000 000	80 000 000
2×09年年末	76 000 000	90 000 000
2×10年年末	72 000 000	96 000 000
2×11年年末	68 000 000	101 000 000

(1)成本模式下该投资性房地产每年的折旧(摊销)=8 000÷20=400(万元)。

2×12年1月1日华天公司会计政策变更累积影响数计算表如表8-2所示。

表8-2 改变投资性房地产计量模式后的累积影响数　　　　单位:元

时间	成本模式下损益影响数	公允价值模式下损益影响数	税前差异	所得税影响	税后差异
2×09年	-4 000 000	10 000 000	14 000 000	3 500 000	10 500 000
2×10年	-4 000 000	6 000 000	10 000 000	2 500 000	7 500 000

续表

时间	成本模式下损益影响数	公允价值模式下损益影响数	税前差异	所得税影响	税后差异
小　计	-8 000 000	16 000 000	24 000 000	6 000 000	18 000 000
2×11年	-4 000 000	5 000 000	9 000 000	2 250 000	6 750 000
合　计	-12 000 000	21 000 000	33 000 000	8 250 000	24 750 000

华天公司2×12年12月31日的比较财务报表最早期初为2×11年1月1日。

2×10年年末,华天公司投资性房地产按公允价值计量的账面价值为96 000 000元,按成本计量的账面价值为72 000 000元,两者的所得税影响合计为6 000 000元,两者差异的税后净影响额为18 000 000元,即为该公司2×11年年初投资性房地产的计量方法由成本模式改为公允价值模式后续计量的累积影响数。

2×11年年末,华天公司投资性房地产按公允价值计量的账面价值为101 000 000元,按成本计量的账面价值为68 000 000元,两者的所得税影响合计为8 250 000元,两者差异的税后净影响额为24 750 000元,其中,18 000 000元是调整2×10年累积影响数,6 750 000元是调整2×11年当期金额。

(2)有关项目的调整分录如下:

①编制2×11年年初调整分录:

调整会计政策变更的累积影响数:

借:投资性房地产——公允价值变动　　　　　　　　　　　　16 000 000
　　投资性房地产累积折旧(摊销)　　　　　　　　　　　　　8 000 000
　贷:利润分配——未分配利润　　　　　　　　　　　　　　18 000 000
　　　递延所得税负债　　　　　　　　　　　　　　　　　　 6 000 000

按公允价值模式:

　　　　　2×10年年末投资性房地产的账面价值 = 96 000 000(元)
　　　　　　　计税基础 = 80 000 000 - 4 000 000 × 2 = 72 000 000(元)
　　　递延所得税负债余额 = (96 000 000 - 72 000 000) × 25% = 6 000 000(元)

调整利润分配:

借:利润分配——未分配利润　　　　　　　　　　　　　　　 2 700 000
　贷:盈余公积　　　　　　　　　　　　　　　　　　　　　　2 700 000

其中,按净利润的10%提取法定盈余公积,按净利润的5%提取任意盈余公积。

②编制2×11年调整分录:

调整会计政策变更的累积影响数:

借:投资性房地产——公允价值变动　　　　　　　　　　　　 5 000 000
　　投资性房地产累积折旧(摊销)　　　　　　　　　　　　　4 000 000
　贷:利润分配——未分配利润　　　　　　　　　　　　　　 6 750 000
　　　递延所得税负债　　　　　　　　　　　　　　　　　　 2 250 000

按公允价值模式:

$$2\times11\text{ 年年末投资性房地产的账面价值} = 101\,000\,000(元)$$
$$\text{计税基础} = 80\,000\,000 - 4\,000\,000 \times 3 = 68\,000\,000(元)$$
$$\text{递延所得税负债余额} = (101\,000\,000 - 68\,000\,000) \times 25\% = 8\,250\,000(元)$$
$$\text{递延所得税负债发生额} = 8\,250\,000 - 6\,000\,000 = 2\,250\,000(元)$$

调整利润分配:

借:利润分配——未分配利润　　　　　　　　　　　　　　　　1 012 500

　贷:盈余公积　　　　　　　　　　　　　　　　　　　　　　　　1 012 500

(3) 财务报表调整和重述。华天公司在列报 2×12 年度的财务报表时,应调整 2×12 年资产负债表有关项目的年初余额、利润表有关项目的上年金额及所有者权益变动表有关项目的上年金额和本年金额,分别如表 8-3、表 8-4 和表 8-5 所示。

①资产负债表项目的调整:

表 8-3　资产负债表相关项目的调整(局部)

编制单位:华天公司　　　　2×12 年 12 月 31 日　　　　　　　　单位:元

资产	年初余额			负债和所有者权益	年初余额		
	调整前	调整数	调整后		调整前	调整数	调整后
……	……	…	……	递延所得税负债		8 250 000	
投资性房地产	68 000 000	33 000 000	101 000 000	……	……	…	……
				盈余公积		3 712 500	
……	…	…	…	未分配利润		21 037 500	

②利润表项目的调整:

表 8-4　利润表相关项目的调整(局部)

编制单位:华天公司　　　　2×12 年度　　　　　　　　　　　　单位:元

项目	上期金额		
	调整前	调整数	调整后
一、营业收入			
减:营业成本		-4 000 000	
加:公允价值变动收益		5 000 000	
……			
二、营业利润		9 000 000	
……			
三、利润总额		9 000 000	
减:所得税费用		2 250 000	
四、净利润		6 750 000	
……			

续表

项目	上期金额		
	调整前	调整数	调整后
七、每股收益			
（一）基本每股收益		0.067 5	
……			

③所有者权益变动表项目的调整：

表8-5 所有者权益变动表相关项目的调整（局部）

编制单位：华天公司　　　　　　　2×12年度　　　　　　　　　单位：元

项目	上年金额			本年金额		
	……	盈余公积	未分配利润	……	盈余公积	未分配利润
一、上年年末余额						
加：会计政策变更		调增2 700 000	调增15 300 000		调增1 012 500	调增5 737 500
……						
二、本年年初余额		调增2 700 000	调增15 300 000		调增1 012 500	调增5 737 500
（四）利润分配						
1.提取盈余公积						
……						

2. 未来适用法具体运用

未来适用法，是指对某项交易或事项变更会计政策时，新的会计政策适用于变更当期及未来期间发生的交易或者事项的方法。

在未来适用法下，不需要计算会计政策变更有关的累积影响数，也无须重编以前年度的财务报表。企业会计账簿记录及财务报表上反映的金额，变更之日仍保留原有的金额，不因会计政策变更而改变以前年度的既定结果，并在现有金额的基础上再按新的会计政策进行核算。

【例8-2】甲公司原对发出存货采用后进先出法，由于采用新准则，按其规定，公司从2×11年1月1日起改用加权平均法。2×11年1月1日的存货价值为2 250 000元，公司当年购入存货的实际成本为17 500 000元，2×11年12月31日按加权平均法计算确定的存货价值为4 500 000元，当年销售额为26 000 000元，假设该年度其他费用为1 400 000元，所得税税率为25%。2×11年12月31日按后进先出法计算的存货价值为3 200 000元。

甲公司由于法律环境变化而改变会计政策，假定对其采用未来适用法进行处理，即对存货采用加权平均法从 2×11 年及以后才适用,不需要计算 2×11 年 1 月 1 日以前按加权平均法计算存货应有的余额,以及对留存收益的影响金额。

计算确定会计政策变更对当期净利润的影响数,如表 8-6 所示。

表 8-6　当期净利润的影响数计算表　　　　　　　　　　单位:元

项　目	加权平均法	后进先出法
营业收入	26 000 000	26 000 000
减:营业成本	15 250 000①	16 550 000②
其他费用	1 400 000	1 400 000
利润总额	9 350 000	8 050 000
减:所得税费用	2 337 500	2 012 500
净利润	7 012 500	6 037 500
差额	975 000	

①采用加权平均法的销售成本为:

期初存货 + 本期购入存货实际成本 - 期末存货 = 2 250 000 + 17 500 000 - 4 500 000 = 15 250 000(元)

②采用后进先出法的销售成本为:

期初存货 + 本期购入存货实际成本 - 期末存货 = 2 250 000 + 17 500 000 - 3 200 000 = 16 550 000(元)

甲公司由于发出存货计价会计政策变更使当期净利润增加了 975 000 元。

(四)会计政策变更的披露

企业应当在附注中披露与会计政策变更有关的下列信息:

(1)会计政策变更的性质、内容和原因。其具体包括:对会计政策变更的简要阐述、变更的日期、变更前采用的会计政策和变更后所采用的新会计政策及会计政策变更的原因。

(2)当期和各个列报前期财务报表中受影响的项目名称和调整金额。其具体包括:采用追溯调整法时,计算出的会计政策变更的累积影响数;当期和各个列报前期财务报表中需要调整的净损益及其影响金额,以及其他需要调整的项目名称和调整金额。

(3)无法进行追溯调整的,说明该事实和原因以及开始应用变更后的会计政策的时点、具体应用情况。其具体包括:无法进行追溯调整的事实;确定会计政策变更对列报前期影响数不切实可行的原因;在当期期初确定会计政策变更对以前各期累积影响数不切实可行的原因;开始应用新会计政策的时点和具体应用情况。

需要注意的是:在以后期间的财务报表中,不需要重复披露在以前期间的附注中已披露的会计政策变更的信息。

【例 8-3】承【例 8-1】。应在财务报表附注中作如下披露:

本公司 2×12 年按照会计准则规定,对投资性房地产后续计量由成本模式改为公允价值模式。此项会计政策变更采用追溯调整法,2×12 年比较财务报表已重新表述。2×11 年期初运用新会计政策追溯计算的会计政策变更累积影响数为 18 000 000 元,调增 2×11 年的期初留存收益 18 000 000 元。其中,调增未分配利润 15 300 000 元,调增盈余公积 2 700 000 元。会计政策变更对 2×12 年度财务报表本年金额的影响为增加未分配利润 5 737 500 元,调增盈余公积 1 012 500 元,调增净利润 6 750 000 元。

【例 8-4】承【例 8-2】。应在财务报表附注中作如下披露:

本公司对存货原采用后进先出法计价,由于实施新企业会计准则,改用加权平均法计价。按照《企业会计准则第 38 号——首次执行企业会计准则》的规定,对该项会计政策变更采用未来适用法。由于该项会计政策变更,使当期净利润增加了 975 000 元。

需要说明的是,企业(如上市公司)2007 年 1 月 1 日首次执行企业会计准则,应当按照《企业会计准则第 38 号——首次执行企业会计准则》及其解释规定进行处理,首次执行企业会计准则后发生的会计政策变更,应当根据《企业会计准则第 28 号——会计政策、会计估计变更和差错更正》相关规定处理。

其他企业在 2007 年 1 月 1 日以后首次执行企业会计准则,仍应按照《企业会计准则第 38 号——首次执行企业会计准则》及其解释规定进行处理;首次执行企业会计准则后发生的会计政策变更,应当根据《企业会计准则第 28 号——会计政策、会计估计变更和差错更正》相关规定处理。

二、会计估计及其变更

(一)会计估计的概念与特点

1. 会计估计的概念

会计估计,是指企业对结果不确定的交易或者事项以最近可利用的信息为基础所作的判断。

2. 会计估计的特点

(1)之所以进行会计估计,是由于经济活动中存在内在的不确定性因素。受商业活动中内在的不确定性因素影响,财务报表中的许多项目不能精确地计量,因而需要根据经验作出估计。例如,企业估计固定资产的折旧年限和净残值,需要根据固定资产消耗方式、性能、技术发展等情况进行估计。又如,按备抵法计提坏账准备时,需要根据债务单位的财务状况、经营成果、现金流量,以及经验等具体情况作出估计。可以说,在进行会计核算和相关信息披露的过程中,会计估计是不可避免的。

(2)会计估计应当以最近可利用的信息或资料为基础。企业在进行会计估计时,通常应根据当时的情况和经验,以最近可利用的信息或资料为基础进行。但是,随着时间的推移、环境的变化,进行会计估计的基础可能发生变化,因此,进行会计估计所依据的信息或资料不得不经常发生变化。由于最新的信息是最接近目标的信息,以其为基础所作的估计最接近实际。所以,进行会计估计时应以最近可利用的信息或资料为基础。

(3)进行会计估计并不会削弱会计核算的可靠性。进行会计估计是企业经济活动中不可避免的,会计估计是建立在具有确凿证据的基础上的,而不是随意的。例如,企业估计固定资产预计使用年限,应当考虑该项固定资产的技术性能、历史资料、同行业同类固定资产的预计使用年限,本企业经营性质等诸多因素,并掌握确凿证据后确定。企业根据当时所掌握的可靠性证据作出的最佳估计,不会削弱会计核算的可靠性。

3. 重要的会计估计

企业应当披露重要的会计估计,不重要的会计估计可以不披露。判断会计估计是否重要,应当考虑与会计估计相关项目的性质和金额,通常情况下,下列属于重要的会计估计:

(1)存货可变现净值的确定。

(2)采用公允价值模式下的投资性房地产公允价值的确定。

(3)固定资产的使用寿命、预计净残值和折旧方法、弃置费用的确定。

(4)消耗性生物资产可变现净值的确定、生物资产的预计使用寿命、预计净残值和折旧方法。

(5)使用寿命有限的无形资产的预计使用寿命、残值、摊销方法。

(6)非货币性资产公允价值的确定。

(7)固定资产、无形资产、长期股权投资等非流动资产可回收金额的确定。

(8)职工薪酬金额的确定。

(9)与股份支付相关的公允价值的确定。

(10)与债务重组相关的公允价值的确定。

(11)预计负债金额的确定。

(12)收入金额的确定、提供劳务完工进度的确定。

(13)建造合同完工进度的确定。

(14)与政府补助相关的公允价值的确定。

(15)一般借款资本化金额的确定。

(16)应纳税暂时性差异和可抵扣暂时性差异的确定。

(17)与非同一控制下的企业合并相关的公允价值的确定。

(18)租赁资产公允价值的确定,最低租赁付款额现值的确定,承租人融资租赁折现率的确定,融资费用和融资收入的确定,未担保余值的确定。

(19)与金融工具相关的公允价值的确定,摊余成本的确定,金融工具减值损失的确定。

(20)继续涉入所转移金融资产程度的确定,金融资产所有权上风险和报酬转移程度的确定。

(21)套期工具和被套期项目公允价值的确定。

(22)保险合同准备金的计算及充足性测试。

(23)探明矿区权益、井及相关设施的折耗计提方法,与油气开采活动相关的辅助设备及设施的折旧方法,弃置费用的确定。

(二)会计估计变更的概念及原因

1. 会计估计变更的概念

会计估计变更,是指由于资产和负债的当前状况及预期经济利益和义务发生了变化,从而对资产或负债的账面价值或者资产的定期消耗金额进行调整。

2. 会计估计变更的原因

(1)赖以进行估计的基础发生了变化。企业进行会计估计,是以最近可以得到的信息为基础作出的判断。如果其所依赖的基础发生了变化,则会计估计也应相应作出改变。例如,由于市场条件的变化以及技术更新,企业对某项固定资产折旧年限由原来的 10 年调整为 8 年,同时对该固定资产的净残值率由 5% 下调到 3%。

(2)取得了新的信息,积累了更多的经验。企业进行会计估计是就现有资料对未来所作的判断,随着时间的推移,企业有可能取得新的信息、积累更多的经验。在这种情况下,企业可能不得不对会计估计进行修订,即发生会计估计变更。例如,甲企业原根据当时能够得到的信息,对某应收账款计提一定金额的坏账准备。现在掌握了新的信息,判定应收账款基本不能收回,企业应当全额计提坏账准备。

会计估计变更,并不意味着以前期间的会计估计是错误的。只是由于情况发生变化,或者掌握了新的信息,积累了更多的经验,使得变更会计估计能够更好地反映企业的财务状况和经营成果。如果以前期间的会计估计是错误的,则属于前期差错,按照前期差错更正的会计处理方法进行处理。

3. 会计政策变更与会计估计变更的划分

企业应当以变更事项是否引起会计确认、计量基础或列报项目变化作为判断基础划分会计政策变更和会计估计变更。如果变更导致会计确认、计量基础或列报项目变化,则该变更是会计政策变更,否则应作为会计估计变更。二者的区别举例见表 8 – 7。

表 8 – 7　会计政策变更与会计估计变更的区分举例

业务	会计政策变更	会计估计变更
根据《企业会计准则第 6 号——无形资产》的规定,内部研发开发阶段的支出由计入当期损益改为符合资本化条件的予以资本化,确认为无形资产	会计确认变更 √	
根据《企业会计准则第 4 号——固定资产》的规定,对购入的价款超过正常信用条件延期支付的固定资产初始计量由历史成本改为以购买价款的现值为基础确定	计量基础变更 √	
根据《企业会计准则第 1 号——存货》的规定,商业企业将采购费用计入营业费用改为列入存货成本	列报项目变更 √	
公允价值的确定方法,由合同价格改为采用未来现金流量的现值或通过其他估计方法计算		会计确认、计量基础、列报项目均未发生变化 √

【例 8 – 5】某企业在前期将自行构建的固定资产相关的一般借款费用计入当期损益,当期根据《企业会计准则第 4 号——固定资产》的规定,将符合条件的借款费用予以资本化,企业因此将对该事项进行变更。

请问:该项变更属于会计政策变更还是会计估计变更?

分析:该事项的计量基础未发生变更,即都是以历史成本作为计量基础;该事项的确认发生变更,即前期将借款费用确认为一项费用,而当期将其确认为一项资产;同时,会计确认的变更导致该事项在资产负债表和利润表相关项目的列报也发生变更。该事项涉及会计确认和列报的变更,所以属于会计政策变更。

需要注意的是,企业通过判断会计政策变更和会计估计变更划分基础仍然难以对某项变更进行区分的,应当将其作为会计估计变更处理。

(三)会计估计变更会计处理

1. 会计估计变更会计处理方法

企业对会计估计变更应当采用未来适用法处理,即在会计估计变更当期及以后期间,采用新的会计估计,不改变以前期间的会计估计,也不调整以前期间的报告结果。

(1)如果会计估计变更仅影响变更当期,有关估计变更的影响应于当期确认。例如,某企业原按应收账款余额的5%提取坏账准备,由于企业不能收回应收账款的比例已达10%,则企业应该按应收账款余额的10%提取坏账准备。这类会计估计的变更,只影响变更当期,因此,应于变更当期确认。

(2)如果会计估计变更既影响变更当期又影响未来期间,有关估计变更的影响数在当期以及以后各期确认。例如,应计提折旧的固定资产,其有效使用年限或预计净残值的估计发生变更,常常影响变更当期及资产以后使用年限内各个期间的折旧费用。因此,这类估计的变更,应当于变更当期及以后各期确认。

会计估计变更的影响数应计入变更当期与前期相同的项目中。为保证不同期间的财务报告具有可比性,如果会计估计变更的影响数以前期间包括在企业日常经营活动的损益中,则以后期间也应包括在相应的损益类项目中;如果会计估计变更的影响数以前期间包括在特殊项目中,则以后期间也应作为特殊项目反映。

2. 会计估计变更会计处理举例

【例8-6】C公司2×08年12月购入生产用设备一台并于当月投入使用,原值为255 000元,预计使用寿命为10年,净残值为5 000元,采用直线法计提折旧。至2×12年年初,由于新技术的发展等原因,需要对原估计的使用寿命和净残值作出修正,修改后的预计使用寿命为8年,净残值为2 000元。公司所得税税率为25%,假定税法允许按变更后的折旧额在税前扣除。

(1)分析:该生产设备预计使用年限和净残值变更为会计估计变更,应采用未来适用法进行处理。C公司对上述会计估计变更的处理如下:①不调整以前各期的折旧,也不计算累积影响数;②变更日以后发生的经济业务改按新的估计提取折旧。

(2)计算:按原估计,每年折旧额为25 000元[(255 000 - 5 000)÷10],已提折旧3年,共计75 000元,固定资产净值为180 000元。改变估计使用寿命后,剩余折旧年限为5年(8-3),2×12年1月1日起每年计提的折旧费用为35 600元[(180 000 - 2 000)÷(8-3)]。

(3)编制会计分录:

借:制造费用　　　　　　　　　　　　　　　　　　　　　　　　　　35 600
　　贷:累计折旧　　　　　　　　　　　　　　　　　　　　　　　　　35 600

(四)会计估计变更的披露

企业应当在附注中披露与会计估计变更有关的下列信息:

(1)会计估计变更的内容和原因。其具体包括:变更的内容、变更日期以及会计估计变更的原因。

(2)会计估计变更对当期和未来期间的影响数。其具体包括:会计估计变更对当期和未来期间损益的影响金额,以及对其他各项目的影响金额。

(3)会计估计变更的影响数不能确定的,披露这一事实和原因。

【例8-7】承【例8-6】。对会计估计变更在附注中披露如下:

C公司一台生产用设备,原值为255 000元,原预计使用寿命为10年,预计净残值为5 000元,按直线法计提折旧。由于新技术的发展,该设备已不能按原预计使用寿命计提折旧,C公司于2×12年年初变更该设备的使用寿命为8年,预计净残值为2 000元,以反映该设备的真实耐用寿命和净残值。此估计变更影响本年度净利润减少数为7 950元[(35 600 - 25 000) × (1 - 25%)]。

三、会计差错及其更正

(一)会计差错的概念及形成原因

1. 会计差错的概念

为了保证会计信息的真实、合法和完整,企业必须建立严格的内部稽核制度。尽管如此,在企业的日常会计工作中仍然可能由于各种原因造成会计差错。会计差错是指在会计确认、计量、记录以及列报等方面出现的错误。会计差错通常包括计算以及账户分类错误、应用会计政策错误、对事实的疏忽或曲解,以及舞弊。

2. 会计差错的形成原因

(1)会计确认错误。会计确认是将某一项目作为会计要素加以记录和列入财务报表的过程。会计确认错误包括会计要素确认错误和报表项目确认错误。例如,按照企业会计准则规定,为构建固定资产而发生的借款费用,在固定资产达到预定可使用状态前发生的,满足一定条件时应予以资本化,计入所构建固定资产的成本;在固定资产达到预定可使用状态后发生的,计入当期损益。如果企业固定资产达到预定可使用状态后发生的借款费用,也记入该项固定资产价值,予以资本化,则属于采用法律、行政法规或者国家统一的会计制度等不允许的会计政策导致发生资产要素的确认错误。又如,企业购入的5年期国债意图长期持有且有能力持有至到期日,但在记账时记入了交易性金融资产,导致账户分类上出现错误,并导致在资产负债表上流动资产和非流动资产的分类也有误。

(2)会计计量错误。会计计量解决如何对会计要素在记录时和在报表中进行数量描述的问题。会计计量错误包括选择了错误的计量属性和计算错误。例如,企业通常应采用成本模式对投资性房地产进行后续计量,满足条件的也可以采用公允价值模式。但同一企业只能采用一种模式对所有投资性房地产进行后续计量,不得同时采用两种计量模式。如果企业对于投资性房地产任意选择计量属性,则导致发生会计计量错误。又如,企业本期应提折旧3 000万元,但由于计算出现差错,得出错误数据3 500万元。

(3)会计记录错误。会计记录是指将经过确认和计量的项目在账户中正式记载的过程。会计核算中我们采用了复式记账方法,并利用会计恒等式来检查验证日常账户记录是否正确、完整。但在账簿记录过程中,仍然可能出现诸如非因记账凭证中应借、应贷账户或金额错误而发生的过账错误等会计记录错误。

(4)会计列报错误。会计列报是以财务报表或其他财务报告的形式向信息使用者提供会计信息的过程。报表项目的列报以账簿记录为基础,但它们之间不是一一对应关系,报表项目的填列需要对有关的账簿记录进行充分分析和适当调整。例如,"开发支出"项目反映企业开发无形资产过程中能够资本化形成无形资产成本的支出部分,应根据"研发支出"科目中所属的"资本化支出"明细科目期末余额填列,不能将"费用化支出"明细科目期末余额填列在"开发支出"项目中。

(二)前期差错及其重要性的判断

会计差错有的是在发现差错当期发生的,也有的是在上期发生的,或在更早以前期间发生的。

1. 前期差错的概念

前期差错,是指由于没有运用或错误运用以下两种信息,而对前期财务报表造成遗漏或误报:①编报前期财务报表时预期能够取得并应当加以考虑的可靠信息;②前期财务报表批准报出时能够取得的可靠信息。

前期差错通常包括计算以及账户分类错误、应用会计政策错误、对事实的疏忽或曲解,以及舞弊。

2. 前期差错的分类

前期差错可以分为两类:重要的前期差错和不重要的前期差错。

重要的前期差错,是指足以影响财务报表使用者对企业财务状况、经营成果和现金流量作出正确判断的前期差错。具体来说,重要的前期差错包括金额重大,或者虽然金额不大但性质严重的前期差错。

不重要的前期差错,是指不足以影响财务报表使用者对企业财务状况、经营成果和现金流量作出正确判断的前期差错。不重要的前期差错表现为金额不大且性质不严重的前期差错。

3. 前期差错重要性的判断

前期差错的重要性取决于在相关环境下对遗漏或错误表述的规模和性质的判断。前期差错所影响的财务报表项目的金额或性质,是判断该前期差错是否具有重要性的决定性因素。一般来说,前期差错所影响的财务报表项目的金额越大、性质越严重,其重要性水平越高。

企业应当严格区分会计估计变更和前期差错更正。对于前期根据当时的信息、假设等作了合理估计,在当期按照新的信息、假设等需要对前期估计金额作出变更的,应当作为会计估计变更处理,不应作为前期差错更正处理。

(三)会计差错的更正

为了正确更正会计差错,应首先对发现的差错进行差错分析,在此基础上决定更正差错的方法。

1. 会计差错分析

(1)辨明会计差错发生的会计期间。要分清是本期的会计差错,还是前期的会计差错。

(2)确定会计差错发现的时间。要分清该差错的会计处理是否在资产负债表日后事项期间。

(3)判断前期差错的性质。对于前期差错,需要结合重要性程度进一步判断前期差错的重要性程度。

2. 会计差错处理方法

会计差错产生于财务报表项目的确认、计量、列报或披露的会计处理过程中。如果财务报表中包含重要差错,或者差错不重要但是故意造成的(以便形成以企业财务状况、经营成果和现金流量等会计信息某种特定形式的列报),即应认为该财务报表未遵循企业会计准则的规定进行编报。

(1)当期发现当期差错的会计处理。对于当期发现的、属于当期的会计差错,应调整本期相关项目。例如,A 公司将本年度尚未完工的在建工程人员的工资计入了管理费用,则应将计入管理费用的在建工程人员工资调整计入工程成本,即应借记"在建工程"科目,贷记"管理费用"科目,以更正该项会计差错。

(2)不重要的前期差错的会计处理。对于不重要的前期差错,企业不需要调整财务报表相关项目的期初数,但应调整发现当期与前期相同的相关项目。属于影响损益的,应直接计入本期与上期相同的净损益项目;属于不影响损益的,应调整本期与前期相同的相关项目。

【例 8-8】A 公司在 2×11 年 12 月 31 日发现一项价值 9 660 元应计入固定资产,并于 2×10 年 2 月 1 日开始计提折旧的管理用设备,在 2×10 年计入了当期费用(管理费用)。该公司固定资产折旧采用直线法,该资产估计使用年限为 4 年,假设净残值为 300 元。则在 2×11 年 12 月 31 日更正此差错的会计分录为:

借:固定资产　　　　　　　　　　　　　　　　　　　　　　9 660
　　贷:管理费用　　　　　　　　　　　　　　　　　　　　　5 175
　　　　累计折旧　　　　　　　　　　　　　　　　　　　　　4 485

假设该项差错直到 2×14 年 2 月后才发现,则不需要作任何分录,因为该项差错已经抵销了。

(3)重要的前期差错的会计处理。企业应当采用追溯重述法更正重要的前期差错,但确定前期差错累积影响数不切实可行的除外①。追溯重述法,是指在发现前期差错时,视同该项前期差错从未发生过,从而对财务报表相关项目进行更正的方法。

对于重要的前期差错,企业应当在其发现当期的财务报表中,调整前期比较数据。在编制比较财务报表时,对于比较财务报表期间的重要的前期差错,应调整各该期间的净损益和其他相关项目,视同该差错在产生的当期已经更正;对于比较财务报表期间以前的重要前期差错,应调整比较财务报表最早期间的期初留存收益,财务报表其他相关项目的数字也应一并调整。

具体地说,企业应当在重要的前期差错发现当期的财务报表中,通过下述处理对其进行追溯更正:①追溯重述差错发生期间列报的前期比较金额;②如果前期差错发生在列报的最早前期之前,则追溯重述列报的最早前期的资产、负债和所有者权益相关项目

---

① 确定前期差错影响数不切实可行的,可以从可追溯重述的最早期间开始调整留存收益的期初余额,财务报表其他相关项目的期初余额也应当一并调整,也可以采用未来适用法。

的期初余额。

发生的重要前期差错如影响损益,应将其对损益的影响数调整发现当期的期初留存收益,财务报表其他相关项目的期初数也一并调整;如不影响损益,应调整财务报表相关项目的期初数。会计处理时,涉及损益的差错应该通过"以前年度损益调整"科目作会计处理,最后将"以前年度损益调整"科目结转到"利润分配——未分配利润"科目。

对以前年度损益进行追溯重述的,应当重新计算各列报期间的每股收益。

【例8-9】甲股份有限公司 2×11 年6月发现 2×10 年一项已达到预定可使用状态投入使用的管理用固定资产未结转在建工程,该项固定资产成本2 800 000元, 2×10 年应提折旧240 000元。假定会计与税法对该项固定资产的折旧政策一致,该公司适用的所得税税率为25%。除该事项外,无其他纳税调整事项。该公司按净利润的10%提取法定盈余公积。该公司发行股票份额为1 000 000股。

第一步,会计差错的分析。

2×10 年少计固定资产	2 800 000
多计在建工程	2 800 000
少计折旧费用	240 000
少计累计折旧	240 000
多计所得税费用	(240 000×25%)60 000
多计应交税费	(240 000×25%)60 000
多计净利润	180 000
多提法定盈余公积	18 000

第二步,更正会计差错的会计分录。

(1)结转在建工程:

借:固定资产　　　　　　　　　　　　　　　　　2 800 000
　　贷:在建工程　　　　　　　　　　　　　　　　2 800 000

(2)补提 2×10 年折旧:

借:以前年度损益调整　　　　　　　　　　　　　240 000
　　贷:累计折旧　　　　　　　　　　　　　　　　240 000

(3)计算 2×10 年多交的所得税时:

$$多交所得税 = 240\ 000 \times 25\% = 60\ 000(元)$$

借:应交税费——应交所得税　　　　　　　　　　60 000
　　贷:以前年度损益调整　　　　　　　　　　　　60 000

(4)将"以前年度损益调整"科目的余额转入利润分配:

借:利润分配——未分配利润　　　　　　　　　　180 000
　　贷:以前年度损益调整　　　　　　　　　　　　180 000

(5)调整利润分配有关数字:

借:盈余公积　　　　　　　　　　　　　　　　　18 000
　　贷:利润分配——未分配利润　　　　　　　　　18 000

第三步,财务报表调整和重述。

甲公司在列报 2×11 年财务报表时,应调整 2×11 年资产负债表有关项目的年初余额,利润表有关项目及所有者权益变动表的上年金额也应进行调整。

(1) 资产负债表项目的调整(见表 8-8):

表 8-8　资产负债表相关项目的调整(局部)

编制单位:甲公司　　　　　　2×11 年 12 月 31 日　　　　　　　　单位:元

资产	年初余额			负债和所有者权益	年初余额		
	调整前	调整数	调整后		调整前	调整数	调整后
……	……	…	……	应交税费		-60 000	
固定资产		2 560 000		……	……	…	……
在建工程		-2 800 000		盈余公积		-18 000	
……	……	…	……	未分配利润		-162 000	

(2) 利润表项目的调整(见表 8-9):

表 8-9　利润表相关项目的调整(局部)

编制单位:甲公司　　　　　　2×11 年度　　　　　　　　　　　单位:元

项目	上期金额		
	调整前	调整数	调整后
一、营业收入			
减:营业成本			
管理费用		240 000	
……			
二、营业利润		-240 000	
……			
三、利润总额		-240 000	
减:所得税费用		-60 000	
四、净利润		-180 000	
……			
五、每股收益			
(一)基本每股收益		-0.18	
……			

(3) 所有者权益变动表项目的调整(见表 8-10):

表 8-10 所有者权益变动表相关项目的调整(局部)

编制单位:甲公司　　　　　　　　　　2×11 年度　　　　　　　　　　单位:元

项　目	上年金额			本年金额		
	……	盈余公积	未分配利润	……	盈余公积	未分配利润	……
一、上年年末余额							
加:会计政策变更							
前期差错更正					调减 18 000	调减 162 000	
二、本年年初余额					调减 18 000	调减 162 000	
……							
五、每股收益							
(一)基本每股收益							
……							

(4)日后事项期间发现的会计差错。对于年度资产负债表日至财务报告批准报出日之间发现的报告年度的会计差错(包括重要与不重要的),应按资产负债表日后事项的规定进行处理。调整财务报表时,如果是日后期间发现的重要的前期差错,则应调整报告年度资产负债表的年初余额与利润表的上年金额;如果是日后期间发现的不重要的前期差错,则应调整报告年度资产负债表的期末余额与利润表的本期金额。

(四)前期差错更正的披露

企业应当在附注中披露与前期差错更正有关的下列信息:

(1)前期差错的性质。

(2)各个列报前期财务报表中受影响的项目名称和更正金额。

(3)无法进行追溯重述的,说明该事实和原因以及对前期差错开始进行更正的时点、具体更正情况,包括前期差错对净损益的影响金额及对其他项目的影响金额。

在以后期间的财务报表中,不需要重复披露在以前期间的附注中已披露的前期差错更正的信息。

【例 8-10】承【例 8-9】。对会计差错在附注中披露如下:

本年度发现 2×10 年已达到预定可使用状态投入使用的管理用固定资产未结转在建工程,从而少记固定资产折旧 240 000 元,在编制 2×10 年与 2×11 年的比较财务报表时,已对该项差错进行了更正。更正后,调减 2×10 年净利润及留存收益 180 000元,补提累计折旧 240 000 元。

第二节 资产负债表日后事项

财务报告的编制需要一定的时间,因此,资产负债表日与财务报告的批准报出日之间往往存在时间差,这段时间发生的一些事项可能对财务报告使用者有重要影响。《企业会计准则第29号——资产负债表日后事项》(以下简称资产负债表日后事项准则)规范了资产负债表日后事项的确认、计量和相关信息的披露要求。

一、资产负债表日后事项的基本概念

(一)资产负债表日后事项的定义

资产负债表日后事项,是指资产负债表日至财务报告批准报出日之间发生的有利或不利事项。在理解这个定义时,需要明确以下几个问题。

1. 资产负债表日

资产负债表日是指会计年度末和会计中期末。根据《会计法》的规定,我国的会计年度采用公历年度,即1月1日至12月31日。因此,年度资产负债表日是指公历12月31日;会计中期是指短于一个完整的会计年度的报告期间,通常包括半年度、季度和月度等。因此,会计中期期末相应地是指公历半年末、季末和月末等。

如果母公司或者子公司在国外,无论该母公司或子公司如何确定会计年度和会计中期,其向国内提供的财务报告都应根据我国《会计法》和会计准则的要求确定资产负债表日。

2. 财务报告批准报出日

财务报告批准报出日是指董事会或类似机构批准财务报告报出的日期,通常是指对财务报告的内容负有法律责任的单位或个人批准财务报告对外公布的日期。

财务报告的批准者包括所有者、所有者中的多数、董事会或类似的管理单位、部门和个人。根据《公司法》规定,公司制企业的董事会有权批准对外公布财务报告。因此,公司制企业财务报告批准报出日是指董事会批准财务报告报出的日期。对于非公司制企业,财务报告批准报出日是指经理(厂长)会议或类似机构批准财务报告报出的日期。

3. 有利或不利事项

资产负债表日后事项包括有利或不利事项。有利或不利事项是指,资产负债表日后对企业财务状况和经营成果具有一定影响(既包括有利影响,也包括不利影响)的事项。如果某些事项的发生对企业财务状况和经营成果无任何影响,那么,这些事项既不是有利事项也不是不利事项,也就不属于准则所称资产负债表日后事项。

(二)资产负债表日后事项涵盖的期间

资产负债表日后事项涵盖的期间是自资产负债表日次日起至财务报告批准报出日止的一段时间。其具体是指:

（1）报告期下一期间的第一天至董事会或类似机构批准财务报告对外公布的日期，即以董事会或类似机构批准财务报告对外公布的日期为截止日期。

（2）财务报告批准报出以后、实际报出之前又发生与资产负债表日后事项有关的事项，并由此影响财务报告对外公布日期的，应以董事会或类似机构再次批准财务报告对外公布的日期为截止日期。如果由此影响审计报告的内容，按照独立审计准则的规定，注册会计师可以签署双重报告日期，即保留原定审计报告日，并就该期后事项注明新的审计报告日，或更改审计报告日期，即将原定审计报告日推迟至完成追加审计程序的审计报告日。

对于上市公司而言，资产负债表日后事项涵盖的期间涉及几个日期，包括完成财务报告编制日、注册会计师出具审计报告日、董事会批准财务报告可以对外公布日、实际公布日等。

【例8-11】某上市公司2×11年的年度财务报告于2×12年2月14日编制完成，注册会计师完成整个年度审计工作并签署审计报告的日期为2×12年4月21日，经董事会批准财务报告可以对外公布的日期为2×12年4月22日，财务报告实际对外公布日期为2×12年4月25日，股东大会召开日期为2×12年5月8日。

根据资产负债表日后事项的规定，本例中财务报告批准报出日为2×12年4月22日，资产负债表日后事项涵盖的期间为2×12年1月1日至2×12年4月22日。在2×12年4月23日至25日之间发生了重大事项，按照资产负债表日后事项会计处理规定，需要调整会计报表相关项目的数字或需要在会计报表附注中披露的，经调整或说明后的财务报告再经董事会批准的报出日期为2×12年4月29日，实际对外公布的日期为2×12年4月30日，则资产负债表日后事项涵盖的期间为2×12年1月1日至2×12年4月29日。

二、资产负债表日后事项的分类

资产负债表日后事项包括资产负债表日后调整事项（以下简称"调整事项"）和资产负债表日后非调整事项（以下简称"非调整事项"）两类。

（一）调整事项

资产负债表日后调整事项，是指对资产负债表日已经存在的情况提供了新的或进一步证据的事项。

如果资产负债表日及所属会计期间已经存在某种情况，但当时并不知道其存在或者不能知道确切结果，资产负债表日后发生的事项能够证实该情况的存在或者确切结果，则该事项属于资产负债表日后事项中的调整事项。企业在生产经营中可能存在一些不确定的因素，会计人员只能根据专业知识作出估计和判断。如果资产负债表日后事项对资产负债表日的情况提供了进一步的证据，证据表明的情况与原来的估计和判断不完全一致，则需要对原来的会计处理进行调整。

准则列举的调整事项主要有：

（1）资产负债表日后诉讼案件结案，法院判决证实了企业在资产负债表日已经存在现时义务，需要调整原先确认的与该诉讼案件相关的预计负债，或确认一项新负债。

这一事项是指导致诉讼的事项在资产负债表日已经发生,但尚不具备确认负债的条件而未确认,因此法院判决后应确认一项新负债;或者虽已确认,但需要调整已确认负债的金额。

【例8-12】甲公司为一上市公司,因合同违约而被乙公司起诉。2×11年12月31日,甲公司尚未接到法院的判决。甲公司预计,如无特殊情况乙公司很可能在诉讼中获胜,甲公司因此确认了100万元的预计负债。2×12年3月10日,在甲公司2×11年度财务报告对外报出之前,法院判决乙公司胜诉,要求甲公司支付赔偿款120万元。2×11年度财务报告批准报出日为2×12年4月20日。

本例中,甲公司2×11年12月31日结账时已知道乙公司胜诉的可能性较大,但不知道法院判决的确切结果,因此确认了100万元的预计负债。2×12年3月10日法院判决结果为甲公司预计负债的存在提供了进一步的证据。此时,按照2×11年12月31日存在状况编制的财务报表所提供的信息已不能真实反映企业的实际情况,应据此对2×11年12月31日编制的财务报表相关项目的数字进行调整。

(2)资产负债表日后取得确凿证据,表明某项资产在资产负债表日发生了减值或者需要调整该项资产原先确认的减值金额。

(3)资产负债表日后进一步确定了资产负债表日前购入资产的成本或售出资产的收入。

这类调整事项包括两方面的内容:①若资产负债表日前购入的资产已经按暂估金额等入账,资产负债表日后获得证据,可以进一步确定该资产的成本,则应该对已入账的资产成本进行调整;②企业在资产负债表日已根据收入确认条件确认资产销售收入,但资产负债表日后获得关于资产收入的进一步证据,如发生销售退回等,此时也应调整财务报表相关项目的金额。需要说明的是,资产负债表日后发生的销售退回,既包括报告年度或报告中期销售的商品在资产负债表日后发生的销售退回,也包括以前期间销售的商品在资产负债表日后发生的销售退回。

(4)资产负债表日后发现了财务报告舞弊或差错。这一事项是指资产负债表日后发现报告期或以前期间存在的财务报告舞弊或差错。企业发生这一事项后,应当将其作为资产负债表日后调整事项,调整报告期间财务报告相关项目的数字。

(二)非调整事项

资产负债表日后非调整事项,是指表明资产负债表日后发生的情况的事项。非调整事项的发生不影响资产负债表日企业的财务报表数字,只说明资产负债表日后发生了某些情况。对于财务报告使用者来说,非调整事项说明的情况有的重要,有的不重要,其中,重要的非调整事项虽然与资产负债表日的财务报表数字无关,但可能影响资产负债表日以后的财务状况和经营成果,不加以说明将会影响财务报告使用者作出正确估计和决策,因此需要适当披露。

准则列举的非调整事项主要有(以下例子均假定财务报告批准报出日是次年的4月30日):

(1)资产负债表日后发生重大诉讼、仲裁或承诺。

【例8-13】甲企业是房地产的销售代理商,在买卖双方同意房地产的销售条款时确认佣金收入,佣金由卖方支付。2×11年,甲企业同意替乙企业的房地产寻找买主。在2×11年后期,甲企业找到一位有意的买主丁企业,丁企业以其获得银行融资的能力与乙企业签订购买该房地产的合同。2×12年1月,丁企业通知甲企业,其在获得银行贷款方面有困难,但仍然能够履行合同。之后不久,甲企业找到另一位以现金购买该房地产的买主。2×12年2月,丁企业通过法律手段起诉甲企业违背受托责任,2×12年3月,甲企业同意付给丁企业500 000元的现金以使其撤回法律诉讼。

本例中,由于资产负债表日后发生的重大诉讼、仲裁或承诺等事项影响较大,为防止误导投资者及其他财务报告使用者,不论是甲企业,还是丁企业,均应将此事项作为非调整事项,在2×11年度会计报表附注中进行披露。

(2)资产负债表日后资产价格、税收政策、外汇汇率发生重大变化。

【例8-14】丁企业有一笔长期美元贷款,在编制1993年12月31日的会计报表时已按1993年年末的汇率进行折算(1993年年末的汇率为1美元兑换5.8元人民币),国家规定从1994年1月1日起进行外汇管理体制改革,外汇管理体制改革后,人民币对美元的汇率为1美元兑换8.5元人民币。

本例中,丁企业在资产负债表日已经按规定的汇率对有关账户进行调整,因此,无论资产负债表日后的汇率如何变化,均不影响资产负债表日的财务状况和经营成果;但是,资产负债表日后的外汇汇率发生了重大变化,对报表使用者将产生重大影响。对于这一非调整事项,丁企业应在1993年度的会计报表附注中进行披露。

(3)资产负债表日后因自然灾害导致资产发生重大损失。

【例8-15】甲企业拥有某外国企业(乙企业)5%的股权,无重大影响,投资成本2 000 000元。乙企业的股票在国外的某家股票交易所上市交易。在编制2×11年12月31日的资产负债表时,甲企业对乙企业投资的账面价值按初始投资成本反映。2×12年1月,该国发生海啸造成乙企业的股票市场价值大幅下跌,甲企业对乙企业的股权投资遭受重大损失。

本例中,自然灾害导致的资产重大损失对企业资产负债表日后财务状况的影响较大,如果不加以披露,有可能使财务报告使用者作出错误的决策,因此应作为非调整事项在报表附注中进行披露。本例中海啸发生在2×12年1月,属于资产负债表日后才发生或存在的事项,应当作为非调整事项在2×11年度报表附注中进行披露。

(4)资产负债表日后发行股票和债券以及其他巨额举债。

企业发行股票、债券以及向银行或非银行金融机构举借巨额债务都是比较重大的事项,虽然这一事项与企业资产负债表日的存在状况无关,但这一事项的披露能使财务报告使用者了解与此有关的情况及可能带来的影响,因此应当在报表附注中进行披露。

(5)资产负债表日后资本公积转增资本。

这一事项是指,企业在资产负债表日后至财务报告批准报出日之间经董事会、股东大会或类似机构批准以资本公积转增资本的事项,这一事项将会对企业的资本公积和资本(或股本)结构产生影响,由此需要在会计报表附注中披露。

(6)资产负债表日后发生巨额亏损。

【例8-16】甲公司为一基金投资公司,2×12年2月的一项投资失误,使该公司遭受巨额亏损。这一非调整事项将会对企业报告期以后的财务状况和经营成果产生重大影响,应当在2×11年度报表附注中及时披露该事项,以便为投资者或其他财务报告使用者作出正确决策提供信息。

(7) 资产负债表日后发生重大企业合并或处置子公司。

企业合并或者处置子公司的行为可以影响股权结构、经营范围等方面,对企业未来生产经营活动能产生重大影响。因此,企业应在附注中披露处置子公司的信息。

(8) 资产负债表日后,企业利润分配方案中拟分配的以及经审议批准宣告发放的股利或利润。

资产负债表日后,企业制订利润分配方案,拟分配或经审议批准宣告发放股利或利润的行为,并不会致使企业在资产负债表日形成现时义务,因此虽然发生该事项可导致企业负有支付股利或利润的义务,但支付义务在资产负债表日尚不存在,不应该调整资产负债表日的财务报告,因此,该事项为非调整事项。但由于该事项对企业资产负债表日后的财务状况有较大影响,可能导致现金较大规模流出、企业股权结构变动等,为便于财务报告使用者更充分了解相关信息,企业需要在财务报告中适当披露该信息。

(三) 两类事项的比较

两类事项的区别在于资产负债表日该事项存在与否。调整事项存在于资产负债表日或以前,资产负债表日后提供了证据对以前已存在的事项作进一步说明;而非调整事项在资产负债表日尚未存在,但在财务报告批准报出日之前发生或存在。

两类事项的相同之处在于发生的期间相同,都是在资产负债表日后至财务报告批准报出日之间存在或发生的。

【例8-17】债务人乙公司财务情况恶化导致债权人甲公司发生坏账损失,包括两种情况:①2×11年12月31日乙公司财务状况良好,甲公司预计应收账款可按时收回;乙公司一周后发生重大火灾,导致甲公司60%的应收账款无法收回。②2×11年12月31日甲公司根据掌握的资料判断,乙公司有可能破产清算,甲公司估计对乙公司的应收账款将有20%无法收回,故按20%的比例计提坏账准备。一周后甲公司接到通知,乙公司已被宣告破产清算,甲公司估计有80%的债权无法收回。

本例中:①导致甲公司2×11年度应收账款损失的因素是火灾,应收账款发生损失这一事实在资产负债表日以后才发生,因此乙公司发生火灾导致甲公司应收款项发生坏账的事项属于非调整事项。②导致甲公司2×11年度应收账款无法收回的事实是乙公司财务状况恶化,该事实在资产负债表日已经存在,乙公司被宣告破产只是证实了资产负债表日财务状况恶化的情况,因此该事项属于调整事项。

在理解资产负债表日后事项的处理时,还需要明确以下问题:

(1) 确定资产负债表日后某一事项是调整事项还是非调整事项,是对资产负债表日后事项进行会计处理的关键。调整和非调整事项是一个广泛的概念,就事项本身而言,可以有各种各样的性质,只要符合企业会计准则中对这两类事项的判断原则即可。另外,同一性质的事项可能是调整事项,也可能是非调整事项,这取决于该事项表明的情况是在资产负债表日或资产负债表日以前已经存在或发生,还是在资产负债表日后才发生的。

(2)资产负债表日后事项在会计准则中以列举的方式进行了说明,但并没有包括所有调整和非调整事项。会计人员应按照资产负债表日后事项中给出的判断原则,进行职业判断。

(3)资产负债表日后事项,已经作为调整事项调整会计报表有关项目数字的,除法律、法规以及国家统一的会计制度另有规定外,不需要在会计报表附注中进行披露。

三、资产负债表日后调整事项的会计处理

(一)调整事项的会计处理原则

企业发生资产负债表日后调整事项,应当如同资产负债表所属期间发生的事项一样,调整资产负债表日已编制的财务报表。

(二)调整事项的会计处理方法

对于年度财务报告而言,由于资产负债表日后事项发生在报告年度的次年,报告年度的有关账目已经结转,特别是损益类科目在结账后已无余额。因此,年度资产负债表日后发生的调整事项,应分别按以下情况进行处理:

(1)涉及损益的事项,通过"以前年度损益调整"①科目核算。这时的账务处理与平时正常的账务处理并无大的差别,只是所有的损益类科目在结账后无余额,因此我们用"以前年度损益调整"科目来代替平时账务处理中使用的损益类科目。

(2)涉及利润分配调整的事项,直接在"利润分配——未分配利润"科目中核算。

(3)不涉及损益以及利润分配的事项,调整相关科目。

(4)通过上述账务处理后,还应同时调整财务报表相关项目的数字,包括:①资产负债表日编制的财务报表相关项目的期末数或本年发生数;②当期编制的财务报表相关项目的期初数或上年数;③经过上述调整后,如果涉及报表附注内容,还应当调整报表附注相关项目的数字②。

(三)调整事项的涉税问题

1. 递延所得税资产(负债)的调整

资产负债表日后调整事项若引起资产、负债的账面价值与其计税基础出现暂时性差异变动,符合递延所得税资产(或负债)确认要求的,确认或转回递延所得税。例如,日后期间因诉讼案件结案而调整预计负债,日后事项表明资产负债表日确认的资产减值金额不合适而调整减值准备(如补提或转回坏账准备等)。

2. 应交税费——应交所得税的调整

资产负债表日后调整事项若引起企业纳税义务变动,则会影响应纳税所得额,进而

---

① "以前年度损益调整"科目是损益类性质的科目,贷方记录调整增加以前年度利润或调整减少以前年度亏损的事项,借方记录调整减少以前年度利润或调整增加以前年度亏损的事项。将"以前年度损益调整"科目的贷方或借方余额,转入"利润分配——未分配利润"科目,结转后本科目也无余额。

② 资产负债表日后发生的调整事项涉及现金收支项目的,均不调整报告年度资产负债表的货币资金项目和现金流量表正表各项目数字。

需要调整应交所得税。例如,在报告年度已确认的商品销售,在日后期间发生销售退回、销售折让;日后期间诉讼案件结案,相关赔偿损失允许税前扣除。

需要注意的是,调整的纳税义务的归属期间:

(1)如果资产负债表日后调整事项发生在资产负债表日所属年度(即报告年度)所得税汇算清缴前的,应按准则要求调整报告年度应纳税所得额、应纳所得税税额。

由于以前年度损益调整增加的所得税费用,记入"以前年度损益调整"科目的借方,同时贷记"应交税费——应交所得税"等科目;由于以前年度损益调整减少的所得税费用,记入"以前年度损益调整"科目的贷方,同时借记"应交税费——应交所得税"等科目。

(2)发生在报告年度所得税汇算清缴后的,应按准则要求调整递延所得税。

(四)调整事项的会计处理举例

下列所有例子均是针对上市公司而言的,并假定财务报告批准报出日均为次年4月15日,所得税税率为25%,按净利润的10%提取法定盈余公积,提取法定盈余公积之后,不再作其他分配。如无特别说明,调整事项按税法规定均可调整应交纳的所得税;涉及递延所得税资产的,均假定未来期间很可能取得用来抵扣暂时性差异的应纳税所得额;不考虑报表附注中有关现金流量表项目的数字。

【例8-18】长虹公司于2×11年5月销售给联合商厦一批彩电,价款为580万元(含增值税),联合商厦于6月收到所购货物并验收入库。按合同规定联合商厦应于收到所购货物后一个月内付款。由于联合商厦财务状况不佳,到2×11年12月31日仍未付款。长虹公司于12月31日编制2×11年度会计报表时,已为该项应收账款提取坏账准备29万元(假定坏账准备的提取比例为5%)。12月31日资产负债表上"应收账款"项目的金额为800万元,其中551万元为该项应收账款。长虹公司于2×12年2月1日收到法院通知,联合商厦已宣告破产清算,无力偿还所欠部分货款。预计长虹公司可以收回应收账款的50%。长虹公司于2×12年2月28日完成了2×11年度的所得税汇算清缴。

分析:长虹公司在接到法院通知时,首先应根据资产负债表日后事项中的调整事项和非调整事项的判断标准,判断该事项属于调整事项。长虹公司原对应收联合商厦账款计提了29万元(5%的计提比例)的坏账准备,而按照新的证据应提取的坏账准备为290(50%的计提比例,580×50%)万元,差额261万元应当调整2×11年度财务报表相关项目的数字。

此外,该调整事项尽管发生在长虹公司2×11年度所得税汇算清缴前,但税法规定不符合国务院、税务主管部门规定的各项资产减值准备不允许税前扣除,因此,本例中对坏账准备的调整不影响应纳税所得额的计算,但会对递延所得税资产造成影响。

长虹公司的会计处理如下:

(1)补提坏账准备:

$$应补提的坏账准备 = 580 \times 50\% - 29 = 261(万元)$$

借:以前年度损益调整　　　　　　　　　　　　　　　　　　2 610 000

贷：坏账准备　　　　　　　　　　　　　　　　　　　　　　　　　2 610 000
　（2）调整递延所得税资产：
　　借：递延所得税资产　　　　　　　　　　　　　　　（2 610 000×25%）652 500
　　　贷：以前年度损益调整　　　　　　　　　　　　　　　　　　　　　　652 500
　（3）将"以前年度损益调整"科目的余额转入利润分配：
　　借：利润分配——未分配利润　　　　　　　　　　　　　　　　　　　1 957 500
　　　贷：以前年度损益调整　　　　　　　　　　　　（2 610 000-652 500）1 957 500
　（4）调整利润分配有关数字：
　　借：盈余公积　　　　　　　　　　　　　　　　　　　　　　　　　　195 750
　　　贷：利润分配——未分配利润　　　　　　　　　　（1 957 500×10%）195 750
　（5）调整报告年度（2×11年度）财务报表相关项目的数字（财务报表略）：
　　①资产负债表项目的调整：调减应收账款期末金额2 610 000元；调增递延所得税资产期末金额652 500元；调减盈余公积期末金额195 750元；调减未分配利润期末金额1 761 750元。
　　②利润表项目的调整：调增资产减值损失本期金额2 610 000元；调减所得税费用本期金额652 500元；调减净利润本期金额1 957 500元。
　　③所有者权益变动表项目的调整：调减净利润项目中所有者权益合计一栏本年金额1 957 500元，调减提取盈余公积项目中盈余公积一栏本年金额195 750元，调增提取盈余公积项目中未分配利润一栏本年金额195 750元。

　　【例8-19】北奥公司于2×11年9月销售给红星公司一批产品，价款为200万元（不含税，增值税税率17%）。北奥公司发出商品后，按照正常的情况已确认收入，并结转销售成本150万元。货款至2×11年12月31日尚未收到，北奥公司对该项应收账款计提了5%的坏账准备11.7万元（234×5%）。2×12年2月10日，由于产品存在质量问题，该批货物被退回。北奥公司于2×12年2月14日收到退回的产品，以及购货退回的增值税专用发票的发票联和税款抵扣联。北奥公司于2×12年2月28日完成了2×11年度的所得税汇算清缴。
　　分析：北奥公司在接到红星公司退货通知时，首先应根据资产负债表日后事项中的调整事项和非调整事项的判断标准，判断该事项属于调整事项。本例中由于销售退回发生在报告年度（2×11年度）所得税汇算清缴之前，应调整报告年度利润表的收入、成本等，并相应调整由于该部分销售退回导致的报告年度的应纳税所得额以及应交所得税的减少等。
　　北奥公司的会计处理如下：
　（1）调整销售收入：
　　借：以前年度损益调整　　　　　　　　　　　　　　　　　　　　　　2 000 000
　　　应交税费——应交增值税（销项税额）　　　　　　　　　　　　　　340 000
　　　贷：应收账款　　　　　　　　　　　　　　　　　　　　　　　　　2 340 000
　（2）调整销售成本：
　　借：库存商品　　　　　　　　　　　　　　　　　　　　　　　　　　1 500 000

贷:以前年度损益调整　　　　　　　　　　　　　　　　　　　　　　1 500 000
　　(3)调整应缴纳的所得税①:
　　借:应交税费——应交所得税　　　[(2 000 000 - 1 500 000)×25%]125 000
　　　贷:以前年度损益调整　　　　　　　　　　　　　　　　　　　　　　　125 000
　　(4)调整坏账准备余额:
　　借:坏账准备　　　　　　　　　　　　　　　　　　(2 340 000×5%)117 000
　　　贷:以前年度损益调整　　　　　　　　　　　　　　　　　　　　　　　117 000
　　(5)调整已确认的递延所得税资产:
　　借:以前年度损益调整　　　　　　　　　　　　　　　　　　　　　　　　29 250
　　　贷:递延所得税资产　　　　　　　　　　　　(2 340 000×5%×25%)29 250
　　(6)将"以前年度损益调整"科目的余额转入利润分配:
　　借:利润分配——未分配利润　　　　　　　　　　　　　　　　　　　　287 250
　　　贷:以前年度损益调整
　　　　　(2 000 000 - 1 500 000 - 125 000 - 117 000 + 29 250)287 250
　　(7)调整利润分配有关数字:
　　借:盈余公积　　　　　　　　　　　　　　　　　　　　　　　　　　　　28 725
　　　贷:利润分配——未分配利润　　　　　　　　　　　　(287 250×10%)28 725
　　(8)调整报告年度(2×11年度)财务报表相关项目的数字(财务报表略):
　　①资产负债表项目的调整:调减应收账款期末金额2 223 000元;调增存货期末金额1 500 000元;调减递延所得税资产期末金额29 250元;调减应交税费465 000元(340 000 + 125 000);调减盈余公积期末金额28 725元;调减未分配利润期末金额258 525元。
　　②利润表项目的调整:调减营业收入本期金额2 000 000元;调减营业成本本期金额1 500 000元;调减资产减值损失本期金额117 000元;调减所得税费用本期金额95 750元(125 000 - 29 250);调减净利润本期金额287 250元。
　　③所有者权益变动表项目的调整:调减净利润项目中所有者权益合计一栏本年金额287 250元;调减提取盈余公积项目中盈余公积一栏本年金额28 725元;调增提取盈余公积项目中未分配利润一栏本年金额258 525元。
　　【例8-20】承【例8-19】。假定销售退回的时间改为2×12年3月15日(即2×11年度所得税汇算清缴之后)。
　　分析:北奥公司在接到红星公司退货通知时,首先应根据资产负债表日后事项中的调整事项和非调整事项的判断标准,判断该事项属于调整事项。本例中由于销售退回发生在报告年度(2×11年度)所得税汇算清缴之后,应调整报告年度利润表的收入、成本等,但按照税法规定在此期间的销售退回所涉及的应交所得税,应作为本年度(2×12年度)的递延所得税调整事项。

---

① 销售退回发生在报告年度所得税汇算清缴前的,按准则要求调整报告年度(2×11年度)应纳所得税税额。

北奥公司的会计处理如下:
(1)调整销售收入:
借:以前年度损益调整 2 000 000
　　应交税费——应交增值税(销项税额) 340 000
　贷:应收账款 2 340 000
(2)调整销售成本:
借:库存商品 1 500 000
　贷:以前年度损益调整 1 500 000
(3)调整递延所得税:
借:递延所得税资产　　　　[(2 000 000 − 1 500 000)×25%]125 000
　贷:以前年度损益调整 125 000
(4)调整坏账准备余额:
借:坏账准备　　　　　　　　　　　(2 340 000×5%)117 000
　贷:以前年度损益调整 117 000
(5)调整已确认的递延所得税资产:
借:以前年度损益调整 29 250
　贷:递延所得税资产　　　　　　(2 340 000×5%×25%)29 250
(6)将"以前年度损益调整"科目的余额转入利润分配:
借:利润分配——未分配利润 287 250
　贷:以前年度损益调整
　　　　　(2 000 000 − 1 500 000 − 117 000 − 125 000 + 29 250)287 250
(7)调整利润分配有关数字:
借:盈余公积 28 725
　贷:利润分配——未分配利润 (287 250×10%)28 725
(8)调整报告年度(2×11年度)财务报表相关项目的数字(财务报表略):
①资产负债表项目的调整:调减应收账款净值2 223 000元;调增库存商品1 500 000元;调增递延所得税资产95 750元;调减应交税费340 000元;调减盈余公积28 725元;调减未分配利润258 525元。
②利润表项目的调整:调减营业收入本期金额2 000 000元;调减营业成本本期金额1 500 000元;调减资产减值损失本期金额117 000元;调减所得税费用本期金额95 750元;调减净利润本期金额287 250元。
③所有者权益变动表项目的调整:调减净利润项目中所有者权益合计一栏本年金额287 250元;调减提取盈余公积项目中盈余公积一栏本年金额28 725元;调减提取盈余公积项目中未分配利润一栏本年金额258 525元。

四、非调整事项的会计处理

资产负债表日后发生的非调整事项,是资产负债表日以后才发生或存在的事项,不影响资产负债表日存在状况,因此不需要进行账务处理,也不需要对资产负债表日编制的财务报表进行调整。但是,财务报告应当反映最近期的相关信息,以满足财务报告及时性的要求。同时,由于事项重大,如不加以说明,将会影响财务报告使用者作出正确估计和决策。因此,资产负债表日后事项准则要求在附注中披露"重要的资产负债表日后非调整事项的性质、内容,及其对财务状况和经营成果的影响"。如无法作出估计,应当说明原因。

另外需注意,对"利润分配方案中拟分配的以及经审议批准宣告发放的股利或利润"不确认为资产负债表日的负债,但应该在附注中单独披露。

本章小结

会计政策,是指企业在会计确认、计量和报告中所采用的原则、基础和会计处理方法。会计估计,是指企业对结果不确定的交易或者事项以最近可利用的信息为基础所作的判断。会计政策变更或会计估计变更,并不意味着以前期间的会计政策或会计估计是错误的。如果以前期间的会计政策或会计估计是错误的,则属于前期差错,按照前期差错更正的会计处理方法进行处理。企业在符合条件变更会计政策时,有追溯调整法和未来适用法两种会计处理方法,分别适用于不同情形。企业对会计估计变更应当采用未来适用法处理。企业应当采用追溯重述法更正重要的前期差错,但确定前期差错累积影响数不切实可行的除外;不重要的前期差错,采用未来适用法更正。

资产负债表日后事项,是指资产负债表日至财务报告批准报出日之间发生的有利或不利事项,包括调整事项和非调整事项两类。两类事项的区别在于资产负债表日该事项存在与否。调整事项存在于资产负债表日或以前,资产负债表日后提供了证据对以前已存在的事项作进一步说明,因此,调整事项应当如同资产负债表所属期间发生的事项一样,调整资产负债表日已编制的财务报表。而非调整事项在资产负债表日尚未存在,但在财务报告批准报出日之前发生或存在。非调整事项的发生不影响资产负债表日企业的财务报表数字,只说明资产负债表日后发生了某些情况,因此需要适当披露。

思考题

1. 什么是会计政策变更?什么是会计估计变更?二者的主要区别是什么?

2. 在哪些情况下,企业可以变更会计政策?追溯调整法和未来适用法各适用于什么情况?

3. 什么是前期差错?如何更正前期差错?

4. 什么是资产负债表日后事项?资产负债表日后事项有哪些类型,各类型之间有何区别?

5. 资产负债表日后事项中的调整事项应当如何进行会计处理？

练习题

1.【资料】天元公司 2×05 年、2×06 年分别以 4 500 000 元和 1 100 000 元的价格从股票市场购入 A、B 两只以交易为目的的股票，市价一直高于成本。假定不考虑相关税费。公司采用成本与市价孰低法对购入股票公司进行计量。公司从 2×07 年起对其以交易为目的从股票市场购入股票的计量方法由成本与市价孰低计量改为公允价值计量，公司保存的会计资料比较齐备，可以通过会计资料追溯计算。假设所得税税率为 25%，公司按净利润的 10% 提取法定盈余公积，按净利润的 5% 提取任意盈余公积。2×06 年公司发行在外普通股加权平均数为 4 500 万股。A、B 股票有关成本及公允价值资料见表 8-11。

表 8-11　A、B 股票有关成本及公允价值　　　　　　单位：元

	购入成本	2×05 年年末公允价值	2×06 年年末公允价值
A 股票	4 500 000	5 100 000	5 100 000
B 股票	1 100 000	—	1 300 000

【要求】
(1) 填列 2×07 年 1 月 1 日天元公司会计政策变更累积影响数计算表，见表 8-12。
(2) 编制有关项目的调整分录。
(3) 对财务报表相关项目进行调整和重述。
(4) 进行附注说明。

表 8-12　改变交易性金融资产计量方法后的累积影响数　　　　单位：元

年　份	公允价值	成本与市价孰低	税前差异	所得税影响	税后差异
2×05 年年末					
2×06 年年末					

2.【资料】甲公司因违约，于 2×11 年 12 月被乙公司告上法庭，要求甲公司赔偿 80 万元。2×11 年 12 月 31 日法院尚未判决，甲公司按或有事项准则对该诉讼事项确认预计负债 50 万元。2×12 年 3 月 10 日，经法院判决甲公司应赔偿乙 60 万元。甲、乙双方均服从判决。判决当日，甲公司向乙公司支付赔偿款 60 万元。甲公司 2×11 年所得税汇算清缴在 2×12 年 4 月 10 日完成（假定该项预计负债产生的损失不允许税前扣除，只有在损失实际发生时才允许税前抵扣）。假定甲公司财务报告批准报出日是次年 3 月 31 日，所得税税率为 25%，按净利润的 10% 提取法定盈余公积，提取法定盈余公积后不再作其他分配；调整事项按税法规定均可调整应交纳的所得税；涉及递延所得

税资产的,均假定未来期间很可能取得用来抵扣暂时性差异的应纳税所得额。

【要求】

(1)根据上述资料,编制甲公司有关的调整分录。

(2)调整甲公司 2×11 年度报表相关项目。

第九章

股份支付

本章学习目的

本章主要介绍股份支付的基本概念、特征、分类和交易环节。通过本章的学习,需理解股份支付的目的和意义,掌握股份支付的会计处理。

本章重点与难点

本章重点是掌握不同类型股份支付的会计处理方法。本章难点是股份支付不同时点的会计处理差异。

第一节　股份支付的基本特征和交易环节

一、股份支付的概念与分类

(一)股份支付的概念与经济性质

股份支付是"以股份为基础的支付"的简称,是指企业为获取职工和其他方提供服务而授予权益工具或者承担以权益工具为基础确定的负债的交易。现代公司区别于传统公司的主要特征,是所有权与控制(经营)权之间发生了分离。在两权分离的情况下,所有者与经营者之间存在委托—代理关系。企业的所有者(股东)将公司财产委托给经营者负责经营,但二者的目标并不必然一致,由于存在信息不对称,所有者并不一定能有效地监督经营者努力去追求所有者的目标。因此,要使现代企业制度得以有效运作,一个关键性的制度安排,就是要建立有效的企业经营者激励与约束机制。在诸多的激励与约束机制中,以股票期权为代表的股份支付交易历来被认为是解决委托代理问题的有效激励措施。这种激励机制通过让经营者分享剩余收益,协调经营者和所有者之间的矛盾,使二者利益趋向一致,从而激励经营者创造优秀业绩,以最终实现所有者的目标。

股份支付是现代公司财务薪酬制度最重要的组成部分之一,在发达的市场经济国家中职工薪酬是一个组合,这个薪酬组合通常由基本工资、年度奖金、长期激励、福利、特殊津贴等部分组成。薪酬组合中的每一部分都有其针对性,比如,基本工资用于保障员工的基本生活,奖金是对员工绩效的直接回报,长期激励的功能是解决所有者与经营者利益一致性,福利计划则用于解决员工后顾之忧、弥补现金激励的不足。从国际背景来看,向公司经营者乃至普通员工发放股票期权,被认为是美国企业管理中一条十分成功的经验。股票期权制度曾魔法般地刺激了美国20世纪90年代的经济繁荣。据调查,目前按收入排列的美国最大的200家公司中,股票期权的数目已相当于流通股的16%,股票期权收入已占这些公司首席执行官们收入的60%。

在我国,股份支付作为一种激励机制得到政府的认可可追溯到1999年,中共十五届四中全会《关于国有企业改革和发展若干重大问题的决定》肯定企业可以试行经理(厂长)"持有股权"等分配方式。此后,许多企业尤其是上市公司积极开展股权激励制度创新的实践。为了规范股份支付的激励方式,2005年12月31日,中国证监会发布了《上市公司股权激励管理办法(试行)》,2006年9月30日,国务院国有资产管理委员会和财政部发布《国有控股上市公司(境内)实施股权激励试行办法》。这些法规的出台,使我国企业实施股权激励有据可查,有法可依。它的出现改变了我国企业长期以来的单一现金薪酬体系,使经营者、员工与企业的利益联系更加紧密,有效地降低了企业的委托—代理成本。可以预计,随着许多企业将激励约束制度的创新作为完善公司治理和提升企业竞争力的工作重点,今后将有越来越多的企业实质性启动以股份支付整合所有者、经营者和企业职工利益的工程。

(二)股份支付工具的主要类型

按照股份支付的方式和工具类型,主要可划分为两大类:

1. 以权益结算的股份支付

以权益结算的股份支付,是指企业为获得服务而以股份或其他权益工具作为对价进行结算的交易。以权益结算的股份支付最常用的工具有两类:限制性股票和股票期权。

限制性股票是指职工或其他方按照股份支付协议规定的条款和条件,从企业获得一定数量的本企业股票。企业授予职工一定数量的股票,在一个确定的等待期内或在满足特定业绩指标之前,职工出售股票要受到持续服务期限条款或业绩条件的限制。

股票期权是指企业授予职工或其他方在未来一定期限内以预先确定的价格和条件购买本企业一定数量股票的权利。

2. 以现金结算的股份支付

以现金结算的股份支付,是指企业为获取服务而承担的以股份或其他权益工具为基础计算的交付现金或其他资产义务的交易。以现金结算的股份支付最常用的工具有两类:模拟股票和现金股票增值权。

股票增值权和模拟股票,是用现金支付模拟的股权激励机制,即与股票挂钩,但用现金支付。除不需实际行权和持有股票之外,现金股票增值权的运作原理与股票期权是一样的,都是一种增值权形式的与股票价值挂钩的薪酬工具。除不需实际授予股票和持有股票之外,模拟股票的运作原理与限制性股票是一样的。

二、股份支付的基本特征

股份支付作为一种激励与约束机制具有以下特征:

第一,股份支付是企业与职工或其他方之间发生的交易。以股份为基础的支付可能发生在企业与股东之间、合并交易中的合并方与被合并方之间或者企业与其职工之间,只有发生在企业与其职工或向企业提供服务的其他方之间的交易,才可能符合股份支付准则对股份支付的定义。

第二,股份支付是以获取职工或其他方服务为目的的交易。企业在股份支付交易中意在获取其职工或其他方提供的服务(费用)或取得这些服务的权利(资产)。企业获取这些服务或权利的目的是用于其正常生产经营,不是转手获利。

第三,股份支付交易的对价或其定价与企业自身权益工具未来的价值密切相关。股份支付交易和企业与其职工间其他类型交易的最大不同,是交易对价或其定价与企业自身权益工具未来的价值密切相关。在股份支付中,企业要么向职工支付其自身权益工具,要么向职工支付一笔现金,而其金额高低取决于结算时企业自身权益工具的公允价值。对价的特殊性可以说是股份支付的显著特征。

三、股份支付交易环节

以薪酬性股票期权为例,典型的股份支付通常涉及四个主要环节:授予、可行权、行权和出售,由此也形成四个特定的日期:授予日、可行权日、行权日和出售日。四个主要环节和四个特定日期可参见图 9-1。

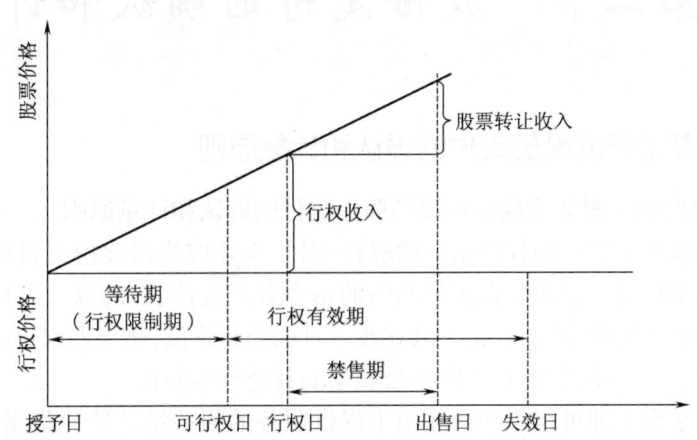

图 9-1 典型的股份支付交易环节示意图

授予日是指股份支付协议获得批准的日期。其中"获得批准",是指企业与职工或其他方就股份支付的协议条款和条件已达成一致,该协议获得股东大会或类似机构的批准。这里的"达成一致"是指,双方在对该计划或协议内容充分形成一致理解的基础上,均接受其条款和条件。如果按照相关法规的规定,在提交股东大会或类似机构之前存在必要程序或要求,则应履行该程序或满足该要求。

可行权日是指可行权条件得到满足、职工或其他方具有从企业取得权益工具或现金权利的日期。有的股份支付协议是一次性可行权,有的则是分批可行权。只有已经可行权的股票期权,才是职工真正拥有的"财产",才能去择机行权。从授予日至可行权日的时段,是可行权条件得到满足的期间,因此称为"等待期",又称"行权限制期"。

行权日是指职工和其他方行使权力、获取现金或权益工具的日期。例如,持有股票期权的职工行使了以特定价格购买一定数量本公司股票的权力,该日期即为行权日。行权是按期权的约定价格实际购买股票,一般是在可行权日之后到期权到期日之前的可选择时段内行权。

出售日是指股票的持有人将行使期权所取得的期权股票出售的日期。按照我国法规规定,用于期权激励的股份支付协议,应在行权日与出售日之间设立禁售期,其中,国有控股上市公司的禁售期不得低于 2 年。

第二节　股份支付的确认和计量

一、权益结算的股份支付的确认和计量原则

（一）换取职工服务的权益结算的股份支付的确认和计量原则

对于换取职工服务的权益结算的股份支付，企业应当以股份支付所授予的权益工具的公允价值计量。企业应在等待期内的每个资产负债表日，以对可行权权益工具数量的最佳估计为基础，按照权益工具在授予日的公允价值，将当期取得的服务计入相关资产成本或当期费用，同时计入资本公积中的其他资本公积。

对于授予后立即可行权的换取职工提供服务的权益结算的股份支付，如授予限制性股票的股份支付，应在授予日按照权益工具的公允价值，将取得的服务计入相关资产成本或当期费用，同时计入资本公积中的股本溢价。

（二）换取其他方服务的权益结算的股份支付的确认和计量原则

对于换取其他方服务的权益结算的股份支付，企业应当以股份支付所换取的服务的公允价值计量。企业应当按照其他方服务在取得日的公允价值，将取得的服务计入相关资产成本或费用。

如果其他方服务的公允价值不能可靠计量，但权益工具的公允价值能够可靠计量，企业应当按照权益工具在服务取得日的公允价值，将取得的服务计入相关资产成本或费用。

二、现金结算的股份支付的确认和计量原则

企业应当在等待期内的每个资产负债表日，以对可行权情况的最佳估计为基础，按照企业承担负债的公允价值，将当期取得的服务计入相关资产成本或当期费用，同时计入负债，并在结算前的每个资产负债表日和结算日对负债的公允价值重新计量，将其变动计入损益。对于授予后立即可行权的现金结算的股份支付，如授予虚拟股票或业绩股票的股份支付，企业应当在授予日按照企业承担负债的公允价值计入相关资产成本或费用，同时计入负债，并在结算前的每个资产负债表日和结算日对负债的公允价值重新计量，将其变动计入损益。

三、可行权条件对确认和计量的影响

股份支付中通常涉及可行权条件，具体包括服务期限条件和业绩条件。在满足这些条件之前，职工无法获得股份。

（一）市场条件和非市场条件

一般而言，业绩条件是指企业达到特定业绩目标的条件，具体包括市场条件和非市场条件。市场条件是指行权价格、可行权条件以及行权可能性与权益工具的市场价格

相关的业绩条件,如股份支付协议中关于股价至少上升至何种水平职工可相应取得多少股份的规定。企业在确定权益工具在授予日的公允价值时,应考虑市场条件的影响,而不考虑非市场条件的影响。但市场条件是否得到满足,不影响企业对预计可行权情况的估计。

非市场条件是指除市场条件之外的其他业绩条件,如股份支付协议中关于达到最低盈利目标或销售目标才可行权的规定。企业在确定权益工具在授予日的公允价值时,不考虑非市场条件的影响。但非市场条件是否得到满足,影响企业对预计可行权情况的估计。

对于可行权条件为业绩条件的股份支付,在确定权益工具的公允价值时,应考虑市场条件的影响,只要职工满足了其他所有非市场条件,企业就应当确认已取得的服务。

【例9-1】A公司授予其管理层的某股份支付协议规定,今后3年中,公司股价每年提高10%以上,则可获得一定数量的该公司股票。到第三年年末,该目标未实现。请问A公司应如何处理此交易?

A公司在第三年年末已经确认了收到的管理层提供的服务,因为业绩增长是一个市场条件,因此这些费用不应再转回。

【例9-2】A公司在某股份支付协议中授予其管理层的期权价值,使用布莱克—斯科尔斯模型确定期权公允价值为300 000元,A公司作出如下估计:

(1)在授予日,A公司估计3年内管理层离职的比例为每年10%;
(2)在第二年年末,A公司调整其估计离职率为5%;
(3)实际离职率为6%。

按照股份支付准则的规定:

第一年年末确认的服务费用 = 300 000 × 1/3 × 90% = 90 000(元)
第二年年末累计确认的服务费用 = 300 000 × 2/3 × 95% = 190 000(元)
第三年年末累计确认的服务费用 = 300 000 × 94% = 282 000(元)

由此:

第二年应确认的费用 = 190 000 - 90 000 = 100 000(元)
第三年应确认的费用 = 282 000 - 190 000 = 92 000(元)

(二)可行权条件的变更

有时,企业可能需要对股份支付协议中的可行权条件作出变更,如调整行权价格或股票期权数量。《上市公司股权激励管理办法(试行)》对此作出了严格的限定,必须按照批准股份支付计划的原则和方式进行调整。在会计上,无论已授予的权益工具的条款和条件如何变更,企业确认的服务的金额,不应低于权益工具在授予日的公允价值。

第三节 股份支付的会计处理

一、股份支付不同时点的会计处理

股份支付的会计处理必须以完整、有效的股份支付协议为基础。

(一)授予日

除了立即可行权的股份支付外,无论权益结算的股份支付还是现金结算的股份支付,企业在授予日均不作会计处理。

(二)等待期内每个资产负债表日

企业应当在等待期内的每个资产负债表日,将取得职工或其他方提供的服务计入成本费用,计入成本费用的金额应当按照权益工具的公允价值计量,同时确认所有者权益或负债。其中,对于权益结算的涉及职工的股份支付,应当按照授予日权益工具的公允价值计入成本费用和资本公积(其他资本公积),不确认其后续公允价值变动;对于现金结算的涉及职工的股份支付,应当按照每个资产负债表日权益工具的公允价值重新计量,确定成本费用和应付职工薪酬。

公允价值的确定方法是:对于授予的存在活跃市场的期权等权益工具,应当按照活跃市场中的报价确定其公允价值;对于授予的不存在活跃市场的期权等权益工具,应当采用期权定价模型等确定其公允价值。选用的期权定价模型至少应当考虑以下因素:①期权的行权价格;②期权的有效期;③标的股份的现行价格;④股价预计波动率;⑤股份的预计股利;⑥期权有效期内的无风险利率。

对于附有市场条件的股份支付,只要职工满足了其他所有非市场条件,企业就应当确认已取得的服务。等待期长度确定后,业绩条件为非市场条件的,如果后续信息表明需要调整对可行权情况的估计,应对前期估计进行修改。修改的方法是等待期内的每个资产负债表日根据最新取得的可行权职工人数变动等后续信息作出最佳估计,修正预计可行权的权益工具数量。在可行权日,最终预计可行权权益工具的数量应当与实际可行权工具的数量一致。

根据上述权益工具的公允价值和预计可行权的权益工具数量,在等待期内的每个资产负债表日计算截至当期累计应确认的成本费用金额,再减去前期累计已确认金额,作为当期应确认的成本费用金额。

(三)可行权日之后

可行权日之后权益结算的股份支付与现金结算的股份支付会计处理不同,分别遵循以下原则:①对于权益结算的股份支付,在可行权日之后不再对已确认的成本费用和所有者权益总额进行调整。企业应在行权日根据行权情况,确认股本和股本溢价,同时结转等待期内确认的资本公积(其他资本公积)。②对于现金结算的股份支付,企业在可行权日之后不再确认成本费用,负债(应付职工薪酬)公允价值的变动应当计入当期损益(公允价值变动损益)。

(四)回购股份进行职工期权激励

企业以回购股份形式奖励本企业职工,属于权益结算的股份支付,应当遵循权益结算的股份支付的会计处理原则,具体体现为:①回购股份时,应当以回购股份的全部支出作为库存股处理,同时进行备查登记。②在等待期内的每个资产负债表日按照权益工具在授予日的公允价值,将取得的职工服务计入成本费用,同时增加资本公积(其他资本公积)。③职工行权购买本企业股份收到价款时,转销交付职工的库存股成本和等待期内资本公积(其他资本公积)累计金额,同时,按照其差额调整资本公积(股本溢价)。

二、股份支付会计处理的应用举例

(一)附服务年限条件的权益结算股份支付

【例9-3】A公司为一上市公司。2×12年1月1日,公司向其200名管理人员每人授予100股股票期权,这些职员从2×12年1月1日起在该公司连续服务3年,即可以4元每股购买100股A公司股票,从而获益。公司估计该期权在授予日的公允价值为15元。

第一年有20名职员离开A公司,A公司估计三年中离开的职员的比例将达到20%;第二年又有10名职员离开公司,公司将估计的职员离开比例修正为15%;第三年又有15名职员离开。

(1)费用和资本公积计算过程见表9-1:

表9-1 费用和资本公积计算过程　　　　　　　　单位:万元

年 份	计　算	当期费用	累计费用
2×12	200×100×(1-20%)×15×1/3	80 000	80 000
2×13	200×100×(1-15%)×15×2/3-80 000	90 000	170 000
2×14	155×100×15-170 000	62 500	232 500

(2)账务处理:

①2×12年1月1日:

授予日不作处理。

②2×12年12月31日:

借:管理费用　　　　　　　　　　　　　　　　　　　　　　　　　　80 000

　　贷:资本公积——其他资本公积　　　　　　　　　　　　　　　　　　80 000

③2×13年12月31日:

借:管理费用　　　　　　　　　　　　　　　　　　　　　　　　　　90 000

　　贷:资本公积——其他资本公积　　　　　　　　　　　　　　　　　　90 000

④2×14年12月31日:

借:管理费用　　　　　　　　　　　　　　　　　　　　　　　　　　62 500

  贷:资本公积——其他资本公积   62 500

 ⑤假设全部155名职员都在2×15年12月31日行权,A公司股份面值为1元:

借:银行存款   62 000

  资本公积——其他资本公积   232 500

  贷:股本   15 500

    资本公积——资本溢价   279 000

(二)附非市场业绩条件的权益结算股份支付

【例9-4】2×12年1月1日,A公司为其100名管理人员每人授予100份股票期权:第一年年末的可行权条件为企业净利润增长率达到20%;第二年年末的可行权条件为企业净利润两年平均增长15%;第三年年末的可行权条件为企业净利润3年平均增长10%。每份期权在2×12年1月1日的公允价值为24元。

2×12年12月31日,权益净利润增长了18%,同时有8名管理人员离开,企业预计2×13年将以同样速度增长,因此预计将于2×13年12月31日行权。另外,企业预计2×13年12月31日又将有8名管理人员离开企业。

2×13年12月31日,企业净利润仅增长了10%,因此无法达到可行权状态。另外,实际有10名管理人员离开,预计第三年将有12名管理人员离开企业。

2×14年12月31日,企业净利润增长了8%,3年平均增长率为12%,因此达到可行权状态。当年有8名管理人员离开。

费用和资本公积计算过程见表9-2。

表9-2 费用和资本公积计算过程   单位:万元

年 份	计 算	当期费用	累计费用
2×12	(100-8-8)×100×24×1/2	100 800	100 800
2×13	(100-8-10-12)×100×24×2/3-100 800	11 200	112 000
2×14	(100-8-10-8)×100×24-112 000	65 600	177 600

会计处理同例9-3,此处略。

(三)现金结算的股份支付

【例9-5】2×12年年初,A公司为其200名中层以上职员每人授予100份现金股票增值权,这些职员从2×12年1月1日起在该公司连续服务3年,即可按照当时股价的增长幅度获得现金,该增值权应在2×16年12月31日之前行使。A公司估计,该增值权在负债结算之前的每一资产负债表日以及结算日的公允价值和可行权后的每份增值权现金支出额见表9-3。

第一年有20名职员离开A公司,A公司估计3年中还将有15名职员离开;第二年又有10名职员离开公司,公司估计还将有10名职员离开;第三年又有15名职员离开。第三年年末,有70人行使股份增值权取得了现金。第四年年末,有50人行使了股份增值权。第五年年末,剩余35人也行使了股份增值权。

表 9-3　增值权公允价值及现金支出额估计　　　　单位：万元

年　份	公允价值	支付现金
2×12	14	
2×13	15	
2×14	18	16
2×15	21	20
2×16		25

(1) 费用和负债计算过程见表 9-4。

表 9-4　费用和负债计算过程　　　　单位：万元

年份	负债计算①	支付现金计算②	负债③	支付现金④	当期费用⑤
2×12	(200-35)×100×14×1/3		77 000		77 000
2×13	(200-40)×100×15×2/3		160 000		83 000
2×14	(200-45-70)×100×18	70×100×16	153 000	112 000	105 000
2×15	(200-45-70-50)×100×21	50×100×20	73 500	100 000	20 500
2×16		35×100×25	0	87 500	14 000
总额				299 500	299 500

注：①计算得③，②计算得④，当期③-前一期③+当期④=当期⑤。

(2) 账务处理：

① 2×12 年 12 月 31 日：

借：管理费用　　　　　　　　　　　　　　　　　　　　77 000

　　贷：应付职工薪酬——股份支付　　　　　　　　　　　　77 000

② 2×13 年 12 月 31 日：

借：管理费用　　　　　　　　　　　　　　　　　　　　83 000

　　贷：应付职工薪酬——股份支付　　　　　　　　　　　　83 000

③ 2×14 年 12 月 31 日：

借：管理费用　　　　　　　　　　　　　　　　　　　　105 000

　　贷：应付职工薪酬——股份支付　　　　　　　　　　　　105 000

借：应付职工薪酬——股份支付　　　　　　　　　　　　112 000

　　贷：银行存款　　　　　　　　　　　　　　　　　　　112 000

④ 2×15 年 12 月 31 日：

借：公允价值变动损益　　　　　　　　　　　　　　　　20 500

　　贷：应付职工薪酬——股份支付　　　　　　　　　　　　20 500

借：应付职工薪酬——股份支付　　　　　　　　　　　　100 000

贷：银行存款　　　　　　　　　　　　　　　　　　　　　　100 000
⑤2×16年12月31日：
　　借：公允价值变动损益　　　　　　　　　　　　　　　　　　14 000
　　　贷：应付职工薪酬——股份支付　　　　　　　　　　　　　　14 000
　　借：应付职工薪酬——股份支付　　　　　　　　　　　　　　87 500
　　　贷：银行存款　　　　　　　　　　　　　　　　　　　　　　87 500

三、首次执行股份支付会计准则的要求

　　企业应当根据《企业会计准则第38号——首次执行企业会计准则》的规定，对于可行权日在首次执行日或之后的股份支付，应当根据股份支付准则的规定，按照权益工具、其他方服务或承担的以权益工具公允价值为基础计算确定的负债的公允价值，将应计入首次执行日之前等待期的成本费用，按照权益工具在授予日的公允价值调整留存收益，相应增加所有者权益或负债；授予日不能可靠计量的，应按照权益工具在首次执行日的公允价值计量。

　　首次执行日之后，应当按照股份支付准则的相关规定进行处理。

本章小结

　　股份支付是现代公司财务薪酬制度最重要的组成部分之一，在发达的市场经济国家中职工薪酬是一个组合，这个薪酬组合通常由基本工资、年度奖金、长期激励、福利、特殊津贴等部分组成。按照股份支付的方式和工具类型，主要可划分为两大类：按权益结算的股份支付和按现金结算的股份支付。典型的股份支付通常涉及四个主要环节，即授予、可行权、行权和出售，由此也形成四个特定的日期，即授予日、可行权日、行权日和出售日。财务上一定要把这四个节点的会计处理工作区分清楚，处理正确。

思考题

1. 什么是股份支付？简述股份支付的类型及其特点。
2. 简述股份支付的可行权条件。
3. 对比不同时点股份支付会计处理的差异。

练习题

1.【资料】甲公司为一上市公司,共有 100 名管理人员,2×11 年 1 月 1 日,公司向每个管理人员授予 200 股股票期权,这些职员自 2×11 年 1 月 1 日起在该公司连续服务 3 年,即可以以 10 元 1 股的价格购买 200 股股票,公司估计此期权在授予日的公允价值为 15 元。第一年有 20 名职工离开企业,预计离职总人数会达到 30%,2×12 年又有 15 名职工离开企业,公司估计职工离职总人数会达到 40%,2×13 年又有 14 名职工离开企业。2×13 年 12 月 31 日在职管理人员全部行权。

【要求】根据上述资料列出该公司 2×11 年 1 月 1 日—2×13 年 1 月 1 日相应的账务处理。

2.【资料】2×11 年 1 月 1 日,M 公司向其 150 名中层以上职员每人授予 200 份现金股票增值权,这些职员从 2×11 年 1 月 1 日起在该公司连续服务 3 年,即可按照当时股价的增长幅度获得现金,该增值权应在 2×15 年 12 月 31 日之前行使。M 公司估计,该增值权在负债结算之前的每一资产负债表日以及结算日的公允价值和可行权后的每份增值权现金支出额见表 9-5。

表 9-5 增值权公允价值及现金支出额估计　　　　单位:万元

年　份	公允价值	支付现金
2×11	18	
2×12	19	
2×13	20	19
2×14	23	22
2×15		24

第一年有 10 名职员离开 M 公司,估计 3 年中还将有 7 名职员离开;第二年又有 10 名职员离开公司,公司估计还将有 10 名职员离开;第三年又有 15 名职员离开。第三年年末,有 60 人行使股份增值权取得了现金。第四年年末,有 35 人行使了股份增值权。第五年年末,剩余 20 人也行使了股份增值权。

【要求】根据上述资料进行相关会计处理。

第十章

政府补助

本章学习目的

通过本章学习,要求理解政府补助的目的和特征,掌握政府补助的基本概念、主要形式和不同类型政府补助的会计处理。

本章重点与难点

本章重点是政府补助的形式、类型及其会计处理方法。本章难点是不同类型政府补助的会计处理差异。

第一节 政府补助概述

一、政府补助的特征与形式

(一)政府补助的特征

根据《企业会计准则第 16 号——政府补助》(以下简称"政府补助准则")的界定,政府补助是指企业从政府无偿取得货币性资产或非货币性资产。

根据政府补助的定义,政府补助具有如下特征:

1. 政府补助是来源于政府的经济资源

对于企业收到的来源于其他方的补助,若有确凿证据表明政府是补助的实际拨付者,其他方只起到代收代付作用的,该项补助也属于来源于政府的经济资源。

2. 政府补助是无偿的

政府如以企业所有者身份向企业投入资本,享有相应的所有权权益,政府与企业之间是投资者与被投资者的关系,属于互惠交易,因而不是政府补助;企业从政府取得的经济资源,如果与企业销售商品或提供劳务等活动密切相关,且来源于政府的经济资源是企业商品或服务的对价或者是对价的组成部分,适用《企业会计准则第 14 号——收入》等相关会计准则,也不属于政府补助;所得税减免,适用《企业会计准则第 18 号——所得税》,也不属于政府补助。

政府补助的无偿性与政府补助所附的条件并不矛盾。政府补助具有明确的目的导向,政府通常都会对受补助企业使用政府补助的时间、范围和方向进行限制。

【例 10-1】P 股份有限公司(以下简称"P 公司")为一家从事高端设备进口及相关零配件销售的企业,2×17 年 P 公司代国家进口某设备一台,进口价折合人民币为 2 200 万元,同时按照国家规定将该设备按照进口价格的 70% 出售给政府指定的企业,收取货款 1 540 万元。2×17 年年末,P 公司收到国家有关部门按照上述进口设备的进销差价支付的补偿款 660 万元。

此例中,P 公司对于自国家有关部门取得的 660 万元补偿款应确认为营业收入。因为 P 公司自国家有关部门取得的补偿款并非属于政府向公司单方面的经济资源流入,其本质上是国家代设备购买企业向 P 公司支付的购货款,不属于政府补助。

【例 10-2】T 公司取得当地财政部门拨款 2 500 万元,用于资助 T 公司 2×17 年 1 月开始进行的一项研发项目的前期研究。该研发项目预计周期为 2 年,至 2×17 年年末累计发生研究支出 1 700 万元,全部以银行存款支付。

此例中,该政府补助资助的是企业的研发项目,用于补偿实际发生的研发支出,属于政府补助准则规范的范畴。

(二)政府补助形式

政府补助可以表现为货币性资产形式,也可以表现为非货币性资产形式。具体而

言,有以下几类:

1. 无偿拨款

无偿拨款是政府无偿拨付企业的资金,通常在拨款时就明确了用途。例如,政府拨给企业用于购建固定资产或进行技术改造工程的专项资金,政府鼓励企业安置职工就业而给予的奖励款项,政府拨付企业的粮食定额补贴,政府拨付企业开展研发活动的款项等。

2. 财政贴息

财政贴息是政府为支持特定领域或区域发展,根据国家宏观经济形势和政策目标,对承贷企业的银行贷款利息给予的补贴。财政贴息的补贴对象通常是符合申报条件的某个综合性项目,包括设备购置、人员培训、研发费用、人员开支、购买服务等,也可以是单项的,比如仅限于固定资产贷款项目。财政贴息主要有两种方式:一是财政将贴息资金直接拨付给受益企业;二是财政将贴息资金拨付给贷款银行,由贷款银行以政策性优惠利率向企业提供贷款,受益企业按照实际发生的利率计算和确认利息费用。

3. 税收返还

税收返还是政府按照先征后返(退)、即征即退等办法向企业返还的税款,属于以税收优惠形式给予的一种政府补助。除税收返还外,税收优惠还包括直接减征、免征、增加计税抵扣额、抵免部分税额等形式,但这类税收优惠体现了政策导向,政府并未直接向企业无偿提供资产,不属于政府补助准则规范的范畴。

4. 无偿划拨非货币性资产

政府无偿划拨非货币性资产在实务中发生较少,偶尔情况下会存在行政划拨土地使用权、天然起源的天然林等。

需要说明的是,政府补助体现为以上几种形式,但并非所有这些形式的经济支持均属于政府补助准则规范的政府补助,应严格按照政府补助的定义来界定。不涉及资产直接转移的经济支持不属于政府补助准则规范的政府补助,如政府与企业间的债务豁免;直接减征、免征、增加计税抵扣额、抵免部分税额等除税收返还外的税收优惠。此外,增值税出口退税也不属于政府补助。

但是有部分减免税款属于政府补助的范畴,需要按照政府补助准则进行会计处理:

(1)小微企业销售额满足税法规定的免征增值税条件时,免征的税额应作为政府补助计入其他收益。

(2)一般纳税人的加工型企业根据税法规定招用自主就业退役士兵,并按定额扣减增值税,减征的税额应作为政府补助计入其他收益。

二、政府补助的分类

在实务中,因为企业获取的政府补助给企业自身带来的经济利益或者弥补相关成本或费用的形式可能不同,所以需要将政府补助进行适当的分类。

(一)根据政府补助的目的和意图分类

1. 与资产相关的政府补助

与资产相关的政府补助是指企业取得的、用于购建或以其他方式形成长期资产的政府补助。其中,"与资产相关"是指与购建固定资产、无形资产等长期资产相关。

2. 与收益相关的政府补助

与收益相关的政府补助是指除与资产有关的政府补助之外的政府补助。此类政府补助不是以"购买、建造或以其他方式取得长期资产"作为政策条件或使用条件。

(二) 根据政府补助与日常活动的关系分类

根据政府补助与日常活动的关系,政府补助可以分为与企业日常活动相关的政府补助和与企业日常活动无关的政府补助。

通常情况下,若政府补助补偿的成本费用是营业利润之中的项目,或该补助与日常销售行为密切相关,如增值税即征即退等,则认为该政府补助与日常活动相关。否则,认定为与企业日常活动无关的政府补助。

三、政府补助的确认和计量

(一) 政府补助的确认条件

一般情况下,政府补助应同时满足以下两个条件,才能予以确认:

(1) 企业能够满足政府补助所附条件;

(2) 企业能够收到政府补助。

通常,如果政府对提供补助的承诺已经通过法律、法规或其他形式加以明确,而且企业实质上符合获得补助的各项条件,此时应认为取得了收取政府补助的权利;如果企业获取政府补助的条件具有很大的不确定性,应视作尚未取得收取政府补助的权利;有时尽管企业取得了收取政府补助的权利,但预计由于政府资金受限或其他原因,企业实际上已不可能得到政府补助,应视作尚未取得收取政府补助的权利。

(二) 政府补助的计量基础

对于符合确认标准的政府补助,应根据政府补助的具体形式,采用不同的计量基础。

(1) 政府补助为货币性资产的,应当按照收到或应收的金额计量。如通过银行转账等方式拨付的补助,通常按照实际收到的金额计量;只有存在确凿证据表明该项补助是按照固定的定额标准拨付的,如按照实际销量或储备量与单位补贴定额计算的补助,可以按照应收的金额计量。

(2) 政府补助为非货币性资产的,应当按照公允价值计量,公允价值不能可靠取得的,按照名义金额计量,后续计量应按相关准则的规定处理。如该资产附带有关文件、协议、发票、报关单等凭证上注明的价值与公允价值相差不大的,应当以有关凭证中注明的价值作为公允价值入账;没有注明价值或注明价值与公允价值差异较大,但有活跃交易市场的,应当根据确凿证据表明的同类或类似市场交易价格作为公允价值计量;公允价值不能可靠取得的,应当按照名义金额(1元)计量。

第二节 政府补助的会计处理

一、政府补助会计处理的基本原则

政府补助的无偿性决定了其应当最终计入损益而非直接计入所有者权益。其会计处理有两种方法:一是总额法,将政府补助全额确认为收益;二是净额法,将政府补助作为相关资产账面价值或成本费用的扣减。与企业日常活动相关的政府补助,应当按照经济业务实质,计入其他收益或冲减相关成本费用。与企业日常活动无关的政府补助,计入营业外收入或冲减相关损失。

企业对某项经济业务的会计处理选择总额法或净额法后,应当对该项业务一贯地运用该方法,不得随意变更。

政府补助准则规定,企业不论通过何种形式取得的政府补助,在会计处理上均应当划分为与资产相关的政府补助和与收益相关的政府补助两类,分别进行会计处理。

二、与资产相关的政府补助的会计处理

与资产相关的政府补助,应当冲减相关资产的账面价值或确认为递延收益。与资产相关的政府补助确认为递延收益的,应当在相关资产使用寿命内按照合理、系统的方法分期计入损益。按照名义金额计量的政府补助,直接计入当期损益。相关资产在使用寿命结束前被出售、转让、报废或发生毁损的,应当将尚未分配的相关递延收益余额转入资产处置当期的损益。

(一)采用总额法核算

采用总额法核算时,如果取得的政府补助与企业日常活动相关,取得政府补助应借记"××资产",贷记"递延收益";在资产使用寿命期内摊销时,借记"递延收益",贷记"其他收益"。相关资产在使用寿命结束时或结束前被处置(出售、转入、报废等),尚未分摊的递延收益余额应当一次性转入资产处置当期的资产处置收益,不再予以递延。如果政府补助与企业日常活动无关,计入营业外收入。

【例10-3】按照国家有关政策,企业购置环保设备可以申请补贴以补偿其环保支出。S公司于2×10年1月向政府有关部门提交了420万元的补贴申请,作为对其购置环保设备的补贴。2×10年5月20日,S公司收到了政府补贴款420万元。2×10年6月30日,S公司购入不需要安装的环保设备,实际成本为720万元,使用寿命10年,采用直线法计提折旧(不考虑净残值)。2×18年6月,该设备提前报废,残值收入5万元。本例中不考虑相关税费。

S公司的账务处理如下:

(1)2×10年5月20日,实际收到财政拨款,确认递延收益:

借:银行存款　　　　　　　　　　　　　　　　　　4 200 000

贷：递延收益　　　　　　　　　　　　　　　　　　　　　　　　　　4 200 000
(2) 2×10年6月30日,购入设备：
借：固定资产　　　　　　　　　　　　　　　　　　　　　　　　　　　7 200 000
　　贷：银行存款　　　　　　　　　　　　　　　　　　　　　　　　　　7 200 000
(3)自2×10年7月起每个资产负债表日(月末)计提折旧,同时分摊递延收益：
①计提折旧(假设该设备用于污染物排放测试,折旧费用计入制造费用)：
借：制造费用　　　　　　　　　　　　　　　　　　　　　　　　　　　　60 000
　　贷：累计折旧　　　　　　　　　　　　　　　　　　　　　　　　　　　60 000
②分摊递延收益(月末)
借：递延收益　　　　　　　　　　　　　　　　　　　　　　　　　　　　35 000
　　贷：其他收益　　　　　　　　　　　　　　　　　　　　　　　　　　　35 000
(4) 2×18年6月,设备报废,同时转销递延收益余额：
①报废设备：
借：固定资产清理　　　　　　　　　　　　　　　　　　　　　　　　　1 440 000
　　累计折旧　　　　　　　　　　　　　　　　　　　　　　　　　　　5 760 000
　　贷：固定资产　　　　　　　　　　　　　　　　　　　　　　　　　　7 200 000
借：银行存款　　　　　　　　　　　　　　　　　　　　　　　　　　　　50 000
　　贷：固定资产清理　　　　　　　　　　　　　　　　　　　　　　　　　50 000
借：营业外支出　　　　　　　　　　　　　　　　　　　　　　　　　　1 390 000
　　贷：固定资产清理　　　　　　　　　　　　　　　　　　　　　　　　1 390 000
②转销递延收益余额：
借：递延收益　　　　　　　　　　　　　　　　　　　　　　　　　　　840 000
　　贷：营业外收入　　　　　　　　　　　　　　　　　　　　　　　　　840 000

(二)采用净额法核算

采用净额法核算时,应将政府补助冲减相关资产账面价值。取得政府补助时,应借记"银行存款"等,贷记"递延收益";购入资产时,借记"递延收益",贷记"固定资产"等。

【例10-4】资料同【例10-3】。
(1) 2×10年5月20日,实际收到财政拨款：
借：银行存款　　　　　　　　　　　　　　　　　　　　　　　　　　　4 200 000
　　贷：递延收益　　　　　　　　　　　　　　　　　　　　　　　　　　4 200 000
(2) 2×10年6月30日,购入设备：
借：固定资产　　　　　　　　　　　　　　　　　　　　　　　　　　　7 200 000
　　贷：银行存款　　　　　　　　　　　　　　　　　　　　　　　　　　7 200 000
借：递延收益　　　　　　　　　　　　　　　　　　　　　　　　　　　4 200 000
　　贷：固定资产　　　　　　　　　　　　　　　　　　　　　　　　　　4 200 000
(3)自2×10年7月起每个资产负债表日(月末)计提折旧：
借：制造费用　　　　　　　　　　　　　　　　　　　　　　　　　　　　25 000

        贷：累计折旧　　　　　　　　　　　　　　　　　　　　　25 000
    （4）2×18年6月，设备报废：
        借：固定资产清理　　　　　　　　　　　　　　　　　　　600 000
            累计折旧　　　　　　　　　　　　　　　　　　　　 2 400 000
        贷：固定资产　　　　　　　　　　　　　　　　　　　　3 000 000
        借：银行存款　　　　　　　　　　　　　　　　　　　　　50 000
        贷：固定资产清理　　　　　　　　　　　　　　　　　　　50 000
        借：营业外支出　　　　　　　　　　　　　　　　　　　　550 000
        贷：固定资产清理　　　　　　　　　　　　　　　　　　　550 000

实务中存在政府无偿给予企业长期非货币性资产的情况，如无偿给予的土地使用权和天然起源的天然林等。对无偿给予的非货币性资产，企业应当按照公允价值或名义金额对此类补助进行计量。企业在收到非货币性资产时，应当借记有关资产科目，贷记"递延收益"科目，在相关资产使用寿命内按合理、系统的方法分期计入损益，借记"递延收益"科目，贷记"其他收益"等科目。对以名义金额（1元）计量的政府补助，在取得时计入当期损益。

三、与收益相关的政府补助的会计处理

与收益相关的政府补助，如果与企业日常活动相关，应当分情况按照规定进行会计处理：①用于补偿企业以后期间的相关成本费用或损失的，确认为递延收益，并在确认相关成本费用或损失的期间，计入当期损益或冲减相关成本；②用于补偿企业已发生的相关成本费用或损失的，直接计入当期损益或冲减相关成本。如果与企业日常活动无关的政府补助，应当计入营业外收支。

（一）用于补偿企业以后期间的相关成本费用或损失

政府补助如果用于补偿企业以后期间发生的相关成本费用或损失，在收到时应当先判断企业能否满足政府补助所附条件。如收到时暂时无法确定，则应当先作为预收款项计入"其他应付款"科目，待客观情况表明企业能够满足政府补助所附条件后，再确认递延收益；如收到补助时，客观情况表明企业能够满足政府补助所附条件，则应当确定递延收益，并在确认相关费用或损失的期间，计入当期损益或冲减相关成本。

1. 采用总额法核算

【例10-5】A公司于2×15年2月与公司所在地地方政府签订合作协议，根据协议约定，当地政府将向A公司提供800万元奖励资金，用于公司安置当地劳动力就业和人才培训，协议约定A公司自获得奖励起10年内注册地址不得迁离本区，否则政府有权追回奖励资金，同时A公司必须按年向当地政府报送详细的资金使用计划并按规定用途使用资金。A公司于2×15年6月10日收到800万元补助资金，分别在2×15年12月、2×16年12月、2×17年12月使用了300万元、300万元和200万元，用途符合协议约定。

本例中，A公司应当在实际收到补助资金时先判断是否满足递延收益确认条件。如果A公司暂时无法确定能否满足政府补助所附条件（即在未来10年内不得离开该

地区),则应当将收到的补助资金先计入"其他应付款"科目,待客观情况表明其能够满足政府补助所附条件后再转入"递延收益"科目。如果客观情况表明公司在未来10年内离开该地区的可能性很小,例如,通过成本效益分析认为A公司迁离该地区的成本大大高于收益,则A公司收到补助资金时应当计入"递延收益"科目,按规定用途实际使用补助资金时,再结转计入当期损益。

该项补助属于与收益相关的政府补助,且用于补偿以后期间的相关成本费用。A公司的账务处理如下:

①2×15年6月10日,A公司实际收到补贴资金,假设客观情况表明A公司在未来10年内离开该地区的可能性很小:

借:银行存款　　　　　　　　　　　　　　　　　　　　　　8 000 000
　　贷:递延收益　　　　　　　　　　　　　　　　　　　　8 000 000

②2×15年12月、2×16年12月、2×17年12月,A公司按约定使用补助资金时:

借:递延收益　　　　　　　　　　　　　　　　　　　　　　3 000 000
　　贷:其他收益　　　　　　　　　　　　　　　　　　　　3 000 000
借:递延收益　　　　　　　　　　　　　　　　　　　　　　3 000 000
　　贷:其他收益　　　　　　　　　　　　　　　　　　　　3 000 000
借:递延收益　　　　　　　　　　　　　　　　　　　　　　2 000 000
　　贷:其他收益　　　　　　　　　　　　　　　　　　　　2 000 000

2. 采用净额法核算

【例10-6】承【例10-5】。

A公司应将该政府补助冲减管理费用,其账务处理如下:

①2×15年6月10日,A公司实际收到补贴资金,假如客观情况表明A公司在未来10年内离开该地区的可能性很小:

借:银行存款　　　　　　　　　　　　　　　　　　　　　　8 000 000
　　贷:递延收益　　　　　　　　　　　　　　　　　　　　8 000 000

②2×15年12月、2×16年12月、2×17年12月,A公司按约定使用补助资金时:

借:递延收益　　　　　　　　　　　　　　　　　　　　　　3 000 000
　　贷:管理费用　　　　　　　　　　　　　　　　　　　　3 000 000
借:递延收益　　　　　　　　　　　　　　　　　　　　　　3 000 000
　　贷:管理费用　　　　　　　　　　　　　　　　　　　　3 000 000
借:递延收益　　　　　　　　　　　　　　　　　　　　　　2 000 000
　　贷:管理费用　　　　　　　　　　　　　　　　　　　　2000 000

(二)用于补偿企业已发生的相关成本费用或损失

政府补助如果用于补偿企业已经发生的相关成本费用或损失,应直接计入当期损益或冲减相关成本。这类补助通常与企业已经发生的行为有关,是对企业已发生的成本费用或损失的补偿,或是对企业过去行为的奖励,如果企业已经收到补助资金,应当按照实际收到的金额计入当期损益或冲减相关成本,如果会计期末企业尚未收到补助资金,但企业在符合相关政策规定后就相应获得了收款权,且与之相关的经济利益很可能流入企业,企业应当在这项补助成为应收款时按照应收的金额予以确认,计入当期损益或冲减相关成本。

1. 采用总额法核算

【例10-7】B公司销售其净化处理的中水,按照国家有关规定,B公司的这种产品适用增值税即征即退政策,按16%的税率征收增值税后,对其增值税实际税负超过3%的部分,实行即征即退。2×18年1月,B公司实际缴纳增值税70万元,实际退回18万元,款项已收到。

由于污水处理企业即征即退增值税属于与企业日常经营活动密切相关的补助,所以B公司在实际收到退回的增值税税额时,账务处理如下:

借:银行存款　　　　　　　　　　　　　　　　　　　　180 000
　　贷:其他收益　　　　　　　　　　　　　　　　　　　180 000

【例10-8】D公司2×16年10月遭受重大自然灾害,于2×16年12月20日收到了政府补助资金200万元,用于灾后重建。

2×16年12月20日,D公司实际收到补助资金并选择按总额法进行会计处理,其账务处理如下:

借:银行存款　　　　　　　　　　　　　　　　　　　　2 000 000
　　贷:营业外收入　　　　　　　　　　　　　　　　　　2 000 000

2. 采用净额法核算

【例10-9】S公司是集芳烃技术研发、生产于一体的高新技术企业,芳烃的原料是石脑油,石脑油按成品油项目在生产环节征收消费税。根据国家有关规定,对使用燃料油、石脑油生产乙烯芳烃的企业购进并用于生产乙烯、芳烃类化工产品的石脑油、燃料油,按实际耗用数量退还所含消费税。

假设S公司石脑油单价为5 333元/吨(其中,消费税2 105元/吨)。本期将115吨石脑油投入生产,石脑油转换率1.15∶1(1.15吨石脑油可生产1吨乙烯芳烃),共生产乙烯芳烃100吨,S公司根据当期产量及原料供应商的消费税证明,申请退还相应的消费税,当期应退消费税为242 075元(100×1.15×2 105),S公司在期末结转存货成本和主营业务成本之前,账务处理如下:

借:其他应收款　　　　　　　　　　　　　　　　　　　242 075
　　贷:生产成本　　　　　　　　　　　　　　　　　　　242 075

四、特定业务的会计处理

(一)综合性政府补助的会计处理

政府补助准则规定,对于同时包含与资产相关的部分政府补助和与收益相关的部分政府补助,应当区分不同部分分别进行会计处理;难以区分的,应当整体归类为与收益相关的政府补助。

【例10-10】2×13年6月15日,A市科技创新委员会与B公司签订了科技计划项目合同书,拟对B公司的新药临床研究项目提供研究补助资金,该项目总预算为600万元,其中,市科技创新委员会资助200万元,B公司自筹400万元。政府补助的200万元用于补助设备费60万元,材料费15万元,测试化验加工费95万元,差旅费10万元,会议费5万元,专家咨询费8万元,管理费用7万元。合同约定A市科技创新委员会应当在合同签订之日起30日内将资金拨付给A企业,B公司应当按照合同规定的开支范围,对市科技创新委员会资助的经费实行专款专用。项目实施期限为自合同签订之日起30个月,期满后A企业如未通过验收,则该项目实施期满后3年内不得再向市政府申请科技补贴资金。

B公司于2×13年7月10日收到补助资金,在项目期内按照合同约定的用途使用了补助资金,其中,B公司于2×13年7月25日按项目合同书的约定购置了相关设备,设备成本为150万元,其中使用补助资金60万元,该设备使用年限为10年,采用直线法计提折旧(不考虑净残值)。B公司除设备费外的其他各项与新药临床研究相关的费用都计入研究支出。假设本例中不考虑相关税费。

本例中,B公司收到的政府补助是综合性项目政府补助,进行会计处理时需要:

①区分与资产相关的政府补助和与收益相关的政府补助并分别进行处理,此例中与资产相关的政府补助为60万元,与收益相关的政府补助为140万元。

②选择按照总额法还是净额法进行会计处理。总额法处理时,与资产相关的60万元政府补助在折旧期限内逐月摊销抵减研发支出,与收益相关的140万元政府补助在收到款项时计入递延收益,以后按规定用途实际使用补助资金时,借记"递延收益"科目,贷记"其他收益"科目;净额法处理时,与资产相关的60万元政府补助直接冲减固定资产账面价值,与收益相关的140万元政府补助在收到款项时计入递延收益,以后按规定用途实际使用补助资金时,借记"递延收益"科目,贷记"研发支出"科目。

具体会计分录(略)。

(二)财政贴息

企业取得政策性优惠贷款贴息的,应当区分财政将贴息资金拨付给贷款银行和财政将贴息资金直接拨付给企业两种情况,分别进行会计处理。

1.财政将贴息资金拨付给贷款银行

政府补助准则规定,财政将贴息资金直接拨付给贷款银行的,可以选择下列方法之一进行会计处理:①以实际收到的金额作为借款的入账价值,按照借款本金和该政策性优惠利率计算借款费用;②以借款的公允价值作为借款的入账价值并按照实际利率法计算借款费用,实际收到的金额与贷款入账价值之间的差额确认为递延收益。递延收益在贷款存续期内采用实际利率法摊销,冲减相关借款费用。企业选择了上述两种方法之一作为会计政策后,前后应当一致,不得随意变更。

【例10-11】2×15年1月1日,D公司向银行贷款100万元,期限2年,按月计息,按季度付息,到期一次还本。由于该笔贷款资金将被用于国家扶持产业,符合财政贴息条件,所以贷款利率显著低于D公司取得同类贷款的市场利率。假设D公司取得同类贷款的年市场利率为12%,D公司与银行签订的贷款合同约定的年利率为6%,D公司按年向银行支付贷款利息,财政按年向银行拨付贴息资金。贴息后实际支付的年利息率为6%,贷款期间的利息费用满足资本化条件,计入相关在建工程的成本。假设企业选择的会计方法是以实际收到的金额作为借款的入账价值,按照借款本金和该政策性优惠利率计算借款费用。

(1)选择第一种会计处理方法时,D公司账务处理如下:

①2×15年1月1日,D公司取得银行贷款100万元。

借:银行存款　　　　　　　　　　　　　　　　　　　　　1 000 000
　　贷:长期借款——本金　　　　　　　　　　　　　　　　　1 000 000

②2×15年1月31日起每月月末,D公司按月计提利息,企业实际承担的利息支出为5 000万元(1 000 000×6%÷12)。

借:在建工程　　　　　　　　　　　　　　　　　　　　　　5 000
　　贷:应付利息　　　　　　　　　　　　　　　　　　　　　5 000

(2)选择第二种会计处理方法时,D公司应以借款的公允价值作为借款的入账价值并按照实际利率法计算借款费用,实际收到的金额与贷款入账价值之间的差额确认为递延收益。递延收益在贷款存续期内采用实际利率法摊销,冲减相关借款费用。

在此方法下,D公司需编制按月摊销的财政贴息摊销表,见表10-1。

表10-1　财政贴息摊销表

月度	实际支付银行的利息①=100×9%÷12	财政贴息②=100×6%÷12	实际现金流③=100×3%÷12	实际现金流折现④=③×P/F(n,3%)	长期借款各期实际利息⑤=⑦×9%÷12	摊销金额⑥=⑤-③	长期借款的期末账面价值⑦=③×P/A(24,0.75%)+100×P/F(24,0.75%)
0							893 783
1	10 000	5 000	5 000	4 950	8 938	3 938	897 721
2	10 000	5 000	5 000	4 901	8 977	3 977	901 698
3	10 000	5 000	5 000	4 853	9 017	4 017	905 715
4	10 000	5 000	5 000	4 805	9 057	4 057	909 772
5	10 000	5 000	5 000	4 757	9 098	4 098	913 870
6	10 000	5 000	5 000	4 710	9 139	4 139	918 009
7	10 000	5 000	5 000	4 664	9 180	4 180	922 189
8	10 000	5 000	5 000	4 617	9 222	4 222	926 411
9	10 000	5 000	5 000	4 572	9 264	4 264	930 675
10	10 000	5 000	5 000	4 526	9 307	4 307	934 981
11	10 000	5 000	5 000	4 482	9 350	4 350	939 331
12	10 000	5 000	5 000	4 437	9 393	4 393	943 725
13	10 000	5 000	5 000	4 393	9 437	4 437	948 162
14	10 000	5 000	5 000	4 350	9 482	4 482	952 643

续表

月度	实际支付银行的利息①＝100×9%÷12	财政贴息②＝100×6%÷12	实际现金流③＝100×3%÷12	实际现金流折现④＝③×P/F(n,3%)	长期借款各期实际利息⑤＝⑦×9%÷12	摊销金额⑥＝⑤－③	长期借款的期末账面价值⑦＝③×P/A(24,0.75%)+100×P/F(24,0.75%)
15	10 000	5 000	5 000	4 307	9 526	4 526	957 170
16	10 000	5 000	5 000	4 264	9 572	4 572	961 742
17	10 000	5 000	5 000	4 222	9 617	4 617	966 359
18	10 000	5 000	5 000	4 180	9 664	4 664	971 023
19	10 000	5 000	5000	4 139	9 710	4 710	975 733
20	10 000	5 000	5 000	4 098	9 757	4 757	980 490
21	10 000	5 000	5 000	4 057	9 805	4 805	985 295
22	10 000	5 000	5 000	4 017	9 853	4 853	990 148
23	10 000	5 000	5 000	3 977	9 901	4 901	995 049
24	10 000	5 000	1 005 000	791 504	9 950	4 950	1 000 000
合计				893 783		106 217	

根据表10－1,D公司的账务处理如下：

①2×15年1月1日,D公司取得银行贷款100万元。

借：银行存款　　　　　　　　　　　　　　　　　　1 000 000
　　长期借款——利息调整　　　　　　　　　　　　　106 217
　　贷：长期借款——本金　　　　　　　　　　　　　1 000 000
　　　　递延收益　　　　　　　　　　　　　　　　　106 217

②2×15年1月31日,D公司按月计提利息：

借：在建工程　　　　　　　　　　　　　　　　　　8 938
　　贷：应付利息　　　　　　　　　　　　　　　　　5 000
　　　　长期借款——利息调整　　　　　　　　　　　3 938

同时,摊销递延收益：

借：递延收益　　　　　　　　　　　　　　　　　　3 938
　　贷：在建工程　　　　　　　　　　　　　　　　　3 938

在这两种方法下,计入在建工程的利息支出是一致的,均为5 000万元。所不同的是,在第一种方法下,银行贷款在资产负债表中反映的账面价值为1 000 000元,在第二种方法下,银行贷款的入账价值为893 783元,递延收益为106 217元,各月需要按照实际利率法进行摊销。

2.财政将贴息资金直接拨付给受益企业

财政将贴息资金直接拨付给受益企业时,企业先按照同类贷款市场利率向银行支付利息,财政部门定期与企业结算贴息。在这种方式下,由于企业先按照同类贷款市场利率向银行支付利息,所以实际收到的借款金额通常就是借款的公允价值,企业应当将对应的贴息冲减相关借款费用。

【例10-12】承【例10-11】。假设D公司与银行签订的贷款合同约定的年利率为12%,D公司按月计提利息,按季度向银行支付贷款利息,以付息凭证向财政申请贴息资金。财政按年与D公司结算贴息资金。

(1)2×15年1月1日,D公司取得银行贷款100万元。

借:银行存款　　　　　　　　　　　　　　　　　　　　1 000 000
　　贷:长期借款——本金　　　　　　　　　　　　　　　　　1 000 000

(2)2×15年1月31日起每月月末,D公司按月计提利息,应向银行支付的利息金额为10 000元(1 000 000×12%÷12),企业实际承担的利息支出为5 000元(1 000 000×6%÷12),应收政府贴息为5 000元。

借:在建工程　　　　　　　　　　　　　　　　　　　　　　10 000
　　贷:应付利息　　　　　　　　　　　　　　　　　　　　　10 000
借:其他应收款　　　　　　　　　　　　　　　　　　　　　　5 000
　　贷:在建工程　　　　　　　　　　　　　　　　　　　　　　5 000

五、已计入损益的政府补助需要退回

已确认的政府补助需要退回的,政府补助准则要求在需要退回的当期分情况按照规定进行会计处理:①初始确认时冲减相关资产成本的,应当调整资产账面价值;②存在尚未摊销的递延收益的,冲减相关递延收益账面余额,超出部分计入当期损益;③属于其他情况的,直接计入当期损益。

【例10-13】承【例10-3】,假设2×11年5月有关部门在对S公司的检查中发现,S公司不符合申请补助的条件,要求S公司退回补助款,S公司于当月退回了全部补助款420万元。

2×11年5月,S公司退回补助款时,应当结转递延收益,并将已分摊部分计入当期损益。会计处理如下:

借:递延收益　　　　　　　　　　　　　　　　　　　　　3 885 000
　　其他收益　　　　　　　　　　　　　　　　　　　　　　315 000
　　贷:银行存款　　　　　　　　　　　　　　　　　　　　4 200 000

【例10-14】承【例10-4】。假设2×11年5月,有关部门在对S公司的检查中发现,S公司不符合申请补助的条件,要求S公司退回补助款,S公司于当月退回了全部补助款420万元。

2×11年5月份,S公司退回补助款时,应当视同一开始就没有收到政府补助,调整相关资产账面价值,本例中应调整固定资产成本和累计折旧,将实际退回金额与账面价值调整数之间的差额计入当期损益。因该项补助在第一年分期冲减了制造费用,因此,

补助退回时调整当期制造费用。会计处理如下:
借:固定资产　　　　　　　　　　　　　　　　　　　　4 200 000
　　制造费用　　　　　　　　　　　　　　　　　　　　　315 000
　　贷:银行存款　　　　　　　　　　　　　　　　　　　4 200 000
　　　　累计折旧　　　　　　　　　　　　　　　　　　　　315 000

【例10-15】A公司于2×14年11月与某开发区政府签订合作协议,在开发区内投资设立生产基地。协议约定,开发区政府自协议签订之日起6个月内向A公司提供300万元产业补贴资金用于奖励该企业在开发区内投资,A公司自获得补贴起5年内注册地址不得迁离本区,如果A公司在此期限内搬离开发区,开发区政府允许A公司按照实际留在本期的时间保留部分补贴,并按剩余时间追回补贴资金。A公司于2×15年1月3日收到补贴资金。

假设A公司在实际收到补贴资金时,客观情况表明A公司在未来5年内搬离开发区的可能性很小,A公司应当在收到补贴资金时计入"递延收益"科目。由于协议约定如果A公司提前搬离开发区,开发区政府有权追回部分补助,说明企业每多留在开发区内一年,就有权取得与这一年相关的补助,与这一年内补助有关的不确定性基本消除,补贴收益得以实现,所以A公司应当将该补助在5年内平均摊销结转计入损益。

A公司的账务处理如下:
(1)2×15年1月3日,A公司实际收到补贴资金:
借:银行存款　　　　　　　　　　　　　　　　　　　　3 000 000
　　贷:递延收益　　　　　　　　　　　　　　　　　　　3 000 000
(2)2×15年12月31日及以后年度,A公司分期将递延收益结转入当期损益:
借:递延收益　　　　　　　　　　　　　　　　　　　　　 600 000
　　贷:其他收益　　　　　　　　　　　　　　　　　　　　 600 000
假设2×17年1月A公司因重大战略调整搬离开发区,开发区政府根据协议要求A公司退回补贴180万元。
借:递延收益　　　　　　　　　　　　　　　　　　　　1 800 000
　　贷:其他应付款　　　　　　　　　　　　　　　　　　1 800 000

第三节　政府补助的列报

一、政府补助在利润表的列示

政府补助应根据不同的会计处理方法计入不同的科目,列报时也应于利润表不同项目单独列报。其中计入其他收益的政府补助,应在利润表的"其他收益"项目列报;冲减相关成本费用的政府补助,在相关成本费用项目中反映;与企业日常活动无关的政府补助,在利润表的营业外收支项目中列示。

表 10-2 利润表(简表)

编制单位：　　　　　　　　　　2×11 年度　　　　　　　　　会企 02 表
　　　　　　　　　　　　　　　　　　　　　　　　　　　　　　　单位：

项　　目	本期金额	上期金额
一、营业收入		
减:营业成本		
税金及附加		
销售费用		
管理费用		
财务费用		
资产减值损失		
加:公允价值变动收益(损失以" - "号填列)		
投资收益(损失以" - "号填列)		
其中:对联营企业和合营企业的投资		
资产处置收益(损失以" - "号填列)		
其他收益		
二、营业利润(亏损以" - "号填列)		
加:营业外收入		
减:营业外支出		
三、利润总额(亏损总额以" - "号填列)		
减:所得税费用		
四、净利润(净亏损以" - "号填列)		
(一)持续经营净利润(净亏损以" - "号填列)		
(二)终止经营净利润(净亏损以" - "号填列)		
五、其他综合的税后净额		
(一)不能重分类进损益的其他综合收益		
(二)将重分类进损益的其他综合收益		
其中:其他债权投资公允价值变动的利得或损失		
六、综合收益总额		
每股收益:		
(一)基本每股收益		
(二)稀释每股收益		

二、政府补助的附注披露

企业应当在附注中披露与政府补助有关的下列信息：政府补助的种类、金额和列报项目；计入当期损益的政府补助金额；本期退回的政府补助的金额及原因。

因政府补助涉及递延收益、其他收入、营业外收入以及成本费用等多个报表项目，企业应当在附注中单设项目来披露政府补助的相关信息，以全面反映补助的情况。

计入递延收益的政府补助披露格式如表10-3所示。

表10-3　计入递延收益的政府补助明细表

补助项目	补助形式	期初余额	本期新增额	本期结转计入损益或冲减相关成本费用的金额	期末余额	本期结转计入损益或冲减相关成本费用的列报项目

计入当期损益或冲减相关成本的政府补助披露格式如表10-4所示。

表10-4　计入当期损益或冲减相关成本的政府补助明细表

补助项目	补助形式	本期结转计入损益或冲减相关成本费用的金额	期末余额 本期结转计入损益或冲减相关成本费用的列报项目

本章小结

政府补助是指企业从政府处无偿取得货币性资产或非货币性资产。政府补助可以表现为货币性资产形式，也可以表现为非货币性资产形式，包括财政拨款、财政贴息、税收返还以及无偿划拨非货币性资产等。在实务中，按照其账务处理的不同特点，将政府补助划分为与资产相关的政府补助和与收益相关的政府补助两类。

政府补助准则允许企业采用总额法和净额法两种方法进行会计处理。企业取得与资产相关的政府补助，应当冲减相关资产的账面价值或确认为递延收益。与资产相关的政府补助确认为递延收益的,应当在相关资产使用寿命内按照合理、系统的方法分期计入损益。按照名义金额计量的政府补助,直接计入当期损益。与收益相关的政府补助,应当区分是用于补偿企业以后期间的相关成本费用或损失的还是用于补偿企业已发生的相关成本费用或损失的,前者应确认为递延收益,并在确认相关成本费用或损失的期间,计入当期损益或冲减相关成本,后者直接计入当期损益或冲减相关成本。

思考题

1. 什么是政府补助,简述政府补助的特征、形式及分类。
2. 简述与收益相关的政府补助和与资产相关的政府补助的核算差异。

练习题

1. 2×11年1月5日,政府拨付A公司4 800 000元财政拨款(同日到账),要求用于购买大型科研设备1台。2×11年1月31日,A公司购入大型设备(假设不需安装),实际成本为5 400 000元,其中600 000元以自有资金支付,使用寿命10年,采用年限平均法计提折旧(假设无残值)。2×19年1月31日,A公司出售了这台设备,取得价款1 500 000元。假定不考虑其他因素。

【要求】(答案中的金额以万元为单位)

(1)对该政府补助进行分类。

(2)分别用总额法和净额法编制2×11至2×19年的相关会计分录。

2. 2×13年6月15日,A市科技创新委员会与B公司签订了科技计划项目合同书,拟对B公司的新药临床研究项目提供研究补助资金,该项目总预算为600万元,其中,市科技创新委员会资助200万元,B公司自筹400万元。政府补助的200万元用于补助设备费60万元,材料费15万元,测试化验加工费95万元,差旅费10万元,会议费5万元,专家咨询费8万元,管理费用7万元。合同约定A市科技创新委员会应当自合同签订之日起30日内将资金拨付给A企业,B公司应当按照合同规定的开支范围,对市科技创新委员会资助的经费实行专款专用。项目实施期限为自合同签订之日起30个月,期满后A企业如未通过验收,则该项目实施期满后3年内不得再向市政府申请科技补贴资金。

B公司于2×13年7月10日收到补助资金,在项目期内按照合同约定的用途使用了补助资金,其中,B公司于2×13年7月25日按项目合同书的约定购置了相关设备,设备成本150万元,其中,使用补助资金60万元,该设备使用年限为10年,采用直线法计提折旧(不考虑净残值)。2×13年10月,使用材料费15万元,2×13年12月,使用测试化验加工费95万元，2×14年2月，使用差旅费10万元，2×13年6月，使用会议费5万元和专家咨询费8万元，在2×13年6月至2×14年5月，平均使用管理费用7万元。政府补助的各项使用均符合合同约定。

B公司除设备费外的其他各项与新药临床研究相关的费用都计入研究支出。假设本例中不考虑相关税费。

【要求】（答案中的金额以万元为单位）

(1)对该政府补助进行分类。

(2)分别用总额法和净额法编制2×13年6月及以后各期的相关会计分录。

3. 2×10年1月1日，A公司为建造一项环保工程向银行贷款10 000 000元，期限2年，年利率为6%。2×10年12月31日，A公司向当地政府提出财政贴息申请。经审核，当地政府批准按照实际贷款额10 000 000元给予A公司年利率3%的财政贴息，共计600 000元，分2次支付。2×11年1月15日，第一笔财政贴息资金240 000元到账。2×11年7月1日，工程完工，第二笔财政贴息资金360 000元到账，该工程预计使用寿命10年。

【要求】（答案中的金额以万元为单位）

(1)对该政府补助进行分类。

(2)编制相关会计分录。

4. 某地方政府为鼓励A公司研究开发一项环境治理新技术，改善空气污染状况，与该企业签订新技术开发与财政扶持协议。协议规定由政府提供资金500 000元，用于弥补该项技术研究阶段资金的不足。A公司估计该项技术研究阶段的时间为10个月。2×11年4月2日，A公司收到上述款项，并于5月1日开始研究。假定2×11年10月1日，经审查发现，A公司实际上并没有按照协议规定将500 000元用于环境治理新技术的研究，地方政府决定收回全部政府补助并予以10 000元的罚款。

【要求】（答案中的金额以万元为单位）

(1)对该政府补助进行分类。

(2)编制相关会计分录。

参考文献

[1] 耿建新,戴德民. 高级会计学[M]. 10 版. 北京:中国人民大学出版社,2016.
[2] 刘永泽,傅荣. 高级财务会计[M]. 5 版. 大连:东北财经大学出版社有限责任公司,2016.
[3] 储一昀. 高级财务会计[M]. 北京:中国人民大学出版社,2016.
[4] 陈信元. 高级财务会计[M]. 上海:上海财经大学出版社. 2011.
[5] 中国注册会计师协会. 会计[M]. 北京:中国财政经济出版社,2018.
[6] 中华人民共和国财政部计司. 中国企业会计准则(2014 年发布)[S],北京:经济科学出版社,2014.
[7] 国际会计准则理事会制定. 国际会计准则 2000[S],北京:中国财政经济出版社,2000.
[8] 中华人民共和国财政部会计司编写组. 企业会计准则讲解 2010[S],北京:人民出版社,2010.
[9] 中华人民共和国财政部会计司. 中国企业会计准则(2017 年发布)[EB/OL]. http://kjs.mof.gov.cn/.